I0127011

Dr. John Coleman

LA DICTADURA del ORDEN MUNDIAL SOCIALISTA

John Coleman

John Coleman es un autor británico y antiguo miembro del Servicio Secreto de Inteligencia. Coleman ha realizado varios análisis del Club de Roma, la Fundación Giorgio Cini, el Forbes Global 2000, el Coloquio Interreligioso por la Paz, el Instituto Tavistock, la Nobleza Negra y otras organizaciones afines al tema del Nuevo Orden Mundial.

LA DICTADURA DEL ORDEN MUNDIAL SOCIALISTA

ONE WORLD ORDER
socialist dictatorship

Traducido del inglés y publicado por Omnia Veritas Limited

© Omnia Veritas Ltd - 2022

www.omnia-veritas.com

Todos los derechos reservados. Ninguna parte de esta publicación puede ser reproducida por ningún medio sin la autorización previa del editor. El Código de la Propiedad Intelectual prohíbe las copias o reproducciones para uso colectivo. Toda representación o reproducción total o parcial por cualquier medio sin el consentimiento del editor, del autor o de sus derechohabientes es ilegal y constituye una infracción sancionada por los artículos del Código de la Propiedad Intelectual.

"Hay que temer más al enemigo de Washington que al de Moscú". Este es un sentimiento que he expresado una y otra vez. El comunismo no destruyó la protección arancelaria erigida por el presidente George Washington. El comunismo no obligó a Estados Unidos a adoptar el impuesto progresivo sobre la renta. El comunismo no creó la Junta de la Reserva Federal. El comunismo no arrastró a Estados Unidos a la Primera y Segunda Guerras Mundiales. El comunismo no impuso las Naciones Unidas a América. El comunismo no le quitó el Canal de Panamá al pueblo estadounidense. El comunismo no creó el plan de genocidio masivo del informe Global 2000. ¡Fue el SOCIALISMO el que trajo estos males a los Estados Unidos!

El comunismo no dio el SIDA al mundo. El comunismo no dio a Estados Unidos niveles desastrosos de desempleo. El comunismo no lanzó ataques implacables contra la Constitución estadounidense.

El comunismo no obligó a Estados Unidos a adoptar la "ayuda exterior", ese maldito impuesto al pueblo estadounidense que es una servidumbre involuntaria.

El comunismo no impuso el fin de las oraciones en las escuelas. El comunismo no promovió la mentira de la "separación de la Iglesia y el Estado". El comunismo no dio a Estados Unidos un Tribunal Supremo lleno de jueces obligados y decididos a socavar la Constitución de los Estados Unidos. El comunismo no envió a nuestros soldados a librar una guerra ilegal en el Golfo para proteger los intereses de la corona británica.

Sin embargo, todos estos años, mientras nuestra atención se centraba en los males del comunismo en Moscú, los socialistas de Washington estaban ocupados robando América. "Orden Mundial Único: Dictadura Socialista" explica cómo se logró, y se logra, esto.

INTRODUCCIÓN

> "Construiremos el Nuevo Orden Mundial pieza por pieza, delante de sus narices (las del pueblo estadounidense). "La casa del Nuevo Orden Mundial tendrá que construirse de abajo a arriba y no de arriba a abajo. Una circunvalación de la soberanía, erosionándola pieza a pieza, logrará mucho más que el buen y viejo ataque frontal". Richard Gardner, destacado socialista estadounidense, *Foreign Affairs,* la revista del Consejo de Relaciones Exteriores (CFR), abril de 1974.

En este libro (junto con mis otros títulos *Historia del Comité de los 300* y *La diplomacia del engaño*), explico cómo la declaración de Gardner proporciona una visión general del programa socialista fabiano para los Estados Unidos. Se explican detalladamente las ideas, los pensamientos y las personas que trabajaron diligentemente para establecer el socialismo, la principal y fatal enfermedad política de las naciones modernas.

Hay un relato de los diversos objetivos de los socialistas fijados por la Sociedad Fabiana británica, cuyo lema es "Apresúrate lentamente".[1] Cuando le pidieron que explicara el comunismo, Lenin respondió: "El comunismo es el socialismo a toda prisa". El socialismo no tiene otra salida que el comunismo, esto es algo que he dicho a menudo. Este libro explica por qué muchos de los males que afligen a nuestra sociedad actual tienen su origen en una cuidadosa planificación y ejecución socialista.

El socialismo es intrínsecamente malo porque obliga a la gente a aceptar cambios deliberadamente diseñados que no pidieron ni quisieron. El poder del socialismo se disfraza de términos

---

[1] "Apresúrate lentamente", Ndt.

tranquilizadores y se esconde tras una máscara de humanitarismo. También se manifiesta en cambios fundamentales y de gran alcance en la religión, que los socialistas han utilizado durante mucho tiempo como un poderoso medio para ganar aceptación, con lo que extienden su influencia dentro de las iglesias, en detrimento de todas las religiones.

El objetivo del socialismo es la liquidación del sistema de libre empresa, que es el verdadero capitalismo. El socialismo científico tiene muchos disfraces, y sus promotores se llaman a sí mismos liberales o moderados. No llevan insignias y no son reconocibles, como lo serían si se llamaran comunistas.

Hay más de 300.000 socialistas en el gobierno estadounidense y, según estimaciones conservadoras, en 1994 el 87% de los miembros del Congreso eran socialistas. Las órdenes ejecutivas son una artimaña socialista inconstitucional para utilizar la legislación con el fin de dejar sin efecto la Constitución de los Estados Unidos, cuando los métodos directos no son posibles para llevar a cabo los cambios socialistas deseados bloqueados por la Constitución.

El socialismo es una revolución que no recurre a métodos abiertamente violentos, pero que, sin embargo, hace el mayor daño a la psique de la nación. Es un movimiento que se rige por el sigilo. Su lento avance hacia Estados Unidos desde su punto de origen en Inglaterra fue casi imperceptible hasta la década de 1950. El movimiento socialista fabiano sigue siendo distinto de los grupos del llamado partido socialista y, por lo tanto, su avance fue casi imperceptible para la mayoría de los estadounidenses. "Cuando se hiere a un comunista, un socialista sangra" es un dicho que se remonta a los primeros tiempos del socialismo fabiano.

El socialismo se regocija fervientemente en la proliferación del poder del gobierno central que se esfuerza por asegurar para sí mismo, siempre afirmando que es para el bien común. Los Estados Unidos y Gran Bretaña están repletos de falsos profetas que predican el Nuevo Orden Mundial. Estos misioneros socialistas predican la paz, el humanitarismo y el bien común. Plenamente conscientes de que no podían vencer la resistencia del pueblo estadounidense al comunismo por medios directos, los insidiosos socialistas fabianos sabían que tenían que actuar de forma silenciosa y lenta, y evitar alertar al pueblo de sus verdaderos objetivos. Así, se adoptó el "socialismo científico" como medio para derrotar a Estados Unidos y convertirlo en el primer país socialista del mundo.

Este libro cuenta la historia del éxito del socialismo fabiano y la situación actual. Los presidentes Wilson, Roosevelt, Eisenhower, Carter, Kennedy y Johnson fueron entusiastas y voluntariosos servidores del socialismo fabiano. Pasaron la antorcha al Presidente Clinton. La democracia y el socialismo van de la mano. Todos los presidentes de EE.UU. desde Wilson han declarado repetidamente que EE.UU. es una democracia, cuando en realidad es una república confederada. El socialismo fabiano rige el destino del mundo de forma disfrazada para hacerlo irreconocible. El socialismo es el autor del impuesto progresivo sobre la renta, el destructor del nacionalismo, el autor del llamado "libre comercio".

Este libro no es una aburrida exposición de las filosofías del socialismo, sino un relato dinámico y dramático de cómo se ha convertido en la principal amenaza para los hombres libres de todo el mundo, pero especialmente en Estados Unidos, que aún no lo ha afrontado de frente. La superficie suave y anodina del socialismo oculta su verdadera intención: un gobierno federal mundial bajo control socialista, en el que nosotros, el pueblo, seremos sus esclavos en un oscuro Nuevo Orden Mundial.

Capítulo 1

EL ORIGEN DEL SOCIALISMO FABIANO Y SU HISTORIA

> "Como todos los socialistas, creo que la sociedad socialista evoluciona con el tiempo hacia una sociedad comunista". - John Strachey, ministro del Partido Laborista.
>
> "En la jerga de los periódicos estadounidenses, John Strachey se llamaría 'marxista número 1' y el título sería merecido". *Left News,* marzo de 1938.

El socialismo fabiano comenzó con la Sociedad Fabiana que, según sus propias palabras, "está formada por socialistas que se han aliado con el Manifiesto Comunista de 1848", escrito por Karl Marx, un judío de origen prusiano que vivió la mayor parte de su vida en Highgate, Londres. En los "Fundamentos de la Sociedad Fabiana" aprendemos lo siguiente:

> "Por lo tanto, tiene como objetivo la reorganización de la sociedad mediante la emancipación de la tierra y el capital industrial de la propiedad individual y su devolución a la comunidad para el beneficio general. Sólo así las ventajas naturales y adquiridas del país podrán ser compartidas por todo el pueblo..."

Este es el principio que el socialismo fabiano exportó a los Estados Unidos y que impuso incansablemente al pueblo estadounidense, en gran detrimento de la nación.

Marx murió solo en octubre de 1883, sin haber podido realizar la visión que compartía con Moses Mendelssohn (Mendelssohn es generalmente reconocido como el padre del comunismo europeo), y fue enterrado en el pequeño cementerio amurallado de Highgate, al norte de Londres. El profesor Harold Laski, el hombre más estrechamente relacionado con el movimiento desde su inicio hasta su muerte en 1950, admitió que el Manifiesto Comunista había dado vida al socialismo.

Pero, en realidad, el socialismo nació con la fundación de la Sociedad Ética de la Cultura, antigua Fellowship of New Life, en Nueva York. Aunque la economía política de John Stuart Mill, tal y como se expresa en el libro socialista de Henry George, Progreso y Pobreza, el lado espiritual del socialismo no debe ser ignorado. Webb y su esposa Beatrice dirigieron la Sociedad Fabiana desde su creación. La mayoría de los miembros de la Fellowship of New Life, que precedió a la Sociedad Ética de la Cultura, eran francmasones afiliados a la teosofía oculta de Madame Blavatsky, a la que también se suscribió Annie Besant.

Laski no era en absoluto un "hombre espiritual", más parecido a Marx que a Ramsay McDonald, que más tarde se convirtió en Primer Ministro de Inglaterra. Laski ejerció una influencia considerable sobre decenas de líderes políticos, económicos y religiosos británicos, y se le atribuye una influencia irresistible sobre los presidentes Franklin Delano Roosevelt y John F. Kennedy. Victor Gollancz, el editor socialista, declaró repetidamente que el socialismo era necesario para la dominación del mundo:

> "El socialismo centraliza el poder y hace que los individuos estén completamente sometidos a los que controlan ese poder", dijo.

Retirado de la Comunidad de la Nueva Vida, el socialismo fabiano intentó varios caminos ya tomados por los comunistas, los bakunistas, los babouvistas (anarquistas) y Karl Marx, negando siempre con vehemencia cualquier relación con estos movimientos. Formado principalmente por intelectuales, funcionarios, periodistas y editores como el gran Victor Gollancz, el socialismo fabiano no tenía ningún interés en involucrarse en las batallas callejeras de los revolucionarios anarquistas. Los miembros fundadores del fabianismo perfeccionaron la técnica utilizada por primera vez por Adam Weishaupt: la de penetrar en la Iglesia católica y "roerla desde dentro hasta que sólo quedara una cáscara vacía". Esto se llamó "penetración e impregnación". Al parecer, ni Weishaupt ni Gollancz pensaron que los cristianos serían lo suficientemente inteligentes como para ver lo que estaba pasando.

Gollancz habría dicho:

> "Los cristianos no son realmente brillantes, por lo que será fácil para el socialismo guiarlos en nuestro camino a través de sus ideales de amor fraternal y justicia social".

El socialismo fabiano se dirigió a organizaciones políticas, económicas y educativas, además de a la Iglesia cristiana. Más tarde, la editorial Gollancz's Left Wing Books hizo descuentos especiales a los cristianos interesados en las ideas socialistas. El comité de selección del Left Book Club estaba formado por el propio Gollancz, el profesor Harold Laski y John Strachey, diputado del Partido Laborista. Gollancz, que también era propietario de The Christian Book Club, creía firmemente que la Rusia bolchevique era una aliada del socialismo. A instancias de Beatrice Webb, publicó uno de los bestsellers de la Sociedad Fabiana, "Nuestro aliado soviético".

Desde el principio de su historia, el socialismo fabiano trató de penetrar y calar en los partidos laboristas y liberales británicos, y más tarde en el Partido Demócrata de Estados Unidos. Fue implacable en su celo y energía para crear un socialismo "feminista", lo que conseguiría. El socialismo consiguió apoderarse de los consejos escolares, de los ayuntamientos y de los sindicatos con el pretexto de mejorar la suerte de los trabajadores. La determinación del socialismo fabiano de hacerse cargo de la educación refleja lo que Madame Zinoviev había aconsejado durante mucho tiempo en la Rusia bolchevique.

En 1950, Gollancz publicó "Corruption in a Profit Economy", un libro muy leído de Mark Starr. Starr era un producto del socialismo fabiano y, aunque se le consideraba un poco tosco (comenzó su vida como minero del carbón), no fue rechazado por los socialistas de la Ivy League de Harvard y Yale, a los que la Sociedad Fabiana había tenido acceso en su ordenada progresión hacia arriba desde sus humildes comienzos en Londres. Starr emigró a Estados Unidos en 1928, tras obtener sus credenciales socialistas en el Consejo Nacional de Colegios Laborales.

Formado por la formidable Margaret Cole, fundadora del Centro de Investigación Fabiana, Starr fue EL enlace entre la Sociedad Fabiana de Londres y los movimientos socialistas emergentes en América. Starr sirvió en el Brockwood Labor College de 1925 a 1928, recibiendo una destacada educación socialista desde temprana edad. El Fondo Socialista Garland concedió a Starr una beca de 74.227 dólares, una suma considerable para la época. Pasó a ser director de educación del Sindicato Internacional de Trabajadoras de la Confección (ILGWU) de 1935 a 1962. Su labor en la política sindical y en la educación fue notable para la causa del socialismo. Para Starr, la educación significaba enseñar que el beneficio privado era malo y debía ser abolido.

En 1941, Starr fue nombrado vicepresidente de la Federación Americana de Profesores, una de las principales organizaciones socialistas de profesores de la época. Tras adquirir la nacionalidad estadounidense, Starr fue nombrado por el presidente Harry Truman miembro de la Comisión Asesora de Estados Unidos, autorizada por la Ley Pública 402, "para asesorar al Departamento de Estado y al Congreso sobre el funcionamiento de los centros de información y las bibliotecas que el Gobierno de Estados Unidos mantiene en países extranjeros, y sobre el intercambio de estudiantes y expertos técnicos." ¡Esto fue realmente un "golpe" para el socialismo en los Estados Unidos!

El socialismo fabiano atrajo a gran parte de la élite de la sociedad en Gran Bretaña y Estados Unidos. Se dice que los socialistas estadounidenses "imitaban a sus homólogos ingleses, admirando su dominio del lenguaje, sus rápidos giros y su refinada respetabilidad, tal vez personificada por el profesor Graham Wallas, Sir Stafford Cripps, Hartley Shawcross y Richard Crossman".

El profesor Graham Wallas dio una conferencia en la New School for Social Research de Nueva York, un "think tank" socialista fundado por la revista *New Republic*, que atiende a profesores de izquierdas, de los que Estados Unidos tiene más que su cuota. Wallas fue uno de los primeros intelectuales que se unió a la entonces inexistente Sociedad Fabiana, que en 1879 se enfrentaba a un futuro muy incierto y no se consideraba una amenaza para el gobierno o la iglesia. El temprano interés de Wallas por la educación se refleja en uno de sus primeros trabajos: el del Comité de Gestión

Escolar del Consejo Escolar del Condado. Como veremos en otros capítulos, la jerarquía de los socialistas fabianos veía el control de la educación como el eje de su estrategia de conquista mundial.

Este ideal se reflejó también en el nombramiento de Wallas como profesor de la London School of Economics, fundada por Sydney Webb y que todavía era una joven institución educativa socialista. Wallas sólo tenía cuatro alumnos en su clase.

Wallas creía que la forma de socializar un país era mediante la psicología aplicada. La manera de socializar América, argumentaba Wallas, era llevar a la masa de la población de la mano como si fueran niños (no tenía una opinión muy buena del nivel de educación en los Estados Unidos) y, como a los niños, llevarlos paso a paso por el camino del socialismo, a lo que yo añadiría, y la esclavitud final. Wallas es un nombre importante en este relato del socialismo, ya que escribió un libro que fue adoptado, textualmente, por el presidente Lyndon Johnson, como política oficial del Partido Demócrata.

El siniestro avance sigiloso del socialismo que comenzó a cubrir Inglaterra podría haberse evitado de no ser por la Primera Guerra Mundial. La flor de la juventud cristiana británica, que se habría resistido a la marcha de este concepto ajeno, yacía muerta en los campos de Flandes, con sus vidas inútilmente desperdiciadas por un nebuloso ideal de "patriotismo". Adormecida por la horrible pérdida de sus hijos, a la generación más vieja no le importaba lo que el socialismo hiciera a su país, creyendo que "siempre habrá una Inglaterra".

La psicología social fue un arma hábilmente utilizada para desviar los ataques a las organizaciones fabianas estadounidenses. Americans for Democratic Action (ADA) declaró que no formaba parte de la Sociedad Fabiana, y su portavoz, *el* periódico *The Nation,* trató de negar con vehemencia los intentos de vincular ambas organizaciones.

En 1902, Wallas enseñaba el socialismo duro en la Escuela de Verano de la Universidad de Filadelfia. Había sido invitado a Estados Unidos por socialistas estadounidenses adinerados que habían asistido a la Escuela de Verano de Oxford en 1899 y 1902, un período en el que los cursos de adoctrinamiento de verano estaban en la cima de su popularidad entre los estadounidenses adinerados que no tenían nada mejor que hacer. En 1910, Wallas se convirtió en mentor de líderes socialistas estadounidenses como Walter Lippmann, al pronunciar las conferencias Lowell en Harvard. Graham Wallas fue reconocido como uno de los cuatro grandes intelectuales socialistas de Gran Bretaña y, como tal, fue buscado por el socialista estadounidense Ray Stannard Baker, el emisario que el coronel Edward Mandel House envió a la Conferencia de Paz de París para que lo representara y cubriera lo que hacían los delegados.

Entre 1905 y 1910, Graham Wallas escribió "La Gran Sociedad", que se convertiría en el proyecto del programa del presidente Johnson del mismo nombre, y que incorporaba los principios de la psicología social. Wallas dejó claro que el propósito de la psicología social era controlar la conducta humana, preparando así a las masas para el estado socialista que se avecinaba y que finalmente las llevaría a la esclavitud, aunque se cuidó de no explicarlo tan claramente. Wallas se convirtió en un intermediario en Estados Unidos de las ideas de los socialistas fabianos, gran parte de las cuales se incorporaron al "New Deal" de Roosevelt, escrito por el socialista Stuart Chase, a la "New Frontier" de Kennedy, escrita por el socialista Henry Wallace, y a la "Great Society" de Johnson, escrita por Graham Wallas. Estos hechos por sí solos dan la medida del considerable impacto del socialismo fabiano en la escena política estadounidense.

Al igual que el profesor Laski, Wallas tenía el mismo buen carácter y la misma amabilidad que tendría un gran impacto en los líderes políticos y religiosos de Estados Unidos. Ambos hombres iban a ser los misioneros más eficaces de la Sociedad Fabiana en las universidades y colegios de todo Estados Unidos, por no hablar de su impacto en los líderes del recién surgido y agresivo movimiento "feminista".

Así, desde el inicio del socialismo fabiano en América, este movimiento peligrosamente radical se revistió falsamente de un manto de bondad capaz de engañar a "los elegidos", parafraseando la Biblia. Proporcionó una cobertura para la revolución a ambos lados del Atlántico, manteniéndose al margen de la violencia que suele asociarse a la palabra "revolución". La historia registrará algún día que la revolución socialista fabiana superó con creces la violenta revolución bolchevique en alcance y escala. Mientras que la revolución bolchevique terminó hace más de cincuenta años, la revolución socialista fabiana sigue creciendo y fortaleciéndose. Este movimiento silencioso literalmente "movió montañas" y cambió dramáticamente el curso de la historia, y en ningún lugar más que en los Estados Unidos.

Los dos faros que siguieron siendo maestros del socialismo fabiano hasta el final de sus días fueron George Bernard Shaw y Sydney Webb. Más tarde se les unieron hombres como Graham Wallas, John Maynard Keynes y Harold Laski, todos los cuales sabían que el sueño de una conquista socialista de Gran Bretaña y Estados Unidos sólo podría realizarse mediante el debilitamiento gradual del sistema financiero de cada país, hasta que se hundieran en un estado de bienestar total. Esto es lo que vemos hoy en día, ya que Gran Bretaña ha sido superada y se ha convertido en un estado de bienestar fallido.[2]

La segunda línea de acción del fabianismo fue contra la separación constitucional de poderes ordenada por la Constitución estadounidense. El profesor Laski y sus colegas creían que si el socialismo fabiano podía eliminar este obstáculo, tendrían la clave para desmantelar toda la Constitución de Estados Unidos. Por lo tanto, era imperativo que el socialismo formara y desplegara agentes especiales de cambio que pudieran socavar esta disposición, la más importante de la Constitución. La Sociedad Fabiana se puso manos a la obra, y el éxito de su misión puede verse en la forma chocante en que el Congreso está cediendo alegremente sus poderes al poder ejecutivo de una manera que sólo puede describirse como no sólo imprudente, sino también 100% inconstitucional.

Un buen ejemplo sería el poder de veto concedido al presidente Clinton, desafiando la Constitución. Otro buen ejemplo es la cesión de poderes en las negociaciones comerciales que corresponden por derecho a la Cámara de Representantes. Como veremos en los capítulos sobre el TLCAN y el GATT, esto es precisamente lo que

---

[2] ¿Qué podemos decir de Francia hoy en día...? Nde.

ha hecho el Congreso, haciendo así, de buena o mala gana -no importa-, el juego a los enemigos socialistas de esta nación.

Sydney Webb y George Bernard Shaw fueron los hombres que marcaron el rumbo socialista fabiano: penetración y permeabilidad, en lugar de anarquía y revolución violenta. Ambos estaban decididos a hacer creer al público que el socialismo no significaba necesariamente la izquierda, y desde luego no el marxismo. Ambos viajaron a la Rusia bolchevique en pleno apogeo del terror, ignorando en lugar de comentar la carnicería que era de dominio público. De los dos, Webb era el más impresionado con los bolcheviques y escribió un libro titulado "El socialismo soviético: ¿una nueva civilización? ". Más tarde se supo, tras la deserción de un funcionario del Ministerio de Asuntos Exteriores soviético, que aparentemente Webb no había escrito realmente este libro, que era obra del Ministerio de Asuntos Exteriores soviético.

Shaw y Webb llegaron a ser conocidos como los "demonios del socialismo que esperaban ser exorcizados" antes de que el socialismo pudiera desplegar sus alas y, como dijo Shaw, "rescatar al comunismo de las barricadas". Aunque Shaw afirmaba no preocuparse por la FORM, expresó sin embargo su creencia de que el socialismo fabiano se convertiría en un "movimiento constitucional". Incluso con los "grandes" del socialismo acudiendo al movimiento, Toynbee, Keynes, Haldane, Lindsay, H.G. Wells y Huxley, Shaw y Webb mantuvieron su control sobre la Sociedad Fabiana de Londres y la dirigieron en la dirección que habían elegido tantos años antes.

La indigencia de Shaw, casi siempre sin dinero, se vio aliviada por su matrimonio con Charlotte Payne Townshend, una dama de considerables recursos, lo que algunos creen que fue la razón por la que el irascible Shaw se casó con ella. Lo confirma el hecho de que, antes de intercambiar los votos matrimoniales, Shaw insistió en que se le prestara atención en forma de un importante acuerdo prenupcial.

Shaw ya no se entregaba a las oraciones en la tribuna y a las reuniones en el sótano, sino que aspiraba a mezclarse socialmente con la alta sociedad del socialismo. Hombres como lord Grey y lord Asquith se convirtieron en sus buenos amigos, y aunque Shaw hizo uno o dos viajes más a Moscú, se alejó del comunismo. Aunque era un ateo declarado, esto no impidió a Shaw cultivar a quienes creía que podía utilizar para impulsar su carrera, como Lord Asquith en particular. Shaw no aceptaba órdenes de nadie, y menos de "recién llegados" como Hugh Gaitskell, futuro Primer Ministro de Inglaterra, y protegido de la familia Rockefeller. Shaw se veía definitivamente como la "vieja guardia" junto a Sydney y Beatrice Webb. Estos socialistas profesionales y curtidos han capeado muchas tormentas políticas y nunca han rehuido una oposición externa a menudo considerable y "rencillas familiares".

El socialismo fabiano comenzó en 1883 como una sociedad de debate, "Nueva Vita", que se reunía en una pequeña sala en el 17 de Osnaburgh Street, Londres. Esto recordaba al primer movimiento nacionalsocialista alemán, que más tarde retomaría Hitler. Uno de los objetivos de "Nueva Vita" era reunir las enseñanzas de Hegel y Santo Tomás de Aquino en una amalgama.

Pero la palabra "socialismo" no era nueva, ya que existía desde 1835, mucho antes de que la Nueva Vita diera sus primeros pasos en 1883, la misma noche de la muerte de Marx. El líder del grupo -que era de cuatro personas- era Edward Pease, y su objetivo era utilizar la educación como vehículo para la propaganda socialista que tendría un efecto tan profundo en la educación y la política a ambos lados del Atlántico. Esto parecía una tarea difícil para un grupo de hombres que no habían recibido la educación pública requerida, una necesidad para los futuros líderes de la Inglaterra victoriana, y sin embargo, un examen de la Sociedad Fabiana muestra que esto es exactamente lo que lograron.

A lo grande, los jóvenes bautizaron a su grupo con el nombre de Quinto Fabián, un famoso general romano, cuya táctica consistía en esperar pacientemente a que el enemigo cometiera un error para luego golpear con fuerza. El irlandés George Bernard Shaw se unió a la Sociedad Fabiana en mayo de 1884. Shaw procedía del Hampstead Historical Club, un círculo de lectura marxista. Es curioso que tanto Shaw como Marx llegaran al socialismo a poca distancia el uno del otro: Hampstead Heath no está tan lejos de Highgate. (Resulta que conozco bien la zona, ya que he vivido en la zona de Hampstead y Highgate y he pasado muchos años estudiando en el Museo Británico). Así que, en cierto sentido, mi percepción de lo que era el socialismo fabiano se hizo más clara por estas circunstancias.

Aunque nunca admitió conocer a Marx, aunque cortejó a su hija Eleanor, se sospecha que Shaw fue el "líder" de Marx para llevar el socialismo a las audiencias a las que se dirigía con más frecuencia, cuatro veces a la semana, allí donde pudiera encontrarlas. Un estudio que realicé en el Museo Británico me lleva a pensar que el comunismo inventó el socialismo para transmitir sus ideas radicales que, de otro modo, no habrían sido bien recibidas en Inglaterra o Estados Unidos, los dos países más favorecidos por el comunismo para su conquista.

No me cabe duda de que Shaw era un Marx "disfrazado" como el socialismo era el comunismo "disfrazado". Mi teoría gana peso cuando nos enteramos de que Shaw asistió a la Internacional Socialista de Londres en 1864 como delegado de los fabianos. Como sabemos, Marx fue el creador de la Internacional Socialista, en la que sus teorías erróneas se predicaban ad-infinitum junto a la propaganda comunista más descarada. Karl Marx nunca trató de ocultar la impía alianza entre la Internacional Comunista y su propia Internacional Socialista, pero Shaw y los Webb, y más tarde Harold Laski, negaron con vehemencia cualquier conexión con el marxismo o el comunismo.

Los fabianos pasaron interminables horas debatiendo si la "socialdemocracia" o el "socialismo democrático" debía ser el grito de guerra. Al final, fue el "socialismo democrático" el que se utilizó en EEUU con tanto éxito, ya que la idea de Shaw era que los intelectuales socialistas (entre los que se encontraba él) dirigieran la carga en el momento de las elecciones, mientras que los trabajadores aportarían el dinero. Esta idea fue cooptada con éxito por la ADA, que inundó los comités del Congreso con "expertos" que iban y venían a Harvard, con el fin de confundir y desconcertar a los senadores y representantes incultos e inexpertos en los caminos de la traición socialista.

El socialismo no tiene NADA que ver con la IGUALDAD Y LA LIBERTAD. Tampoco se trata de ayudar a la clase media y a los trabajadores. Por el contrario, se trata de esclavizar al pueblo por medios graduales y sutiles, hecho que Shaw admitió una vez en un momento de desatención. El libro "Great Society" de Graham Wallas y la "Gran Sociedad" de Lyndon Banes Johnson eran la misma cosa, y a primera vista parecía que el pueblo sería el beneficiario de la generosidad del gobierno, pero en realidad sólo era una trampa de esclavitud cebada con miel socialista. MIENTRAS EL SOCIALISMO ESTÉ VIVO, EL COMUNISMO NO PUEDE ESTAR MUERTO, Y AHÍ ES DONDE EL SOCIALISMO LLEVA A ESTA NACIÓN: A LA TRAMPA DE ACERO DEL COMUNISMO.

Debemos recordar lo que dijo el gran presidente Andrew Jackson sobre el enemigo oculto entre nosotros:

> "Tarde o temprano su enemigo aparecerá, y usted sabrá qué hacer se enfrentará a muchos enemigos invisibles de su libertad duramente ganada. Pero aparecerán a su debido tiempo, el suficiente para destruirlos".

Esperemos que el pueblo estadounidense, cegado por las políticas falsamente socialistas de cuatro presidentes, se quite las escamas de los ojos antes de que sea demasiado tarde.

Un segundo marxista disfrazado fue Sydney Webb, al que Sir Bertrand Russell desestimó con tanto desdén en años posteriores como "empleado de la Oficina Colonial". Webb negó con vehemencia haber conocido a Marx, pero al igual que en el caso de Shaw, existen pruebas circunstanciales de que Webb se reunía con Marx con bastante regularidad. A diferencia de Shaw, que se casó tarde, Webb se casó muy pronto con Beatrice Potter, una mujer rica y formidable que impulsaría su carrera más de lo que él quería admitir.

Beatrice era la hija de un magnate ferroviario canadiense, que se había enamorado de Joseph Chamberlain, pero había sido rechazada por él debido a la diferencia de clase. En aquella época, tener dinero no significaba la admisión automática en los mejores círculos. Tenías que venir de un entorno "adecuado", lo que normalmente significaba una educación en una escuela pública (una "escuela pública" en Inglaterra es lo mismo que una escuela pública en Estados Unidos). Desde su primer encuentro, Shaw y los Webb coincidieron y formaron un gran equipo.

La revolución socialista propuesta por la Sociedad Fabiana iba a proyectar una larga y oscura sombra sobre Inglaterra y, posteriormente, sobre Estados Unidos. Sus objetivos difieren poco de los expuestos en el manifiesto comunista de 1848:

> "Por lo tanto, tiene como objetivo la reorganización de la sociedad mediante la emancipación de la tierra y el capital industrial de la propiedad individual y su devolución a la comunidad para el beneficio general. Por tanto, trabaja por la extinción de la propiedad privada de la tierra... Pretende alcanzar estos objetivos mediante la difusión general de conocimientos sobre la relación entre el individuo y la Sociedad en sus aspectos económicos, éticos y políticos."

No hubo denuncia de la religión, ni anarquistas de pelo largo corriendo con bombas. Nada de eso. Los fascistas también eran bienvenidos, como demuestra el hecho de que Sir Oswald Mosely y su esposa, de soltera Cynthia Curzon, eran ambos socialistas acérrimos antes de unirse a las filas del fascismo. Shaw, el socialista de la "vieja guardia", elogió a Hitler en los años previos a la Segunda Guerra Mundial. En lugar de mostrar sus verdaderos colores, el fabianismo se dio aires de grandeza que desmentían sus peligrosas intenciones revolucionarias: la constitución no escrita de Inglaterra y la constitución escrita de Estados Unidos debían ser subvertidas y sustituidas por un sistema de socialismo de Estado, a través de un proceso conocido como "gradualismo" y "penetración y permeación".

Hay algunas similitudes aquí entre Hitler y los fabianistas: al principio, nadie les prestó atención. Pero a diferencia de Hitler, para Shaw y Webb la visión era la de un mundo que evolucionaría hacia un Nuevo Orden Mundial en el que todos serían felices y estarían contentos, sin recurrir a la violencia y la anarquía.

Los fabianos empezaron a desplegar sus alas y en 1891 estaban listos para publicar su primer "Fabian News". Fue en esta época cuando Beatrice Webb comenzó a impartir clases de feminismo radical y desarrolló el programa de investigación fabiano, utilizado posteriormente con gran efecto por el juez Louis Brandeis y conocido como el Breve de Brandeis. Este programa consistía en un volumen tras otro de material de "investigación", suficiente para abrumar a los opositores, cubierto por el más delgado de los escritos legales. Había poco estímulo para los nuevos miembros sin estatura e importancia: Webb y Shaw consideraban que su movimiento era para la élite, no les interesaban los movimientos de masas de personas sin dinero ni influencia.

Así que se dirigieron a las universidades de Oxford y Cambridge, donde se formaban los hijos de la élite que más tarde llevarían el mensaje de la Sociedad Fabiana (convenientemente disfrazado de "reformas") al corazón y al alma del Parlamento. El objetivo de la Sociedad Fabiana era asegurar que los socialistas se instalaran en posiciones de poder, donde se pudiera contar con su influencia para lograr "reformas".

Este programa, algo modificado, se practicó también en Estados Unidos y dio lugar a Roosevelt, Kennedy, Johnson y Clinton, todos ellos socialistas. Estos agentes del cambio se formaron a la manera fabiana, combinando la sociología y la política para abrir puertas. Los números simples nunca han sido su estilo. Uno de sus miembros de la élite, Arthur Henderson, que era secretario de Asuntos Exteriores de Gran Bretaña en 1929, fue el instigador del reconocimiento diplomático del monstruoso régimen bolchevique, seguido por Estados Unidos unos años después.

La primera célula de la Sociedad Fabiana en Oxford se inauguró en 1895, y en 1912 había tres más, y los estudiantes representaban más del 20% de los miembros.

Este es quizás el período más importante para el crecimiento de la Sociedad Fabiana; los estudiantes son introducidos al socialismo, y muchos de ellos se convertirán en líderes mundiales.

El pequeño movimiento al que nadie prestó atención en 1891 había llegado. Uno de los movimientos radicales y revolucionarios más peligrosos del siglo XX había echado raíces en Inglaterra y ya empezaba a extenderse a Estados Unidos. Laski, Galbraith, Attlee, Beaverbrook, Sir Bertrand Russell, H.G. Wells, Wallass, Chase y Wallace; estos fueron algunos de los socialistas fabianos que iban a tener un profundo efecto en el curso que tomaría Estados Unidos.

Esto era especialmente cierto en el caso del profesor Laski. Pocas personas en el gobierno, durante los treinta años que Laski pasó en América, se dieron cuenta de la profundidad de su penetración en la educación y en el propio gobierno. Fue un hombre que llevó a la práctica diaria los principios del socialismo. Laski dio conferencias en muchos estados y en las universidades de Oregón, California, Colorado, Columbia, Yale, Harvard y Roosevelt de Chicago. Durante todo este tiempo, instó sistemáticamente a la adopción de un programa federal de "seguridad social" que, no mencionó, conduciría al objetivo socialista de un estado de bienestar TOTAL.

Más tarde, Laski, Wallas, Keynes y muchos de los líderes políticos y economistas de la Sociedad Fabiana acudirían al Instituto Tavistock de Relaciones Humanas[3] para aprender los métodos de John Rawlings Reese, conocidos como "condicionamiento interno" y "penetración a largo plazo". Henry Kissinger también se formó en esta escuela.

Poco a poco, como era su costumbre, los fabianistas empezaron a penetrar en los partidos laboristas y liberales, desde los que ejercieron una gran influencia en la socialización del inglés, antaño acérrimo independiente, reacio a aceptar la ayuda del gobierno. Aunque los Webb se atribuyeron el mérito de la técnica de "penetración", esta afirmación fue rudamente socavada en 1952 por el coronel I.M. Bogolepov, quien declaró que todo el plan había sido escrito para los Webb dentro del Ministerio de Asuntos Exteriores soviético, al igual que gran parte del contenido de los numerosos libros que los Webb decían haber escrito. Bogolepov continuó diciendo que gran parte del contenido de los libros de Webb había sido escrito por él mismo. "Sólo cambiaron un poco aquí y allá, por lo demás fue copiado palabra por palabra", dijo el coronel.

Como suele ocurrir cuando se desacredita a los héroes izquierdistas o socialistas, la prensa cubre y alaba al desacreditado con masas de verborrea irrelevante hasta que la acusación queda casi olvidada. Lo vemos casi a diario en la prensa con respecto al carácter moral y la ineptitud política del presidente Clinton. "Es de ellos, y no importa lo que se diga de él, no dejarán que el barro se seque", dijo uno de mis colegas de inteligencia. Y exoneran a Clinton. Al analizar los informes sobre el carácter cuestionable y los errores políticos de Clinton, uno no puede dejar de impresionarse por el control de daños de los socialistas fabianos: "lavar" el objetivo y asfixiar al atacante con una verborrea que poco tiene que ver con los temas.

---

[3] Véase *The Tavistock Institute of Human Relations - Shaping the Moral, Spiritual, Cultural, Political and Economic Decline of the United States of America,* John Coleman, Omnia Veritas Ltd, www.omnia-veritas.com.

Al estudiar la historia de la Sociedad Fabiana en el Museo Británico de Londres, me sorprendió el impresionante progreso de la diminuta banda de desconocidos que, con el tiempo, atrajo a algunos de los más importantes políticos, escritores, profesores, economistas, científicos, filósofos, líderes religiosos y editores a la órbita de la Sociedad Fabiana, mientras el mundo parecía no darse cuenta de su existencia. Esto puede explicar que los profundos cambios que se estaban produciendo no fueran motivo de alarma. La técnica fabiana de presentar las "reformas" como "beneficiosas", "justas" o "buenas" fue la clave de su éxito.

Lo mismo ocurre con los socialistas estadounidenses. Todas las medidas importantes adoptadas por la quinta columna socialista de Washington se disfrazan de "reformas" que beneficiarán al pueblo. La artimaña es tan antigua como el tiempo, pero los votantes caen en ella siempre. El "New Deal" de Roosevelt estaba sacado directamente de un libro socialista fabiano del mismo título escrito por Stuart Chase, y sin embargo fue aparentemente aceptado como una auténtica "reforma" del sistema. Incluso el reconocimiento por parte de Woodrow Wilson de la traición del gobierno de Kerensky estaba revestido de un lenguaje diseñado para engañar intencionadamente al pueblo estadounidense haciéndole creer que las "reformas" en curso en Rusia eran en beneficio del pueblo. La "Gran Sociedad" de Johnson fue otro programa "americano" tomado directamente de un libro escrito por Graham Wallas, titulado "La Gran Sociedad".

Con la creación de la London School of (Socialist) Economics, aunque sus orígenes no sean tan pretenciosos como sugiere el título, los socialistas fabianos se hicieron cada vez más influyentes en la elaboración de la política monetaria a ambos lados del Atlántico. La institución se vio muy favorecida cuando la Fundación Rockefeller concedió una importante subvención. El método de financiación de las instituciones socialistas mediante subvenciones de la élite rica, así como sus programas cotidianos para los pobres, sería una idea de Shaw, que activó tras asistir a una conferencia en la London School of Economics.

Básicamente, hacer que los pobres paguen por los programas "locales" era lo mismo que crear sindicatos entre la clase trabajadora, y luego utilizar las cuotas de los afiliados para facilitar y financiar los programas socialistas. Es un poco como los masones, que suelen hacernos saber que pagan generosas cantidades de dinero a la caridad. Pero el dinero suele proceder del público, no de las arcas de los masones. En Estados Unidos, los Shriners son famosos por sus donaciones a los hospitales, pero el dinero procede del público a través de colectas callejeras organizadas por los Shriners. Ninguno de sus fondos propios se destina a los hospitales.

Los "Cuatro Pilares de la Casa del Socialismo", escritos por Sydney Webb poco después de la Primera Guerra Mundial, se convirtieron en el proyecto de la futura acción socialista, no sólo en Gran Bretaña sino también en Estados Unidos. Este plan exigía la destrucción del sistema de producción de bienes y servicios basado en la competencia, una fiscalidad ilimitada e intrusiva, un bienestar masivo, la ausencia de derechos de propiedad privada y un gobierno mundial único. Estos objetivos no son tan diferentes de los principios expuestos por Karl Marx en el Manifiesto Comunista de 1848. Las diferencias radican en el método de aplicación, el estilo, más que en el fondo.

En detalle, el bienestar financiado por el Estado debía ser el primer principio. Se incluyó el derecho al voto de las mujeres (el nacimiento de los movimientos por los derechos de las mujeres), toda la tierra debía ser nacionalizada, sin ningún derecho de propiedad privada. Todas las industrias "al servicio del pueblo" (ferrocarriles, electricidad, luz, teléfono, etc.) debían ser nacionalizadas, el "beneficio privado" debía ser eliminado del sector de los seguros, la confiscación de la riqueza a través de los impuestos debía intensificarse y, finalmente, se establecía el concepto de un gobierno mundial: controles económicos internacionales, tribunales internacionales que proporcionaran una legislación internacional que rigiera los asuntos sociales.

Un examen superficial del Manifiesto Comunista de 1848 revela dónde se realizó la "investigación" de los "Cuatro Pilares". Aunque "Cuatro Pilares" se ocupaba exclusivamente de la socialización de Gran Bretaña, muchas de sus ideas han sido puestas en práctica por Wilson, Roosevelt, Johnson, Carter y ahora Clinton. El laborismo y el Nuevo Orden Social estaban de moda en Estados Unidos, donde no se reconocían sus objetivos revolucionarios, aunque se presentaba a Hitler como la mayor amenaza para el mundo. Nos guste o no, las políticas y programas instituidos por Wilson, Roosevelt, Kennedy, Johnson, Carter y Reagan llevaban el sello "Made in England By the Fabian Society". Esto es más cierto con Clinton que con cualquiera de los presidentes anteriores.

Ramsay McDonald, enviado a Estados Unidos para "espiar al país", se convirtió en el primer primer ministro socialista de la Sociedad Fabiana de Gran Bretaña. McDonald marcó la pauta para que los futuros primeros ministros se rodearan de asesores socialistas de la Sociedad Fabiana, una tradición que continuaron Margaret Thatcher y John Major. Al otro lado del Atlántico, los socialistas fabianos rodearon al presidente Wilson y le presentaron un programa para socializar los Estados Unidos. Fue un logro espectacular para aquellos pocos hombres que, bajo el liderazgo de Pease, se propusieron cambiar el mundo a principios de siglo, y que lo hicieron haciendo pleno uso de los "asesores presidenciales".

Una de las estrellas emergentes del círculo interno de la Sociedad Fabiana era Sir Stafford Cripps, sobrino de Beatrice Webb. Sir Stafford desempeñó un papel importante en el asesoramiento a los socialistas estadounidenses sobre cómo meter a los Estados Unidos en la Segunda Guerra Mundial. En 1929 Cripps había sido un guía para la entrada de la alta sociedad en el fabianismo, a pesar de que el fabianismo y el comunismo se habían difuminado en los bordes, y varios conservadores destacados de la época habían advertido que había poco que elegir entre el socialismo fabiano y el comunismo, aparte de la falta de carnés de socio para los socialistas fabianos.

El año 1929 también vio el ascenso de otra estrella que estaba destinada a sacudir las políticas económicas y financieras de muchas naciones, incluyendo Inglaterra, pero quizás más importante, los Estados Unidos. John Maynard Keynes se había convertido en un icono virtual de la Sociedad Fabiana a través de hombres como Gollancz, con su gigantesca editorial de izquierdas y el Left Book Club, y Harold Joseph Laski (1893-1950)

Los documentos raros de la Sociedad Fabiana que vi en el Museo Británico eran de la opinión de que sin la bendición de Laski, Keynes no habría logrado mucho. Laski fue descrito en estos periódicos como "la idea que todo el mundo tiene de un socialista".

Incluso el gran H.G. Wells dobló la rodilla ante Laski, llamándolo "el mayor intelectual socialista del mundo de habla inglesa".

Laski procedía de padres judíos de escasos recursos y se dice que fue el ascenso de Hitler al poder lo que le convirtió en un activista de los derechos de los judíos en Palestina. Los enfrentamientos con Earnest Bevin, primer ministro socialista británico, eran frecuentes y furiosos. [er]El 1 de mayo de 1945, Laski, como presidente del Partido Laborista británico, pronunció un discurso en el que repitió que no creía en la religión judía porque era marxista. Pero ahora Laski dice que cree que el renacimiento de la nación judía en Palestina es vitalmente necesario. Esto fue confirmado por el propio Ben Gurion.

La opinión de Laski fue transmitida al presidente Truman y al rabino Stephen Wise el 20 de abril de 1945. Truman había heredado la línea dura de Roosevelt a favor de las aspiraciones judías, dictada por Laski, y cuando empezaron a surgir problemas sobre la cuestión de permitir colonos judíos en Palestina, Truman envió una copia de lo que muchos creían que era un informe fabiano-socialista sobre la situación de los campos de refugiados en Europa, en el que se instaba al entonces Secretario de Asuntos Exteriores Bevin a permitir que 100.000 judíos emigraran de los campos y se establecieran en Palestina.

El mensaje de Truman hizo que Bevin estuviera en profundo desacuerdo con Laski y Truman. La imagen de Bevin de los judíos no era ni pro ni anti. Sus puntos de vista fueron decididamente atenuados por los de Clement Attlee, entonces Primer Ministro de Inglaterra. Según Bevin, los judíos no eran una nación, mientras que los árabes sí. "Los judíos no necesitan un Estado propio", dijo Bevin. Le dijo a Laski que no prestaría la más mínima atención a la sugerencia de Truman, achacándola a "la presión del voto judío en Nueva York". La negativa de Bevin a ver las cosas (a la manera de Laski y de Truman) condujo a interminables disputas.

Bevin se adhirió a su política basándose en su creencia de que

> "los árabes eran esencialmente autóctonos de la región y pro-británicos, mientras que un estado sionista significaba la intrusión de un elemento extranjero y perturbador, que debilitaría la región y abriría las puertas al comunismo".

Incluso cuando Weizman fue a reunirse con él, Bevin se negó a ofrecer más de una cuota mensual de mil quinientos judíos que podían ir a Palestina. Esto debía deducirse del número de inmigrantes judíos ilegales que entraban en Palestina cada mes. Esta fue una de las pocas ocasiones en que el socialismo fabiano y Laski sufrieron una severa derrota.

Se dice que Ayn Rand utilizó a Laski como modelo para su novela de 1943, "The Fountainhead", y Saul Bellow escribió: "Nunca olvidaré las observaciones de Mosby sobre Harold Laski: sobre el empaquetamiento del Tribunal Supremo, sobre los juicios de la purga rusa y sobre Hitler". La influencia de Laski se sigue sintiendo en Estados Unidos, cuarenta y cuatro años después de su muerte. Su asociación con Roosevelt, Truman, Kennedy, Johnson, Oliver Wendell Holmes Jr, Louis Brandeis, Felix Frankfurter, Edward R. Murrow, Max Lerner, Averill Harriman y David Rockefeller cambiaría profundamente el curso y la dirección que los Padres Fundadores habían fijado para esta nación.

Laski enseñó como profesor de ciencias políticas en la London School of Economics y fue presidente del Partido Laborista británico cuando Aneuran Bevan era Primer Ministro. Laski era como George Bernard Shaw; no dudaba en presentarse a cualquiera que quisiera conocer. Cultivó amistades con los más importantes para la promoción de las causas socialistas. Richard Crossman, un estrecho colaborador, describe su personalidad como "cálida y gregaria, un hombre que llegó a la cima por sí mismo, un intelectual público". Se dice que Laski era generoso y amable y que la gente disfrutaba con él, además de ser un incansable cruzado socialista.

Un paso importante en el progreso del socialismo fabiano se dio en los años 40 con el Informe Beveridge sobre una serie de ensayos titulados simplemente "Seguridad Social". El año 1942 fue elegido precisamente por razones psicológicas. Gran Bretaña se enfrentaba a los días más oscuros de la Segunda Guerra Mundial. Era el momento en que el socialismo ofrecía esperanza. Laski ofreció el plan a John G. Winant, embajador de Estados Unidos en la Corte de Santiago. Eugene Meyer, del *Washington Post,* describe la atención de Roosevelt. En Gran Bretaña, notables de la Sociedad Fabiana como Lord Pakenham han pronunciado cientos de discursos de alto nivel en apoyo del milagro de abolir la miseria y las privaciones. El público británico está extasiado.

Pero cinco años más tarde, el gobierno británico estaba "pidiendo prestado" a Estados Unidos para gestionar la seguridad social. John Strachey, tan idolatrado por los socialistas fabianos, descubrió que aunque regulaba la cuantía de la seguridad social, aumentándola cuando era necesario, seguía sin ser suficiente para generar poder adquisitivo, por lo que Strachey, el marxista número 1 y ministro de abastecimiento de alimentos, tuvo que racionar los suministros. Los socialistas casi habían llevado al país a la bancarrota, en un año, 1947, al gastar 2.750 millones de dólares en sus programas socialistas, ¡el dinero fue "prestado" por Estados Unidos! Los "préstamos" fueron obra de Laski, y de Harry Dexter White, del Tesoro estadounidense, y de un informante soviético.

Es realmente sorprendente que el pueblo estadounidense haya permanecido en silencio ante el tipo de financiación de las quimeras socialistas que se esperaba de él. La única razón que se me ocurre para explicar por qué el pueblo estadounidense no protestó es, sencillamente, que se le ocultó la verdad. La Reserva Federal "prestó" a Gran Bretaña 3.000 millones de dólares en la década de 1920 para que el sistema de "dole" (bienestar) pudiera continuar, mientras que aquí en casa las pensiones de los veteranos de guerra se recortaron en 4 millones de dólares al año como contribución parcial. ¿Podría volver a ocurrir algo así? La opinión informada es que no sólo podría volver a ocurrir, sino que la reacción del pueblo estadounidense sería la misma; en su mayor parte, indiferencia total.

Pero incluso con la ayuda inquebrantable, aunque no oficial, de Harry Dexter White, el socialismo no podía financiar por sí solo sus grandiosos planes, y cuando el Congreso descubrió finalmente todo el alcance del apoyo financiero de White a la Gran Bretaña socialista, Sir Stafford Cripps tuvo que confesar y decir al pueblo británico que la seguridad social tendría que ser financiada por el impuesto sobre la renta a partir de ahora. En el periodo 1947-49, los impuestos subieron, los alimentos escasearon, los ingresos cayeron, y aunque los paneles fabianos trabajaron incansablemente para encontrar una solución que hiciera funcionar el socialismo -que no fuera pedir dinero prestado a los Estados Unidos- siempre llegaron a la misma conclusión: gasto deficitario o abandonar los programas socialistas fabianos por considerarlos inviables.

Gran Bretaña ha pasado de ser un proveedor rentable de bienes y servicios y un intermediario para otras naciones, a una nación mendiga. En resumen, los programas socialistas fueron responsables de la destrucción de su próspera y centenaria economía. Gran Bretaña comenzó a parecerse a una república bananera. Aferrándose a un clavo ardiendo, el Partido Laborista (cuyos dirigentes eran casi todos socialistas fabianos) pensó que podía arreglar las cosas nacionalizando y racionando más, pero el electorado no dio una oportunidad a la Sociedad Fabiana y expulsó a los laboristas en las elecciones generales de 1950.

¿El legado de la Sociedad Fabiana? Con una tesorería vacía, reservas de oro agotadas y una baja producción, trató de distanciarse del desacreditado Partido Laborista argumentando que "la Sociedad Fabiana no es un partido político". En la Cámara de los Comunes, un notable socialista, Albert Edwards, dijo:

> "Me he pasado años discutiendo sobre los defectos del sistema capitalista. No retiro esas críticas. Pero hemos visto los dos sistemas uno al lado del otro. Y el hombre que todavía defiende el socialismo como forma de librar a nuestro país de los defectos del capitalismo está realmente ciego. El socialismo simplemente no funciona".

Sin embargo, a pesar del fracaso total y abyecto del socialismo en la práctica, no en la teoría, todavía había gente en Estados Unidos decidida a hacer tragar al pueblo americano las políticas socialistas fracasadas. Roosevelt, Truman, Kennedy, Johnson, Nixon, Bush y Carter parecían decididos a ignorar la gran debacle socialista del otro lado del Atlántico y, urgidos por sus asesores socialistas, se embarcaron en versiones estadounidenses de las mismas teorías y políticas socialistas fabianas fracasadas.

Los socialistas, que seguían vinculados a Gran Bretaña por una lengua y una herencia comunes, consiguieron implicar a Estados Unidos en su sueño de un gobierno mundial a través de la Alianza Atlántica o Unión Atlántica. Ignorando la sabiduría del discurso de despedida del presidente George Washington, los sucesivos gobiernos estadounidenses han perseguido lo que era esencialmente un proyecto socialista fabiano de gobierno mundial en el que Americans for Democratic Action (ADA) desempeñó un papel importante. El Royal Institute for International Affairs (RUA), con sede en Chatham House, St. James Square, Londres, la "madre" del

Council of Foreign Relations (CFR) estadounidense, también estuvo muy involucrado en esta empresa estrictamente socialista.

La campaña "Socialist Hands Across the Sea" se vio reforzada por la presencia de Owen Lattimore en la Universidad de Leeds. Lattimore, profesor de la Johns Hopkins, es más conocido por su conducta traicionera al frente del Instituto de Relaciones con el Pacífico (IPR), al que se atribuye la instigación de la política comercial estadounidense hacia Japón. Esto condujo al ataque a Pearl Harbor y a la entrada de Estados Unidos en la Segunda Guerra Mundial, cuando el ejército alemán había aplastado a los llamados "aliados", que se enfrentaban a la derrota en Europa.

El ascenso de Harold Wilson como futuro Primer Ministro de Inglaterra puede atribuirse a la administración Kennedy, que tras despachar a Harold MacMillan "con un rayo", como dijo un comentarista, la administración Kennedy exudó amabilidad y pericia hacia el "socialista de Oxford vestido de franela gris", como se describió a Wilson. Wilson fue a Estados Unidos para encontrar una forma de ser elegido por un eslogan, y lo encontró entre los agentes publicitarios de la Avenida Madison. Es curioso que el socialismo haya tenido que recurrir al capitalismo para saber cómo se hacen las cosas.

Sin embargo, apenas Wilson se instala como Primer Ministro, dice a la Cámara de los Comunes que su política será el socialismo habitual: nacionalización de las industrias, "justicia social" y, por supuesto, REFORMA FISCAL, una mayor participación en los ingresos de las empresas, impuestos sobre las nóminas y todas las cosas socialistas. Un entusiasta Wilson dice a sus compañeros socialistas fabianos que pueden estar seguros del éxito, porque "tenemos un gobierno americano que simpatiza".

Lo que Wilson quería decir realmente era que el gobierno estadounidense parecía más dispuesto que nunca a pagar las facturas del extravagante gasto socialista de su gobierno laborista. Una vez más, destacamos la contribución al "socialismo mundial".

El Primer Ministro Wilson, haciendo buen uso de sus conexiones estadounidenses, pidió prestados cuatro mil millones de dólares al Fondo Monetario Internacional (cuyo principal patrocinador era, y sigue siendo, Estados Unidos). Una vez más se demostró que los programas socialistas no podían soportar su propio peso y, como el dinosaurio, se derrumbarían si no se les apoyaba. El FMI fue creado por Lord Keynes, que lo describió como "un diseño esencialmente socialista".

Pero había voces en Estados Unidos en contra de la inquietante penetración socialista en el gobierno que había comenzado con Wilson, se aceleró con Roosevelt y se hizo más audaz y abierta en la administración Kennedy. Uno de ellos era el senador Joseph McCarthy de Wisconsin. Un verdadero patriota, McCarthy estaba decidido a erradicar a los socialistas y agentes de cambio comunistas con los que estaba infestado el Departamento de Estado de EE.UU., una batalla que McCarthy comenzó en 1948 con la administración Truman y continuó con la administración Eisenhower.

La Sociedad Fabiana se alarmó. ¿Cómo defendería su penetración en el gobierno de Estados Unidos y sus instituciones contra la exposición pública? En busca de ayuda, los fabianos se dirigieron a Americans for Democratic Action, que se encargó de montar una campaña masiva de desprestigio contra el senador de Wisconsin. Sin esta fuerza a tener en cuenta, no hay duda de que McCarthy habría logrado su objetivo de exponer hasta qué punto el gobierno estadounidense y sus instituciones habían sido tomados por el socialismo fabiano, que McCarthy identificó erróneamente como "comunismo".

La ADA gastó cientos de miles de dólares en intentar frenar a McCarthy, e incluso distribuyó miles de copias de las finanzas personales del senador, en violación de las normas del Senado, que se filtraron a la subcomisión del Senado. La publicación socialista "New Statesman" se centró de repente en la Constitución y la Carta de Derechos, sugiriendo que las audiencias de McCarthy ponían en peligro estos "derechos sagrados". La resolución patrocinada por la ADA que condenaba a McCarthy era la prueba de que el Partido Demócrata estaba entonces, como ahora, en manos de los socialistas internacionales de la Sociedad Fabiana. La ADA no dudó en atribuirse el mérito de "detener a McCarthy".

Con la caída del senador McCarthy, la Sociedad Fabiana dio un suspiro de alivio colectivo: nunca había estado tan expuesta. El único hombre que podría haber frustrado el ataque de la ADA no se presentó a la audiencia del Senado. El senador John F. Kennedy, un admirador declarado del senador de Wisconsin, al parecer estaba confinado en una cama de hospital en el momento de la votación. No se explicó el motivo de su ausencia. Kennedy debe su ascenso al poder a McCarthy, que se negó a hacer campaña por Henry Cabot Lodge cuando se presentó contra Kennedy en Massachusetts.

Este hecho poco conocido es un mal presagio para la independencia de Estados Unidos y la República que defiende. En el futuro, a menos que el socialismo sea radicalmente revisado y luego desarraigado, el Juramento de Lealtad bien podría decir:

> "Prometo lealtad a la bandera de los Estados Unidos y al gobierno socialista que representa..."

No pensemos que es algo descabellado. Recuerde que el pequeño grupo de jóvenes inconsecuentes que iniciaron su movimiento en Londres, un movimiento que extendió su peligroso veneno por todo el mundo, también fue considerado "chiflado" en su época. La Sociedad Fabiana se revitalizó. Eliminada la amenaza de McCarthy, y con un nuevo y joven presidente en la Casa Blanca, formado por Harold Laski en la London School of Economics e influenciado por John Kenneth Galbraith, los socialistas parecían dispuestos a saltar al espinoso tuétano y al músculo del gobierno estadounidense. Después de todo, ¿no era la "Nueva Frontera" de Kennedy en realidad un libro escrito por el gran socialista Henry Wallace?

Wallace no dudó en plantear los objetivos del socialismo:

> "Los hombres socialmente disciplinados trabajarán cooperativamente para aumentar la riqueza de la raza humana y aplicarán sus poderes de invención a la transformación de la propia sociedad. Cambiarán (reformarán) el aparato gubernamental y político y el sistema de precios y valores, para realizar una posibilidad mucho más amplia de justicia social y caridad social (bienestar) en el mundo... los hombres pueden sentir con razón que están cumpliendo una función tan elevada como cualquier ministro del Evangelio. No serán comunistas, socialistas o fascistas, sino meros hombres que intentan alcanzar por métodos democráticos los objetivos que profesan comunistas, socialistas o fascistas..."

No se discute que la administración Kennedy se embarcó inicialmente en un programa que parecía aún más radical que el de la era Roosevelt. Incluso es conocido el hecho de que el ADA eligió su gabinete y sus asesores dentro de un mismo hombre. En Gran Bretaña, los socialistas fabianos lucieron amplias sonrisas: su hora, al parecer, había llegado. Pero su felicidad comenzó a verse atenuada por una cierta reserva cuando las noticias procedentes de Estados Unidos indicaron que Kennedy no estaba a la altura de sus expectativas socialistas.

El portavoz de la ADA, "New Republic" dijo en un editorial publicado el 1 de junio[er] 1963, "En general, la actuación de Kennedy es menos impresionante que el estilo de Kennedy". La visión de Laski de una "nueva Jerusalén" en el mundo anglosajón y la construcción de una nueva sociedad socialista, parecían haber quedado en suspenso, al menos por un tiempo. Laski había sido capaz de manejar a los líderes del Partido Laborista Attlee, Dalton, McDonald, los hermanos Kennedy, la pregunta era si sus sucesores serían capaces de manejar el "lado americano" tan bien como él.

El auge del fabianismo en Estados Unidos se remonta a la Fellowship of New Life y, posteriormente, al Boston Bellamy Club, que se formó tras la visita a Estados Unidos en 1883 de Sydney Webb y del historiador de la Sociedad Fabiana R.R. Pease, uno de los cuatro fabianos originales. El Club Bellamy fue fundado por el General Arthur F. Devereux y el capitán Charles E. Bowers, con el apoyo de los periodistas Cyrus Field, Willard y Frances E. Willard. El club no pretendía hacer avanzar el socialismo. La principal preocupación de Devereux era la afluencia masiva de inmigrantes sin formación a Estados Unidos, que consideraba que no estaba preparado para recibirlos.

El general Devereux consideró que había que cortar la situación de raíz antes de que se le fuera completamente de las manos. (No podría haber previsto la horrible situación de inmigración, deliberadamente artificial, que se desarrolló en Estados Unidos en 1990, gracias a las políticas socialistas). Mientras Devereux y sus amigos se preparaban para fundar el Boston Bellamy Club, Webb llegó de Inglaterra en septiembre de 1888 y se puso en contacto con los fundadores del club. Percibiendo una oportunidad, Webb y Pease consiguieron incluir en los principios del club la nacionalización de la industria privada, y el nombre se cambiaría por el de Club Nacionalista de Boston. Webb y Edward Bellamy asistieron a la reunión de apertura.

El 15 de diciembre de 1888 se plantó la semilla del socialismo fabiano en Estados Unidos, que brotaría hasta convertirse en un enorme árbol.

En el ámbito artístico, en 1910 las obras de Shaw eran puestas en escena por el Theater Guild de Nueva York, a cargo del profesor Kenneth MacGowan, del Club Socialista de Harvard, utilizando los métodos aprendidos en el Moscow Arts Theater. La Liga de la Democracia Industrial, los Americanos de la Acción Democrática estaban todavía muy lejos en el futuro, pero los cimientos de sus organizaciones ya estaban puestos.

Shaw y H.G. Wells eran cortejados por agentes literarios de toda América, especialmente en las ciudades universitarias, y las revistas socialistas *The New Republic* y *The Nation* y *The Socialism Of Our Times*, editadas por Norman Thomas y Henry Laidler, estaban despegando.

Colaborador habitual de The New Republic, Laski enseñó en Harvard durante la Primera Guerra Mundial. Sus críticos poco comprensivos dicen que así evitó cualquier posibilidad de tener que servir en cualquier capacidad en el esfuerzo de guerra británico. Fue de la "Nueva República" que Woodrow Wilson recibió apoyo, no sólo para llevar a los Estados Unidos a esa conflagración, sino a lo largo de su desastroso curso. Si alguna vez hubo una "guerra socialista", fue ésta. La "Nueva República" no tuvo la misma preocupación por la terrible matanza que se estaba produciendo en Rusia bajo el pretexto de la bolchevización de Rusia.

Laski era un entusiasta admirador de Felix Frankfurter y algunas de sus cartas en las que elogiaba a Frankfurter revelan hasta qué punto el socialismo fabiano había penetrado en el sistema jurídico estadounidense. En una de sus muchas visitas a Estados Unidos, Laski instó a la ADA y a otros socialistas estadounidenses a tomar medidas activas para aprobar una legislación que aumentara los impuestos: impuestos más altos y nuevos sobre las rentas altas no ganadas eran la forma de lograr una distribución justa de los impuestos, decía Laski. También se mantuvo en contacto constante con su amigo el juez Felix Frankfurter, instándole a impulsar "reformas" de la Constitución estadounidense, en particular la separación constitucional de poderes entre el ejecutivo, el legislativo y el judicial.

Laski estuvo constantemente al lado de Frankfurter y atacó constantemente la Constitución de los Estados Unidos, llamándola burlonamente "la más fuerte salvaguarda del capitalismo, un documento de clase". Laski llamó a Roosevelt "el único baluarte contra la forma fascista del capitalismo". El hecho de que Laski no fuera acusado de sedición por intentar derrocar la Constitución de los Estados Unidos fue un gran error. Visitante frecuente de la Casa Blanca de Roosevelt, también era muy reservado al respecto, ya que dichas visitas nunca se mencionaban en la prensa.

Las reuniones se organizaban siempre a través de Felix Frankfurter. Durante una de estas visitas, Laski, según su biógrafo, dijo a Roosevelt: "O el capitalismo o la democracia deben prevalecer" e instó al Presidente a "salvar la democracia". Por "democracia", Laski se refería obviamente al SOCIALISMO, ya que los socialistas habían adoptado hacía tiempo la "democracia" como abanderada del socialismo. Durante la Segunda Guerra Mundial, Laski instó con frecuencia a Roosevelt a hacer un mundo seguro sentando las bases del socialismo de posguerra. Se dice que la educación socialista que Roosevelt recibió de Laski es casi igual a la que recibió John F. Kennedy mientras era alumno de Laski en la London School of Economics.

Algunos eran conscientes de lo que estaba ocurriendo. El congresista Tinkham introdujo en el Registro del Congreso, Cámara de Representantes, el 14 de enero de 1941, una carta escrita por Amos Pinchot. La carta de Pinchot dice:

> *"Muchos jóvenes socialistas declaran que lo que generalmente se llama el programa de Roosevelt es en realidad el programa de Laski, impuesto a los pensadores del New Deal y finalmente al presidente, por el profesor de economía londinense y sus amigos".*

Lo único malo de esta atrevida afirmación es que Laski era profesor de ciencias políticas, no de economía. Por lo demás, la observación ha dado en el clavo.

Laski mantuvo una larga correspondencia con Frankfurter, instándole a estar atento y a impulsar la "psicología política" del socialismo fabiano. No cabe duda de que los consejos de Laski a Frankfurter sirvieron de base para los cambios radicales que se produjeron en el Tribunal Supremo, cambios que alteraron por completo el curso y el carácter de los Estados Unidos. Si se puede decir que el New Deal tuvo un padre, ese padre no fue Roosevelt, sino el profesor Harold Laski de la Sociedad Fabiana.

Incluso hoy, pocos estadounidenses son conscientes de la considerable influencia que el profesor Laski, de la Sociedad Fabiana, tuvo sobre Roosevelt. Seis meses después de que Pearl Harbor metiera a Estados Unidos en la Segunda Guerra Mundial, tal y como estaba previsto, Eleanor Roosevelt invitó a Laski a ser el orador principal del Congreso Internacional de Estudiantes que se celebraría en septiembre de 1942, al que Churchill se había negado a permitir que asistiera.

El congresista Woodruff, de Michigan, lo expresó de forma muy sucinta cuando denunció que Laski tenía "la llave de la puerta trasera de la Casa Blanca". Si se hubiera permitido a los patriotas acceder a las cartas privadas entre Laski, Frankfurter y Roosevelt, podrían haber despertado la suficiente justa indignación como para que Laski fuera expulsado del país, un destino que merecía con creces.

Graham Wallas fue otro gran socialista cuya influencia sobre Frankfurter y el juez Oliver Wendell Holmes se dice que cambió la jurisprudencia estadounidense. Se dice que, a través de William Wisemen, jefe de la oficina norteamericana del MI6, Laski hizo que Frankfurter fuera nombrado miembro de uno de los primeros grupos de trabajo puramente socialistas: La Comisión de Mediación en Conflictos Laborales.

En Gran Bretaña, el fabianismo penetró en todos los rincones de la escena civil y militar. Ninguna faceta de la sociedad estaba a salvo de su penetración, y este era el curso que iba a seguir en su invasión de los Estados Unidos. En realidad, el socialismo es un enemigo más mortífero que el que enfrentaron George Washington y sus tropas en la Guerra de la Independencia estadounidense. Esta guerra continua no cesa, día y noche, la batalla por los corazones, las mentes y las almas de la nación americana continúa.

Uno de los baluartes contra la penetración del socialismo es la religión cristiana. Clement Atlee, uno de los principales fabianistas que llegó a ser Primer Ministro de Inglaterra, atribuye el éxito de los socialistas fabianos a su penetración en el mundo del trabajo. Pero los sindicatos católicos irlandeses nunca fueron penetrados por Webb, Shaw o cualquier otro líder de la Sociedad Fabiana. Hay mucha esperanza para nosotros hoy en día mientras buscamos la manera de detener la implacable marcha del socialismo en el continente norteamericano, una marcha que terminará en los campos de esclavos comunistas, ya que, de hecho, el socialismo es el camino hacia la esclavitud.

Los métodos resbaladizos, babosos y traicioneros que se adoptan para difundir el socialismo nunca han quedado mejor demostrados que por parte de destacados socialistas que nunca han sido reconocidos como tales. Estas personalidades han ocupado puestos de gran poder, sin admitir nunca abiertamente sus aspiraciones socialistas. Algunos nombres ilustrarán la cuestión: en Gran Bretaña:

- El Muy Honorable L. S. Amery. Dio una conferencia en el Livingston Hall, un importante centro educativo.
- El profesor A.D. Lindsay, profesor de Kingston Hall, un importante centro educativo. Annie Besant, líder del movimiento teosófico,
- Oswald Mosley, diputado y líder fascista en Inglaterra.
- Malcolm Muggeridge, autor, académico, conferenciante.
- Bertrand Russell, anciano estadista, el Comité de los 300, conferenciante en Kingsway Hall.
- Wickham Steed, quizás uno de los comentaristas más famosos de la British Broadcasting Corporation (BBC), cuyas opiniones han influido en millones de oyentes de la BBC.
- Arnold Toynbee, profesor de Kingsway Hall.
- J.B. Priestly, autor.
- Rebecca West, profesora de Kingsway Hall.
- Anthony Wedgewood Benn, profesor de Kingsway Hall. Sydney Silverman, conferenciante y parlamentario.

En el lado estadounidense, las siguientes personalidades han ocultado bien sus convicciones socialistas:

- Archibald Cox, fiscal especial del Watergate.
- Arthur Goldberg, Secretario de Trabajo, representante de la ONU, etc.
- Henry Steel Commager, escritor y editor.
- John Gunther, escritor, reportero de la revista *LIFE*.
- George F. Kenan, especialista en la Rusia bolchevique.
- Joseph y Stewart Alsop, escritores, columnistas de periódicos, creadores de opinión.
- Dra. Margaret Meade, antropóloga, autora.
- Martin Luther King, líder de los derechos civiles de la Conferencia de Liderazgo Cristiano del Sur.
- Averill Harriman, industrial, representante itinerante, destacado demócrata.
- Birch Bayh, senador estadounidense.
- Henry Fowler, Subsecretario del Tesoro de los Estados Unidos.
- G. Mennen Williams, Industrial, Departamento de Estado.
- Adlai Stevens, político.
- Paul Volcker, Junta de la Reserva Federal.
- Chester Bowles.
- Harry S. Truman, Presidente de los Estados Unidos.
- Lowell Weicker, Senador de los Estados Unidos.
- Hubert Humphrey, senador de los Estados Unidos.
- Walter Mondale, senador de los Estados Unidos.
- Bill Clinton, Presidente de los Estados Unidos.
- William Sloane Coffin, líder de la Iglesia.

Hay cientos de otros nombres, algunos prominentes, otros menos, pero los anteriores son suficientes para ilustrar el punto. Las carreras de estas personas encajan muy bien con el tipo de enemigo descrito por el presidente Andrew Jackson.

Una persona que contribuyó en gran medida a la difusión del socialismo en Gran Bretaña y Estados Unidos fue el famoso Malcolm Muggeridge. Hijo de H.T. Muggeridge, Malcolm hizo una brillante carrera escribiendo para "Punch", con buenas conexiones en Moscú. El hecho de que fuera el sobrino de la gran dama Beatrice Webb tuvo algo que ver. Muggeridge escribía para el New Statesman y el Fabian News y era muy solicitado como orador en las escuelas de fin de semana de la Sociedad. Malcolm Muggeridge se convirtió en una de las principales cartas de presentación del socialismo en Estados Unidos, y a menudo aparecía de forma destacada en las entrevistas de televisión.

Capítulo 2

QUÉ ES EL SOCIALISMO, POR QUÉ CONDUCE A LA ESCLAVITUD

"En cuanto a los objetivos que persiguen, socialismo y comunismo son términos prácticamente intercambiables. De hecho, el partido de Lenin siguió llamándose "socialdemócrata" hasta el séptimo congreso del partido en marzo de 1918, cuando sustituyó el término "bolchevique" en protesta por la actitud no revolucionaria de los partidos socialistas occidentales..." Ezra Taft Benson - *Una carrera contra el tiempo*, 10 de diciembre de 1963.

"A través de la reestructuración,[4] queremos dar un segundo aire al socialismo. Para lograrlo, el Partido Comunista de la Unión Soviética está volviendo a los orígenes y principios de la revolución bolchevique, a las ideas leninistas sobre la construcción de una nueva sociedad". Mijail Gorbachov, en un discurso en el Kremlin en julio de 1989.

Estos comentarios tan reveladores, y otros que citaremos más adelante, sitúan al socialismo en su justa medida. La mayoría de los estadounidenses de hoy sólo tienen una vaga idea de lo que es el socialismo, viéndolo como un movimiento semibenigno cuyos objetivos son una mejora general del nivel de vida de la gente corriente. Nada más lejos de la realidad. El socialismo sólo tiene un lugar a donde ir, y es el comunismo. Hemos sido asediados por los medios de comunicación, haciéndonos creer que el comunismo ha

[4] Perestroika, Ndt.

muerto, pero un poco de reflexión nos convencerá de lo contrario.

Los socialistas fabianos siguieron de cerca el Manifiesto Comunista de 1848, pero de forma más elegante y menos abrasiva. Sus objetivos eran, sin embargo, los mismos: una revolución mundial que llevaría a un gobierno unitario -un nuevo orden mundial- en el que el capitalismo sería sustituido por el socialismo en un estado de bienestar, en el que cada individuo sería responsable ante una jerarquía socialista dictatorial en todos los asuntos de la vida.

No habría propiedad privada, ni gobierno constitucional, sólo gobierno autoritario. Cada individuo estaría en deuda con el Estado socialista para su sustento. A primera vista, esto sería en teoría muy beneficioso para la gente de a pie, pero un examen de los experimentos socialistas en Gran Bretaña revela que el sistema es un completo e inviable fracaso. Como mostramos en otro lugar, Gran Bretaña en 1994 se derrumbó completamente por culpa de los socialistas y su estado de bienestar.

Los socialistas fabianos trataron de alcanzar sus objetivos en Inglaterra y Estados Unidos colocando a intelectuales en puestos clave desde los que pudieran ejercer una influencia indebida en el cambio de liderazgo en ambos países. En Estados Unidos, los dos principales agentes en este sentido fueron sin duda el profesor Harold Laski y John Kenneth Galbraith. En el fondo, uno de los miembros de la "vieja guardia" del fabianismo británico, Graham Wallas, era director de propaganda. Juntos escribieron las "Bases de la Sociedad Fabiana de Socialistas".

> "La Sociedad Fabiana pretende, pues, la reorganización de la sociedad mediante la emancipación de la tierra y del capital industrial de la propiedad individual y su devolución a la comunidad para el beneficio general... Por ello, la Sociedad trabaja por la extinción de la propiedad privada de la tierra... La Sociedad también trabaja para la transferencia a la comunidad de capital industrial que puede ser gestionado fácilmente por la Sociedad. Para lograr estos objetivos, la Sociedad Fabiana se basa en la difusión de las opiniones socialistas y los cambios sociales y políticos que se derivan de ellas... Pretende alcanzar estos objetivos mediante la difusión general de conocimientos sobre la relación entre el individuo y la Sociedad en sus aspectos económicos, éticos y políticos."

En 1938 se modifican un poco los fines y objetivos de la sociedad: "La Sociedad Fabiana de Socialistas".

> "Por lo tanto, tiene como objetivo el establecimiento de una sociedad en la que el poder económico de los individuos y las clases será abolido a través de la propiedad colectiva y el control democrático de los recursos económicos de la comunidad. Pretende alcanzar estos objetivos con los métodos de la democracia política. La Sociedad Fabiana está afiliada al Partido Laborista. Sus actividades están destinadas a promover el socialismo y a educar al público en la dirección del socialismo mediante la organización de reuniones, conferencias, grupos de discusión, congresos y escuelas de verano, el fomento de la investigación de los problemas políticos, económicos y sociales, y la publicación de revistas, así como por cualquier otro medio apropiado. "

Llama inmediatamente la atención el número de veces que aparece la palabra "comunidad", así como la minimización de los derechos individuales. En este sentido, parece que el socialismo fabiano se opuso al cristianismo desde las primeras reuniones de los primeros miembros en Londres. La voluntad de nacionalizar los proyectos industriales al servicio del público es muy evidente y se asemeja mucho a lo que decía el Manifiesto Comunista de 1848 sobre este tema. También estaba claro que el objetivo del socialismo fabiano era establecer una sociedad cooperativa nacional de riqueza común, en la que todos tendrían los mismos derechos sobre la riqueza económica de la nación.

El Club Bellamy de Boston, que abrió sus puertas en 1888, sucedió a la Fellowship of New Life con sus enseñanzas teosóficas y se convirtió en la primera empresa socialista fabiana de Estados Unidos. La base era algo diferente:

> "El principio de la fraternidad de la humanidad es una de las verdades eternas que rigen el progreso del mundo en las líneas que distinguen la naturaleza humana de la naturaleza bruta. Ninguna verdad puede prevalecer si no se aplica en la práctica. Por lo tanto, los que buscan el bienestar del hombre deben esforzarse por abolir el sistema basado en los burdos principios de la competencia y poner en su lugar otro sistema basado en los principios más nobles de la asociación..."

> "No abogamos por ningún cambio repentino o precipitado; no hacemos la guerra a los individuos que han acumulado inmensas fortunas por el mero hecho de llevar a cabo los falsos principios en los que se basan ahora los negocios. Las combinaciones, los trusts y los sindicatos de los que la gente se queja ahora, demuestran la viabilidad de nuestro principio fundamental de asociación. Simplemente buscamos llevar el principio un poco más allá y hacer que las industrias trabajen en interés de la nación: el pueblo organizado, la unidad orgánica de todo el pueblo."

La prosa es obra de Sydney Webb y Edward Pease, historiador de la Sociedad Fabiana, que viajó a Estados Unidos en la década de 1880 para poner en marcha el socialismo fabiano americano. La suavidad del tono y la elección de las palabras enmascaran la dureza de sus objetivos revolucionarios. El uso de la palabra "reformas" pretendía desarmar a los críticos, al igual que las publicaciones fabianas como "The Fabian News", que abogaban por "reformas" que resultarían especialmente perjudiciales para la Constitución estadounidense. Esto preparó el camino para la revolución en curso que está transformando a los Estados Unidos de una República Confederada a un estado de bienestar socialista (fue George Washington quien describió a los Estados Unidos como una República Confederada).

En el "American Fabian" de 1895, (en contraste con los socialistas disfrazados que infestan la Cámara de Representantes y el Senado de Estados Unidos y el poder judicial y actúan como asesores del presidente), los objetivos socialistas de Fabian para Estados Unidos se exponían con bastante claridad:

> "Llamamos a nuestro periódico 'The American Fabian' por dos razones: lo llamamos 'Fabian' porque deseamos que represente el tipo de trabajo socialista educativo tan bien hecho por la Sociedad Fabiana inglesa... Llamamos a nuestro periódico "The American Fabian" porque nuestra política debe diferir en cierta medida de la de los fabianos ingleses. Inglaterra y Estados Unidos se parecen en algunos aspectos; en otros son muy diferentes. La constitución de Inglaterra admite fácilmente un cambio constante pero gradual. Nuestra Constitución estadounidense no admite fácilmente tales cambios. Por lo tanto, Inglaterra puede avanzar hacia el socialismo de forma casi imperceptible. Nuestra Constitución, mayoritariamente

> individualista, debe cambiarse para admitir el socialismo, y todo cambio requiere una crisis política."

Así, desde el principio, quedó claro que el principal desafío a la introducción del socialismo en los Estados Unidos era la Constitución, y desde ese día se convirtió en el objetivo de los ataques socialistas a las instituciones que constituyen la República Confederada de los Estados Unidos de América. Como veremos, para este fin se emplearon socialistas endurecidos y desalmados como Walt Whitman Rostow para socavar los propios cimientos de la nación. Como los observadores agudos no tardaron en reconocer, el socialismo fabiano no era sólo una sociedad de debate amistosa dirigida por profesores y damas educados, que hablaban con acentos educados y proyectaban un aire de suave razón.

El socialismo fabiano desarrolló el arte de disimular y de mentir sin parecerlo. Muchos fueron engañados en Inglaterra, y más tarde en los Estados Unidos, donde todavía nos engañan a gran escala. Pero hubo ocasiones en las que los dirigentes socialistas no pudieron contenerse, como con motivo de la Conferencia de Primavera de las Escuelas Profesionales del Este de 1936. Roger Baldwin explica el doble significado de las palabras tan utilizadas por los socialistas fabianos: "progresista" significaba "aquellas fuerzas que trabajan por la democratización de la industria ampliando la propiedad y el control públicos", mientras que "democracia" significaba "sindicatos fuertes, regulación gubernamental de las empresas, propiedad del pueblo de las industrias que sirven al público".

El senador Lehman era otro socialista que no podía contener su afán por llevar el socialismo fabiano a Estados Unidos. En su intervención en el simposio del aniversario de la Liga Fabiana Americana sobre "Libertad y Estado del Bienestar", Lehman dijo:

> "Hace ciento setenta años, los fundadores de la república plasmaron en la ley fundamental de este país el concepto de Estado del bienestar... Los Padres Fundadores son los que realmente crearon el estado del bienestar".

Lehman, como muchos de sus colegas socialistas en el Senado, no tenía ningún concepto de la Constitución, por lo que no es de extrañar que la confundiera con el Preámbulo de la Constitución, que nunca se incorporó a la misma, sencillamente porque nuestros

Padres Fundadores rechazaban el concepto de Estado del bienestar.

El preámbulo de la Constitución: "para crear una unión más perfecta y promover el bienestar general..." El senador Lehman parece confundir sus deseos con la realidad, ya que esta cláusula no forma parte de la Constitución de Estados Unidos. También parece que se dedica a la técnica socialista favorita de tergiversar las palabras y sus significados.

Hay una cláusula de bienestar general en la Constitución de los Estados Unidos y se encuentra en el artículo 1, sección 8 de los poderes delegados al Congreso. Pero en este contexto significa el bienestar general de TODOS los ciudadanos, es decir, su estado de bienestar, lo que está muy lejos del significado socialista de las dádivas generales, el derecho, es decir, el bienestar individual proporcionado por el Estado.

La primera vez que los socialistas estadounidenses intentaron poner en práctica su plan para atacar al capital industrial fue probablemente a través de un astuto plan propuesto por Rexford Guy Tugwell. Este plan consistía en designar a los consumidores para los veintisiete consejos industriales que se iban a crear en el marco de la llamada "Ley de Recuperación Nacional". Tugwell intentaba en realidad eliminar el ánimo de lucro; despojado de su intención aparentemente benévola de reducir los precios para los consumidores, la intención real era reducir los beneficios de los empresarios y aumentar en consecuencia los salarios de los trabajadores, pero el plan fue declarado inconstitucional por una decisión unánime del Tribunal Supremo. En 1935, el Tribunal aún no estaba lleno de jueces "liberales" (es decir, socialistas). Roosevelt actuó rápidamente para remediar este "desequilibrio". Se puede decir que el Tribunal Supremo de los años 20 y 30 salvó realmente a Estados Unidos del dominio de los socialistas fabianos que se habían instalado en todos los niveles del gobierno, la banca, la industria y el Congreso, con el objetivo de arrollar literalmente al país.

Los socialistas, en su intento de eludir la Constitución con las llamadas "leyes", como la inconstitucional Ley Brady, no saben que la Constitución de los Estados Unidos es "el perfecto equilibrio o balance del derecho común". La forma en que se escribió la Constitución es que todas sus disposiciones se encuentran en el medio para neutralizarse mutuamente, por lo que los proyectos de ley que los socialistas intentan aprobar bajo la premisa de que pueden dividir la Constitución son nulos. La Constitución debe leerse como un todo, no puede aislarse y dividirse para adaptarse a las extrañas aspiraciones de hombres como el presidente Clinton. Esto es lo que se encontró Ramsey McDonald, y esto es lo que frustró totalmente al profesor Laski.

La Sociedad Fabiana de Londres y su homóloga estadounidense no eran conocidas por dejar que los obstáculos se interpusieran en su camino. Para eludir las salvaguardias constitucionales, a la Liga Fabiana estadounidense se le ocurrió someter a referéndum todas sus propuestas que iban en contra de la Constitución. Obviamente, con sus considerables recursos, y con casi toda la prensa estipendiaria en sus bolsillos, los fabianos estaban seguros de poder influir en la opinión pública a su favor. Sólo hay que ver lo que hicieron al apoyar la guerra del Golfo, totalmente ilegal, de George Bush.

Conociendo la verdadera naturaleza del socialismo y sus objetivos, es más fácil entender por qué la revolución bolchevique fue comprada y pagada por la City de Londres y los banqueros de Wall Street, apoyada por la acción del gobierno que siempre parecía ayudar a los bolcheviques. La revolución bolchevique, tan querida por Gorbachov, no fue una revolución autóctona del pueblo ruso. Más bien fue una ideología extranjera, impuesta a la nación rusa a costa de millones de vidas. El pueblo ruso no quería ni exigía el bolchevismo; no tenía voz ni podía defenderse de esa monstruosa fuerza política, social y religiosa que invadía su país.

Lo mismo ocurre con el socialismo, que obliga a los seres humanos a aceptar cambios deliberadamente diseñados y de gran alcance que no desean y que se llevan a cabo en contra de su voluntad. Tomemos el ejemplo del llamado Tratado del Canal de Panamá. La única diferencia entre el bolchevismo y el socialismo es que el bolchevista utiliza la fuerza bruta y el terror, mientras que el socialista trabaja lenta y sigilosamente, sin que la víctima prevista sepa nunca quién es el enemigo ni cuál será el resultado final.

En "La revolución mundial" encontramos los verdaderos objetivos de los comunistas y su gemelo socialista:

> "El objetivo de la revolución mundial no es la destrucción de la civilización en un sentido material: la revolución deseada por los gobernantes es una revolución moral y espiritual, y una anarquía de ideas por la cual todas las normas establecidas en el curso de diecinueve siglos serán derrocadas, todas las tradiciones honradas pisoteadas, y sobre todo, el ideal cristiano definitivamente borrado."

Un estudio del libro de Franklin Roosevelt, "On Our Way", llega a la misma conclusión.

Emma Goldman, una de las estrellas brillantes de los socialistas, organizó el asesinato del presidente McKinley. Este era el método "directo" favorecido por el comunismo, pero en las últimas dos décadas hemos visto el tipo de anarquía socialista que recurre a la calumnia, la murmuración, la traición, la difamación y la denigración de los miembros individuales de la Cámara, el Senado y la presidencia, que trataron de exponer el espantoso senador Joseph McCarthy, el senador Huey Long, el vicepresidente Agnew - la lista sigue y sigue, pero estos nombres deberían ser suficientes para hacer el punto.

La "nobleza" de los socialistas fabianos está lejos de ser cierta. Quieren hacerse con el control de la educación y la publicación con el único propósito de cambiar la mente de la gente, modificando falsamente las premisas sobre las que se hacen las opiniones, individualmente y en masa. Un pequeño grupo de socialistas fabianos se propuso cumplir este objetivo moviéndose de forma silenciosa y sigilosa, para no alertar al público que querían captar, de su verdadero propósito. Se puede decir con cierta exactitud que hoy, en 1994, este pequeño grupo ha recorrido un largo camino y prácticamente controla el destino del mundo angloparlante.

La revolución bolchevique nunca se habría producido sin el pleno apoyo y los recursos financieros de los principales socialistas de Gran Bretaña y Estados Unidos. El ascenso del bolchevismo, y cómo fue financiado por Lord Alfred Milner y los bancos de Wall Street, controlados día a día por los emisarios de Milner, Bruce Lockhart y Sydney Reilly, del servicio secreto británico MI6, se detallan en "Diplomacy By Deception".[5]

En Estados Unidos, los proveedores de socialistas cuelgan otros carteles en sus ventanas políticas. Nadie se llama a sí mismo socialista, al menos no en público. No llevan insignias, se registran como "liberales", "progresistas" y "moderados". Los movimientos ávidos de poder se disfrazan con términos de "paz" y "humanitarismo". En este sentido, los socialistas estadounidenses no son menos taimados que sus controladores británicos. Han adoptado la actitud de los socialistas fabianos británicos hacia el nacionalismo, declarándolo irrelevante y esencial para lograr lo que ellos llaman "igualdad social", es decir, el socialismo. Los socialistas estadounidenses se unieron a sus primos británicos al declarar que la mejor manera de acabar con el nacionalismo y hacer avanzar la causa del socialismo es mediante un programa de impuestos progresivos sobre la renta.

Los socialistas fabianos pueden ser identificados por sus asociados y los programas que apoyan. Esta regla general es muy útil para distinguir a sus hombres y mujeres secretos. En Estados Unidos, trabajan a un ritmo más lento que sus homólogos británicos, sin mostrar nunca la dirección en la que se mueven. Uno de los suyos, Arthur J. Schlesinger Jr, que ganó un premio Pulitzer por su liderazgo socialista, escribió:

> "No parece haber ningún obstáculo inherente a la implantación GRADUAL (el subrayado es nuestro) del socialismo en Estados Unidos mediante una serie de "nuevos acuerdos", que es un proceso de retroceso hacia el socialismo." (*Partisan Review* 1947)

Debemos ser conscientes de que las libertades tradicionales que damos por sentadas están seriamente amenazadas por el socialismo, que introduce cambios profundos y perjudiciales de forma gradual. Mientras tanto, a través de su control de la industria del libro, de la edición en general y de la prensa, estamos sometidos a un proceso

---

[5] Véase *Diplomacy by Lying - An Account of the Treachery of the Governments of England and the United States*, John Coleman, Omnia Veritas Ltd, www.omnia-veritas.com.

continuo de condicionamiento por parte de la "psicopolítica" para aceptar estos cambios impuestos por los socialistas como inevitables. Los mortíferos y destructivos programas socialistas impuestos en Estados Unidos, a partir de la presidencia de Wilson, siempre han parecido beneficiosos y útiles, cuando en realidad eran destructivos y divisorios.

El socialismo puede describirse, con razón, como una peligrosa conspiración oculta bajo un manto de reforma. Casi sin excepción, sus programas han sido y siguen siendo calificados de "reformas". Los socialistas han "reformado" la educación y están "reformando" la sanidad. Reformaron" el sistema bancario, y esa "reforma" nos dio los Bancos de la Reserva Federal. Reformaron las leyes comerciales y eliminaron los aranceles protectores que habían proporcionado la mayor parte de los ingresos necesarios para el funcionamiento del país, hasta 1913.

En la educación, los socialistas fabianos pretenden crear una "mayoría mediocre" que tenga la apariencia, pero no la sustancia, de ser educada.

Los socialistas fabianos libraron una guerra secreta por el control de la educación que comenzó en la década de 1920 y triunfó en 1980 con la aprobación del Departamento de Educación, firmado por el presidente Carter. Esta gran victoria del socialismo aseguró que sólo los estudiantes mediocres se graduaran de la escuela secundaria. Esta fue la suma y la sustancia de la "reforma" educativa socialista. En el extranjero existe la idea errónea de que hoy somos más inteligentes que nuestros antepasados. Sin embargo, si observamos los programas escolares de 1857, veremos que esta idea es absolutamente falsa. Las asignaturas en las que los estudiantes de secundaria debían ser suficientemente competentes para graduarse incluían:

"Aritmética de Thompson" "Álgebra de Robinson" "Álgebra de Davie" "Geometría de Davie" "Filosofía de Comstock" "Historia de Willard" "Fisiología de Cutter" "Gramática de Brown" "Geografía de Mitchell" "Series de Sander".

Si se observa el plan de estudios de la universidad a finales de la década de 1880, sorprende la complejidad y el número de asignaturas que se imparten. En aquella época, los alumnos estudiaban historia y lo sabían todo sobre Napoleón y Alejandro Magno. No había adivinanzas, es decir, preguntas de opción múltiple. Los alumnos podían responder o no a las preguntas de sus exámenes. Si no los conocían, eran reprobados y debían permanecer en la escuela para aprender más.

No había asignaturas optativas para hacer frente a lo que no se sabía. Hoy en día, hay una optativa tras otra, lo que deja a los estudiantes sin formación y sin preparación para el mundo exterior. La mediocridad es el resultado, y este es el objetivo de las "reformas" educativas del socialismo fabiano, producir una nación con un nivel mediocre de educación.

La gran travesura socialista que derribó la educación en los Estados Unidos llegó con el caso del Tribunal Supremo de los Estados Unidos, "Brown v. School Board, Topeka, Kansas". En este caso, los socialistas se aseguraron de que los niveles educativos se situaran justo por encima del mínimo común denominador, ligeramente por encima de los elementos más atrasados de la clase. Este era el nivel en el que todos los niños debían ser enseñados a partir de ahora. Evidentemente, los alumnos más inteligentes se mantenían en el nivel bajo.

La educación ha retrocedido tanto en los Estados Unidos que incluso aquellos que creemos elegir para servirnos en el Congreso no entienden el lenguaje de la Constitución de los Estados Unidos, y nuestros senadores, en particular, son cada vez más incompetentes sobre la Constitución con cada año que pasa.

Volvamos a la revolución bolchevique. Los dirigentes socialistas ingleses dieron la falsa impresión de que se trataba de una revolución "socialista" destinada a mejorar la suerte del pueblo ruso y a acabar con la tiranía de los Romanov. De hecho, los Romanov fueron los monarcas más benévolos de Europa, con un auténtico amor y cuidado por su pueblo. El engaño es el sello del socialismo. Su lema. "Apresúrate lentamente" es engañoso, pues el socialismo no ha sido lento y no es amigo de los trabajadores. El socialismo es un comunismo que se mueve con más cautela, pero los objetivos son los mismos, aunque los medios difieran en algunos casos. El objetivo común del comunismo y el socialismo es liquidar el verdadero sistema de libre empresa capitalista y sustituirlo por un fuerte gobierno central que controle todos los aspectos de la producción y distribución de bienes y servicios. Cualquiera que se interponga en su camino es inmediatamente tachado de "reaccionario", "extremista de derechas", "reaccionario de McCarthy", "fascista", "extremista religioso", etc. Cuando se escuchan estas palabras, se sabe que el orador es un socialista.

El comunismo y el socialismo comparten el objetivo de establecer un gobierno federal, un gobierno mundial, o, como se conoce más comúnmente, el "Nuevo Orden Mundial". Descubre lo que dicen sus líderes:

> "Estoy convencido de que el socialismo es correcto. Soy un seguidor del socialismo... No vamos a cambiar el poder soviético, por supuesto, ni a abandonar sus principios fundamentales, pero reconocemos la necesidad de cambios que fortalezcan el socialismo" - Mijaíl Gorbachov.
>
> "El objetivo final del Consejo de Relaciones Exteriores (CFR) es crear un sistema socialista mundial único y hacer que Estados Unidos sea parte oficial de él". - Senador Dan Smoot, *La mano invisible.*
>
> "El pueblo estadounidense nunca aceptará el socialismo a sabiendas, pero bajo el nombre de liberalismo adoptará cada fragmento del programa socialista, hasta que un día Estados Unidos será una nación socialista sin saber cómo llegó a serlo... Estados Unidos avanza más hacia la adopción del socialismo bajo Eisenhower que bajo el presidente Franklin D. Roosevelt. - Norman Thomas. *Dos mundos.*

Para entender todo el plan y el propósito de la "acción legislativa" socialista estadounidense de Florence Kelley, primero hay que leer detenidamente la Declaración de Principios de los Socialistas Fabianos y el Socialismo Internacional:

> "Su objetivo es obtener la mayoría en el Congreso y en todas las legislaturas estatales, ganar los principales puestos ejecutivos y judiciales, convertirse en el partido dominante y, una vez en el poder, transferir las industrias a la propiedad del pueblo, empezando por las de carácter público, como la banca, los seguros, etc.".

En Estados Unidos, la gran mayoría de los socialistas están en el Partido Demócrata, con algunos "progresistas" en el Partido

Republicano. En este sentido, el socialismo fabiano es un partido político, aunque sea por adopción, como lo fue en Inglaterra con la absorción del Partido Laborista. Kelley, como se recordará, fue el impulsor de los falsos y altamente destructivos "Breves de Brandeis" que cambiaron la forma en que el Tribunal Supremo toma decisiones. Kelley era una amiga íntima de la socialista lesbiana Eleanor Roosevelt (el método de los Breves de Brandeis saboteó totalmente nuestro sistema legal y es otro ejemplo de los cambios inducidos por el socialismo no deseados e indeseables impuestos al pueblo de los Estados Unidos).

En las páginas 9962-9977, Registro del Congreso, Senado, 31 de mayo de 1924, encontramos los objetivos de los socialistas y comunistas explicados aún más claramente:

> "En resumen, los propios comunistas estadounidenses admiten que es imposible promover la revolución en este país a menos que se destruyan los derechos de los estados, y una burocracia centralizada, bajo la dirección de una casta de burócratas atrincherados similar a la de Europa, para los comunistas (y socialistas) las condiciones básicas para la revolución."

Aunque esto se orienta hacia los objetivos de los comunistas, no olvidemos que también es el objetivo de los socialistas, que sólo difieren en método y grado.

Yo añadiría que, bajo los presidentes Johnson, Carter, Bush y Clinton, la agenda socialista en Estados Unidos se ha puesto en marcha. Clinton sólo cumplirá un mandato, pero hará más para promover con fuerza los planes socialistas, y hará más daño real que Roosevelt, Eisenhower o Johnson.

Es obvio para los que buscan la verdad que el comunismo no está muerto. Sólo está tomando un respiro temporal y actualmente está esperando en las alas para que el socialismo se ponga al día. Lo que tenemos hoy es lo que Karl Marx llamó "socialismo científico". El profesor Harold Laski también la ha llamado "psicopolítica". El presidente Kennedy ha abrazado el "socialismo científico" - su programa "Nueva Frontera" está tomado directamente del plan de la Sociedad Fabiana británica, "Nuevas Fronteras", de Henry Wallace (Nueva York, Reynal y Hitchcock 1934).

La "psicopolítica" fue resumida por Charles Morgan en su libro

"Liberties of the Mind".

> "... todos estamos condicionados a aceptar las limitaciones de la libertad... Me temo que inconscientemente, aunque estemos preparados para aceptar esta nueva infección... No hay inmunidad en la gran masa de nuestro pueblo ni conciencia del peligro... Se puede pensar en muchas formas de condicionar o preparar a la población en su conjunto para este cambio mental, esta pérdida de individualidad e identidad."

Sería difícil encontrar una explicación más clara de cómo el socialismo se destruye a sí mismo desde dentro.

Los socialistas llevan practicando la psicopolítica con los pueblos de Inglaterra y Estados Unidos desde el Manifiesto Comunista de 1848. Por eso, en 1994, nuestros senadores discuten los méritos de un "plan nacional de salud" en lugar de otro, en lugar de rechazar categóricamente la idea como un truco socialista. Fue Lenin quien dijo que un plan nacional de salud es el arco del socialismo. Del mismo modo, el Senado debatió los méritos de la llamada Ley Brady, en lugar de rechazarla de plano por considerarla un subterfugio socialista para burlar la Constitución estadounidense. Se podría escribir un libro entero sólo sobre este tema.

Había 36 socialistas fabianos en la administración Kennedy. Dos eran miembros del gabinete, tres eran ayudantes de la Casa Blanca, dos eran subsecretarios y uno era subsecretario de Estado. El resto ocupaba puestos políticos de vital importancia. Por ello, muchas de las decisiones políticas de la era Kennedy iban en contra de los mejores intereses de Estados Unidos y de su pueblo y parecían extrañamente contrarias a lo que Kennedy decía defender.

Desde la muerte de Kennedy, el socialismo ha echado profundas raíces en los Estados Unidos, siempre regado y alimentado por los llamados "liberales", "moderados" y nutrido con "tolerancia". El coronel Mandel House y Sir William Wiseman, director de la oficina norteamericana del Servicio Secreto Británico, fueron "mentores" del presidente Wilson, que se convirtió en el primer presidente norteamericano abiertamente socialista en sentarse en el Despacho Oval.

El socialismo fabiano dominó a seis presidentes estadounidenses, empezando por Woodrow Wilson. Los objetivos de los socialistas nunca variaron, sobre todo en lo que describían como "las dificultades a superar", y éstas estaban, y en algunos casos siguen estando, presentes:

1. La religión, en particular la cristiana.
2. El orgullo nacional de los Estados nación.
3. El patriotismo.
4. La Constitución de los Estados Unidos y las constituciones estatales.
5. Oposición a un impuesto sobre la renta progresivo.
6. Romper las barreras comerciales.

Estos objetivos se describen en su plan maestro, las "técnicas fabianas americanas", basadas en el oscurantismo.

El movimiento socialista fabiano sólo estaba interesado en reclutar a la élite de la sociedad británica, hombres como Clement Atlee, Sir Stafford Cripps, Herbert Morrison, Emmanuel Shinwell, Ernest Bevin, Lord Grey, Lord Asquith y Ramsey McDonald, que pasaron a imponer su voluntad en Inglaterra desde el Parlamento. Aunque estos nombres pueden resultar extraños para los lectores estadounidenses, estos hombres desempeñaron un papel clave en la dirección que tomaría Estados Unidos, y como tal merecen ser mencionados.

Un aspecto interesante de la Sociedad Fabiana es que su comité determinó que no más del 5% de la población era digna de convertirse en buenos líderes socialistas. Algunos socialistas fabianos británicos contribuyeron a cambiar el rumbo y la dirección de los Estados Unidos, aspecto sobre el que volveremos. El socialista fabiano MacDonald, que más tarde sería Primer Ministro de Inglaterra, fue enviado a Estados Unidos en 1893 para trabajar como espía. A su regreso, el 14 de enero de 1898, MacDonald dijo a los miembros de su comité:

> "El gran obstáculo para el progreso socialista en los Estados Unidos es su Constitución escrita, federal y estatal, que otorga el poder último a un tribunal de justicia".

MacDonald también dijo que habría que trabajar con diligencia para llevar a cabo la directiva de Edward Bellamy, un socialista fabiano estadounidense. La mayoría de nosotros lo conocemos como el autor del libro "La cabaña del tío Tom", escrito por su mentor, el coronel Thomas Wentworth, un notorio abolicionista y tan ardiente socialista fabiano como se puede ser.

Bellamy era un verdadero creyente y seguidor de la Sociedad Fabiana británica y uno de los primeros miembros de la sección estadounidense de la Sociedad Fabiana. En febrero de 1895, tres años antes de que MacDonald presentara su informe sobre su gira por Estados Unidos, Bellamy escribió en el "American Fabian":

> "...nuestra Constitución, mayoritariamente individualista, debe cambiarse para admitir el socialismo, y todo cambio requiere una crisis política. Esto significa plantear grandes preguntas".

¿Acaso Wilson no planteó "grandes preguntas" y Roosevelt, Truman, Eisenhower, Kennedy, Johnson y Bush no hicieron lo mismo y no es notable que Clinton siga "planteando grandes preguntas"? Esta es la metodología del socialismo: plantear "grandes temas" como la llamada "reforma sanitaria" y, tras las nubes de polvo que levanta el tema, hacer el trabajo sucio y solapado de socavar la Constitución de los Estados Unidos.

Aquí radica la explicación fundamental de las medidas políticas adoptadas por los presidentes Wilson, Roosevelt, Truman, Eisenhower, Kennedy, Johnson, Bush y Clinton.

Las propuestas de MacDonald seguían muy de cerca la pauta marcada por Bellamy. MacDonald subrayó que la necesidad de enmendar la Constitución de los Estados Unidos debía ser primordial en el pensamiento del socialista fabiano. Volvemos a insistir en que el socialismo fabiano se diferenciaba un poco del socialismo europeo, sobre todo en que afirmaba no tener afiliación partidista. Esto sería cierto si ignoráramos el hecho de que, por "penetración e impregnación", se apoderó de los partidos laboristas y liberales británicos y ahora se ha apoderado del Partido Demócrata en Estados Unidos.

MacDonald señaló que los principios subyacentes de la Constitución de EE.UU. se basan en los derechos garantizados por la Quinta Enmienda, en particular el derecho a la propiedad, un corolario de la ley natural de Isaac Newton. Por lo tanto, dijo MacDonald, la modificación de la Constitución tuvo que hacerse de forma indirecta, en gran secreto y durante un período de años. También señaló que la separación de poderes entre los tres departamentos del gobierno era un obstáculo para las tácticas de penetración y de penetración de los socialistas.

Las palabras de MacDonald eran un eco de lo que Bellamy había propuesto en febrero de 1895. Al menos Bellamy tenía más conocimientos constitucionales que la gran mayoría de los jueces y políticos de nuestro tiempo. Admitió de buen grado que la Constitución estadounidense no era flexible. Esto pone de manifiesto la ignorancia de la jueza Ruth Ginsberg, recientemente nombrada para el Tribunal Supremo por el presidente socialista Clinton, que dijo en una audiencia del Subcomité Judicial del Senado que la Constitución es "flexible" cuando es inmutable.

La gran visión del socialismo fabiano en la década de 1890 era "revisar" la Constitución de Estados Unidos, es decir, "reformarla". Aunque a primera vista parecía que esa tarea estaba por encima de sus posibilidades, la capacidad de los fabianos para trabajar en silencio y en secreto fue desgraciadamente subestimada y pasada por alto. Me recuerda a la popular canción de Frank Sinatra sobre las hormigas ambiciosas y el árbol de caucho. Las hormigas no tenían ninguna posibilidad de derribar el árbol en una sola operación, pero sin embargo lograron lo imposible, derribándolo, hoja a hoja, hasta que el árbol de caucho fue demolido. Creo que esta es una buena analogía de la forma en que el socialismo fabiano ha estado trabajando desde 1895 (una tarea que aún continúa) para derribar la Constitución de los Estados Unidos, pieza por pieza.

Bellamy y MacDonald pueden ser descritos como "visionarios", pero eran visionarios socialistas fabianos con ideas específicas sobre cómo tener éxito. Los métodos descritos por "The American Socialist" implicaban el establecimiento de una élite socialista en los Estados Unidos, y luego que los cuadros de la élite aprendieran a explotar cada crisis local, nacional y estatal para los propósitos encubiertos del socialismo y para ganar apoyo para estas ideas a través de la penetración de la prensa bien organizada. La cristalización del socialismo fabiano estadounidense comenzó en serio en 1905.

"The American Socialist" también pedía la formación de un cuadro de profesores socialistas fabianos que, en los años siguientes, actuarían como asesores de una serie de presidentes, orientándolos en la dirección del gran proyecto de socialización de los Estados Unidos. Estos profesores de extrema izquierda de Marx y Lenin procedían principalmente de las filas de la Facultad de Derecho de Harvard. La "labor educativa" fue llevada a cabo por el elitista Club Socialista de Harvard, que al superponerse con la Sociedad Fabiana británica -una de las pocas veces que tuvieron la audacia de mostrar sus cuellos socialistas- revela una estrecha correspondencia.

Entre los miembros fundadores del Club Socialista de Harvard estaba Walter Lippmann, uno de los elegidos por MacDonald y Bellamy para establecer un cuadro socialista de élite en Estados Unidos. Lippmann pasó años penetrando en el mundo de los negocios.

El papel de Lippmann en la dirección de este país hacia el socialismo fabiano será tratado en otra ocasión. Como veremos, los socialistas en los círculos internos del poder eran un enemigo más temido que el comunismo, aunque nunca se permitió que el público estadounidense lo viera así. Como he dicho tantas veces en el pasado, "hay que temer más al enemigo de Washington que al de Moscú".

El estadounidense medio, cuando oyó hablar del socialismo bajo su propia etiqueta, se sintió repelido. En la década de 1890, la Sociedad Fabiana estadounidense era una organización incipiente que necesitaba orientación, especialmente en la técnica de ir despacio y ocultar sus objetivos. Así que cuando se mencionaba el socialismo, evocaba visiones de prácticas sexuales extrañas -que los socialistas de hoy se esfuerzan por hacer culturalmente aceptables- y cómo hacer que el bienestar sea asequible para todos. Así que no se le tomó en serio, excepto por un puñado de académicos que lo veían como un peligro mayor que el bolchevismo, al menos para Estados Unidos.

Y cuando Engels, el modelo de las prácticas engañosas de los socialistas y marxistas, visitó los Estados Unidos en 1886, se cometió un error al promover su vitriólico libro, "El origen de la familia", que más tarde se convirtió en la Biblia de los abortistas, los homosexuales y el llamado movimiento "women's lib"[6] de Molly Yard, Patricia Schroeder, Eleanor Smeal. Hay pruebas de que el propósito de la visita de Engels era sentar las bases del nuevo Club Socialista Fabiano estadounidense.

Del mismo modo, cuando Eleanor Marx -la hija de Karl Marx, conocida como la amante de George Bernard Shaw- realizó una gira por Estados Unidos con otro amante, esta vez Edward Aveling, la reacción del público fue muy desafortunada. El clamor por el "amor libre" sorprendió a los socialistas europeos, que no sabían lo profundamente arraigados que estaban los valores cristianos en la sociedad estadounidense de la época. Habían calculado mal al propugnar el "amor libre" (la base del aborto, es decir, el amor libre sin responsabilidad) y sus ataques a los valores familiares sólo provocaron reacciones airadas.

Esto enseñó a los socialistas estadounidenses una gran lección: "Más prisa" era una filosofía perdedora. Era necesario "apresurarse lentamente". Pero los socialistas nunca se rindieron, nunca perdieron de vista sus objetivos, y el resultado es que hoy los males del socialismo dominan América por todos los lados, ganando fuerza, cultural, religiosa y socialmente, de una manera que nunca tuvieron cuando Engels, Eleanor Marx y Edward Aveling ensalzaban sus virtudes. Los lectores probablemente saben que Aveling fue el traductor oficial del alemán al inglés de "Das Kapital", la más conocida de las obras de Marx.

Para desviar las críticas al socialismo, la Sociedad Fabiana británica decidió crear un grupo en Estados Unidos, conocido como la Asociación Económica Americana, que se reunió el 9 de septiembre de 1885. Sólo se invitó a la élite de aspirantes a socialistas estadounidenses. (A raíz de esta reunión, los socialistas británicos de la Sociedad Fabiana decidieron que Mac Donald debía ir a Estados Unidos para determinar qué problemas obstaculizaban el socialismo y cómo superarlos).

El 9 de septiembre de 1885, la American Economic Association

[6] Liberación de la Mujer, antecesor del MLF. Ndt.

reunió en Saratoga, Nueva York, a los principales líderes socialistas y a los aspirantes a socialistas de la época. Muchos de los "distinguidos invitados", como los describieron los periódicos de Nueva York, eran destacados profesores socialistas, entre ellos Woodrow Wilson, que se convertiría en el primer presidente abiertamente socialista de los Estados Unidos.

También participaron los profesores Ely, H. R. Adams, John R. Commons y E. James, el Dr. E. R. Seligman de Columbia, el Dr. Albert Shaw y E. W. Bemis, que más tarde se convirtieron en los principales discípulos del socialismo en América. James, el Dr. E. R. Seligman de Columbia, el Dr. Albert Shaw y E. W. Bemis, que posteriormente se convirtieron en los principales discípulos del socialismo en América. Ninguno de ellos era conocido fuera de sus estrechos círculos académicos, y el socialismo no se consideraba una amenaza seria para el modo de vida estadounidense. Fue un error que se cometería muchas veces en el futuro, un error que se repite hoy. De este pequeño comienzo creció el roble del socialismo en los Estados Unidos, cuyas ramas que se extienden amenazan hoy a la República Confederada de los Estados Unidos. Wilson, entonces en el Bryn Mawr College, pasó a enseñar socialismo en la Extensión Universitaria de Filadelfia en 1902, disfrazado de ciencias políticas.

Allí se sumergió con otros destacados socialistas en la promoción de las ideas socialistas en la educación. En la lista de profesores socialistas se encuentran los miembros de la Sociedad Fabiana británica Sydney Webb, R.W. Alden y Edward R. Pease; Ely y Adams, dos de sus asociados estadounidenses que ya hemos mencionado. Otros destacados socialistas estadounidenses que transmitieron a Wilson sus ideas socialistas fueron Morris Hilquitt y Upton Sinclair. Sus contactos con los socialistas fabianos británicos se extendieron a las reuniones celebradas en Oxford entre 1805 y 1901.

El Dr. Seligman, de la Universidad de Columbia, patrocinó las reuniones y se le atribuye la previsión de haber dado a Wilson la presidencia. La similitud entre el ascenso de Wilson y el de Clinton es bastante notable: ambos eran de ideología socialista, ambos se rodearon de un gran número de intelectuales socialistas y ambos se impregnaron indeleblemente de los ideales socialistas a través de su contacto con la Universidad de Oxford.

Wilson estuvo muy influenciado por publicaciones socialistas fabianas como "La nueva libertad". Además, fue el primer presidente de EE.UU. que aceptó a profesores universitarios como asesores, lo que supone un cambio radical con respecto a las tradiciones del pasado y una estrategia puramente socialista, una metodología para imponer cambios no deseados e inaceptables al pueblo estadounidense. El razonamiento era que nadie sospecharía de las nefastas intenciones de los académicos.

Albert Shaw, que consiguió que Wilson fuera elegido dividiendo el voto, presentando a Theodore Roosevelt en una candidatura independiente, el Partido Bull Moose. Como dijo el Dr. Seymour en su momento, "la deserción de Roosevelt puso a Wilson en la Casa Blanca". El subterfugio consistía en que House "denunciara" a Roosevelt como "un radical salvaje", y funcionó. Wilson se convirtió en Presidente de los Estados Unidos y su amigo Albert Shaw fue nombrado miembro del Comité de Trabajo como recompensa cuando Wilson entró en la Casa Blanca.

Aunque lo ocultaron cuidadosamente al público, los socialistas fabianos británicos eligieron a Wilson, debido a su propensión a interesarse por las cuestiones socialistas, y por la firme recomendación de House, cuyo cuñado, el Dr. Sydney Mezes, fue durante mucho tiempo afiliado a la Sociedad Fabiana británica y presidente del City College de Nueva York. Mezes desempeñó un papel destacado en la planificación socialista antes y después de la Primera Guerra Mundial.

A esto se añade el hecho de que un gran porcentaje de los miembros de la Sociedad Fabiana eran marxistas, siendo uno de los más notables de la Sociedad Fabiana de Londres el profesor Harold Laski, que llegó a desempeñar un papel profundamente perturbador en la socialización de los Estados Unidos, hasta su muerte en 1952. No se discute que Bernard Baruch, que se convirtió en el controlador absoluto de Wilson durante sus años en la Casa Blanca, era también un marxista.

Todo el programa de la presidencia de Woodrow Wilson fue elaborado por asesores socialistas, tanto aquí como en Gran Bretaña. Uno de los primeros esfuerzos socialistas de Wilson fue el de federalizar poderes que estaban prohibidos al gobierno federal, quedando reservados a los estados individuales. Entre ellos se encuentran los poderes policiales de sanidad, educación, trabajo y protección policial garantizados a los estados por la 10ª Enmienda de la Constitución estadounidense.

Más tarde, el profesor Harold Laski presionaría fuertemente al presidente Roosevelt para que rompiera y destruyera, mediante una orden ejecutiva, la separación de poderes entre el legislativo, el ejecutivo y el judicial. Esta era la llave de la puerta trasera para romper y dejar "sin efecto" la Constitución. Uno de los puntos principales del programa de Wilson era la destrucción de los aranceles que, hasta 1913, habían proporcionado a Estados Unidos ingresos suficientes para pagar las facturas de la nación y seguir teniendo un superávit. El objetivo oculto era destruir esta fuente de ingresos y sustituirla por un impuesto sobre la renta progresivo de inspiración marxista. Aparte de cualquier otro resultado, el impuesto progresivo marxista sobre la renta fue diseñado para abrumar a la clase media para siempre. Se recordará que uno de los principales obstáculos que había que superar, según Ramsey MacDonald, era la resistencia al impuesto progresivo sobre la renta. Gracias al presidente Wilson, la Sociedad Fabiana británica pudo imponer esta onerosa carga al pueblo estadounidense, cumpliendo así una de sus más preciadas ambiciones.

Hay que decirlo, y decirlo alto y claro: el comunismo, aunque lo inició, no introdujo el impuesto progresivo sobre la renta en Estados Unidos. Eso sólo fue obra de la Sociedad Fabiana británica. Durante los últimos 76 años, se ha engañado al pueblo estadounidense haciéndole creer que el comunismo era el mayor peligro para un mundo libre. Esperamos que las páginas de este libro contengan pruebas suficientes para demostrar que el peligro del socialismo supera todo lo que se ha visto hasta ahora del comunismo. El socialismo ha hecho mil veces más daño a los Estados Unidos que el comunismo.

Considerado dos veces inconstitucional por el Tribunal Supremo de Estados Unidos, el impuesto progresivo sobre la renta fue propuesto a Wilson por la Sociedad Fabiana británica y su adopción, alentada por los socialistas fabianos estadounidenses, se logró finalmente en 1916, justo a tiempo para pagar la Primera Guerra Mundial.

Mientras la atención del pueblo estadounidense se centraba en los acontecimientos de Europa, la Decimosexta Enmienda se deslizaba por el Congreso, con la ayuda y la complicidad de una serie de legisladores socialistas.

La Decimosexta Enmienda nunca fue ratificada por todos los estados, por lo que quedó fuera de la Constitución, pero eso no impidió que sus partidarios socialistas hicieran lo que quisieran. Wilson intentó equiparar la democracia con el Partido Demócrata, cuando en realidad no puede existir tal partido. El título correcto debería ser Partido Demócrata. No podemos tener un "Partido Democrático" en una República Confederada o en una República Constitucional.

El libro de Wilson "La nueva libertad" (escrito en realidad por el socialista William B. Hayle) denunciaba el capitalismo. "Es contrario al hombre común", dijo Wilson. En un momento en que Estados Unidos disfrutaba de una prosperidad y un progreso industrial sin precedentes, Wilson calificó la economía de "estancada" y propuso una revolución para que las cosas volvieran a moverse. Un razonamiento curioso, si se olvida que Wilson predicaba un socialismo duro:

> "Estamos en presencia de una revolución -no sangrienta, América no está hecha para derramar sangre- sino una revolución silenciosa, mediante la cual América insistirá en recuperar en la práctica los ideales que siempre ha profesado, en asegurar un gobierno dedicado al interés general y no a los intereses particulares."

Lo más importante que se omitió en el discurso fue que iba a ser una REVOLUCIÓN SOCIALISTA, una revolución sigilosa sin límites en su engaño, basada en los ideales y principios socialistas británicos fabianos.

A continuación, Wilson hace una predicción profética -al menos, aparentemente profética, salvo que, si se observa detenidamente, se limita a exponer el programa socialista para Estados Unidos:

> "... Estamos en el umbral de una era en la que la vida sistemática del país se verá apoyada, o al menos complementada, en todos los aspectos por la actividad gubernamental. Y ahora tenemos que determinar qué tipo de actividad gubernamental será; si, en

> primera instancia, será dirigida por el propio gobierno, o si será indirecta, a través de instrumentos que ya han sido formados y que están listos para tomar el lugar del gobierno."

El pueblo estadounidense seguía ignorando en gran medida que estaba actuando una fuerza siniestra, totalmente ajena a ellos mismos y a la Constitución, que de alguna manera se había insinuado en el poder colocando a un jefe ejecutivo en la Casa Blanca, un líder totalmente en deuda con un grupo despiadado y ávido de poder como el que se puede encontrar en cualquier parte del mundo -incluida la Rusia bolchevique-, ese poder que lleva a los socialistas fabianos a Gran Bretaña y Estados Unidos.

Esta tendencia ha continuado hasta nuestros días y, según vemos, el Presidente Clinton es ahora su entusiasta y ansioso jefe de filas. Las "grandes esperanzas" de las hormigas que pretenden apoderarse del árbol del caucho se están haciendo realidad lenta e inexorablemente. Una gran nación, los Estados Unidos de América, parece desconocer totalmente la criminalidad que hay detrás del socialismo e ignorar sus objetivos, por lo que está mal preparada para detener las depredaciones criminales que tienen lugar en su propio gobierno.

¿Cómo pudo Wilson engañar al pueblo estadounidense en un asunto tan monstruoso como el impuesto progresivo sobre la renta, algo ajeno a la Constitución y de lo que el país había podido prescindir hasta 1913? Para responder a esta pregunta, debemos analizar de nuevo la capacidad de los socialistas para aplicar su programa a escondidas, mediante el engaño y la mentira, al mismo tiempo que lo redactan en un lenguaje que parece indicar que el plato venenoso que están cocinando es para el bien del pueblo.

El primer obstáculo que Wilson tuvo que superar fue la supresión de los aranceles que habían protegido el comercio de Estados Unidos y lo habían convertido en una nación próspera con un nivel de vida que era la envidia del mundo. El 4 de julio de 1789, el presidente George Washington dijo al primer Congreso de los Estados Unidos:

> "Un pueblo libre debe promover las manufacturas que tienden a independizarlo de otros para los suministros esenciales, especialmente los militares".

Estas sabias palabras desencadenaron un sistema de barreras arancelarias que imponía derechos a los países que deseaban vender sus productos en el mercado estadounidense, la antítesis del llamado "libre comercio", que no era más que un subterfugio ideado por Adam Smith para permitir a Gran Bretaña introducir sus productos en el mercado sin reciprocidad para los productos estadounidenses en el mercado inglés. De alguna manera se cultivó la impresión -quizás mediante el control de la prensa- de que Estados Unidos había desarrollado el nivel de vida de su población sobre la base del "libre comercio", cuando en realidad era lo contrario.

Vimos este engaño salir a la luz en el debate Perot-Gore, cuando Gore, falsamente y con intención maliciosa contra el pueblo de Estados Unidos, denunció el proteccionismo arancelario como la causa del Crash de Wall Street de 1929. Perot no conocía la Ley Smoot-Hawley para defenderla de las mentiras del vicepresidente.

El "libre comercio" fue definido como doctrina marxista en un discurso pronunciado por Marx en 1848. No era algo nuevo, sino una idea propuesta por primera vez por Adam Smith para socavar la economía de la joven nación estadounidense. Un Washington sabio comprendió la necesidad de proteger las industrias incipientes de Estados Unidos. Esta sabia política de protección fue continuada por Lincoln, Garfield y McKinley. Durante 125 años, los estadounidenses se beneficiaron enormemente de esta sabia política, hasta que la bola de demolición socialista de Wilson sirvió para cambiar la cara de Estados Unidos.

Incluso hasta la Segunda Guerra Mundial, sólo el 2% de la economía estadounidense dependía del comercio exterior. Sin embargo, al oírlo ahora, Estados Unidos perecerá si no elimina los últimos vestigios de nuestras sabias barreras arancelarias. Lo que hizo Wilson fue traición y el Congreso cometió sedición al aceptar su devastador ataque al nivel de vida del pueblo estadounidense.

En su mayor parte, la administración Wilson abusó de la Constitución. Nada más ser elegido Wilson por los socialistas fabianos, convocó una sesión conjunta del Congreso. En 1900, una administración mayoritariamente republicana había mantenido las barreras comerciales existentes y erigido otras nuevas para proteger a los agricultores, la industria y los productores de productos básicos estadounidenses. La agitación contra las barreras arancelarias protectoras se originó en Londres entre los miembros de la Sociedad Fabiana socialista, que controlaba el Real Instituto de Asuntos

Internacionales (RIIA). Las ideas para derribar las barreras arancelarias fueron transmitidas a Wilson a través de la sedicente Mandel House, directamente desde Londres.

La propaganda antitarifaria que salía de Londres en un torrente ininterrumpido, y que había comenzado en serio en 1897, de la que esto es un ejemplo:

> "El fabricante estadounidense alcanzó el nivel más alto de ineficiencia en 1907, después de un notable declive que comenzó en 1897, en varios campos importantes los fabricantes estadounidenses no pueden hacer frente a los competidores extranjeros en el mercado nacional. Este hecho debería llamarse la atención del pueblo estadounidense, ya que a causa de los aranceles pagan un precio más alto por los productos que el que tendrían si se eliminaran las barreras arancelarias que impiden el comercio. La frase "la madre de todos los fideicomisos" podría ser una forma útil de describir el proteccionismo, especialmente si se relaciona con el aumento del coste de la vida que puede atribuirse a las políticas proteccionistas."

Nota: El departamento de investigación de la Sociedad Fabiana comenzó a producir documentos que llamaban "tratados" como si estuvieran aliados con los esfuerzos misioneros cristianos. Estos miles de "tratados" se recopilaron en libros y documentos de posición. La cita anterior procede de un tratado publicado en 1914.

Lo que esta propaganda engañosa no decía era que no había ninguna relación entre el aumento del coste de la vida entre 1897 y 1902, ya que los aranceles no tenían ningún efecto sobre los precios internos. Pero esto no impidió un ataque concertado por parte de los principales periódicos de propiedad extranjera (especialmente el *New York Times)* para denunciar la protección arancelaria como la causa del aumento del coste de la vida. El London Economist y otras revistas propiedad de banqueros de la City de Londres se hicieron eco de ello.

La sedición no se limitaba a los demócratas. Muchos de los llamados republicanos "progresistas" ("progresista" y "moderado" siempre han significado socialista) se unieron al ataque contra los aranceles protectores. ¿Cómo convencieron los socialistas al Congreso para que siguiera adelante con sus planes de arruinar nuestro comercio mundialmente envidiado? Lo hicieron combinando la sociología con la política, una técnica que empuja a los socialistas a los altos cargos, donde pueden ejercer la mayor influencia indebida en cuestiones nacionales vitales.

Como ejemplo, consideremos la cuestión del reconocimiento diplomático del bárbaro gobierno bolchevique. Gracias a los buenos oficios de Arthur Henderson, los británicos reconocieron a los carniceros bolcheviques como el gobierno legítimo de Rusia en 1929. Luego dirigieron su atención a los Estados Unidos y, gracias a los socialistas en las altas esferas, consiguieron que los Estados Unidos hicieran lo mismo. Estas acciones de los líderes del mundo anglosajón dieron a los bolcheviques un prestigio y un respeto al que claramente no tenían derecho, y abrieron las puertas a contactos diplomáticos, comerciales y económicos que, de otro modo, habrían permanecido firmemente cerrados durante décadas, si no para siempre.

Los socialistas fabianos, tanto en Estados Unidos como en Gran Bretaña, parecían tan benignos, y su formación altamente culta y su gran encanto personal hacían muy difícil creer a quienes advertían que esta afable élite social era un grupo subversivo que pretendía suprimir los derechos de propiedad y amenazaba con quitar la Constitución de Estados Unidos, pieza por pieza. Era simplemente imposible ver a esta élite como revolucionarios y anarquistas, lo que realmente eran.

El coronel Edward Mandel House, que no sólo era convenientemente convencional en todo el sentido de la palabra, sino también conservador en su forma de ser y de hablar, al menos cuando estaba al alcance del público, era un buen ejemplo, pero se movía en círculos que distaban mucho de lo que uno podría imaginar que era un grupo anarquista.

Fue este grupo de "afables anarquistas" el que eligió a Woodrow Wilson. Según House, los ciudadanos estadounidenses son poco más que bobos que se dejan engañar por las apariencias. Tan seguro de que los votantes no verían la nominación de Wilson como un candidato "Made in England", House se embarcó hacia Europa el día en que Wilson fue nominado en la convención demócrata de Baltimore de 1912. "No siento la necesidad de seguir los debates", dijo House a Walter Hines, que le había presentado a Wilson el año anterior. A su llegada a Inglaterra, House dijo a una reunión de socialistas fabianos en el RIIA: "Estaba convencido de que el pueblo estadounidense aceptaría a Wilson sin rechistar". Y lo hicieron.

Wilson se convirtió entonces en presidente, y su principal tarea fue socavar la Constitución según el mandato de Ramsey McDonald, sin que el pueblo estadounidense se diera cuenta, al más puro estilo socialista fabiano. House había expresado a menudo su odio a la Constitución en conversaciones privadas con sus patrocinadores secretos de Wall Street. Calificó la Constitución de Estados Unidos como "una creación de las mentes del siglo XVIII, no sólo anticuada, sino grotesca", y añadió que "debería ser desechada inmediatamente". Volvemos al hombre al que Wilson llamaba su mejor amigo.

Como dice House, "Wilson fue elegido para llevar a cabo un programa socialista sin alarmar al pueblo". El modo de hacerlo se expuso en una versión ficticia del plan maestro de objetivos a largo plazo de los socialistas fabianos. "Philip Dru, Administrador" fue una notable confesión de la planificación y las estrategias socialistas a utilizar contra el pueblo estadounidense, muy reveladora de cómo los socialistas esperaban que la presidencia de los Estados Unidos fuera subvertida y socavada.

Editado por el socialista fabiano B.W. Huebsch, el libro debería haber hecho saltar las alarmas en toda América, pero desgraciadamente no consiguió que el pueblo estadounidense entendiera lo que House representaba. En él se exponía el programa de la presidencia de Wilson con tanta claridad como si lo hubiera presentado al Congreso el propio House. "Philip Dru" (en realidad House) se propuso convertirse en el líder de Estados Unidos mediante una serie de órdenes ejecutivas. Entre las tareas que "Dru" se impuso estaba la creación de un grupo de economistas para trabajar en la destrucción de la Ley de Aranceles que, en última instancia, "llevaría a la abolición de la teoría de la protección como cuestión de política pública". El grupo también debía desarrollar un sistema progresivo de impuestos sobre la renta e instituir nuevas leyes bancarias. Nótese el uso astuto de la palabra "teoría". Los aranceles protectores no eran sólo una teoría: los aranceles habían llevado a Estados Unidos a un nivel de vida que era la envidia del mundo. La protección del comercio es una doctrina establecida por George Washington, que ha sido probada durante 125 años, y no es sólo una teoría.

¿Cómo puede "Dru" llamar "teoría" a la protección de las tarifas? Claramente, era un intento de denigrar y degradar el concepto y allanar el camino para el ideal socialista del "libre comercio" que iniciaría el declive del nivel de vida del pueblo estadounidense. De ahí también sacó Wilson su idea de un impuesto sobre la renta que, una vez implantado, erosionaría aún más el nivel de vida de la clase media.

Wilson violó su juramento de defender la Constitución de los Estados Unidos al menos 50 veces. En Wilson, el Comité de los 300 había encontrado al hombre ideal para iniciar la socialización de América, al igual que más tarde encontraron otro candidato ideal para sus objetivos anarquistas en Bill Clinton. Un segundo paralelismo entre Wilson y Clinton reside en el tipo de asesores de los que se rodearon.

En el círculo íntimo de Wilson había destacados anarquistas, socialistas y comunistas: Louis D. Brandeis, Felix Frankfurter, Walter Lippmann, Bernard Baruch, Sydney Hillman, Florence Kelley y, por supuesto, Edward Mandel House. House, amigo íntimo de la madre de Roosevelt, vivía a dos manzanas del gobernador de Nueva York, Franklin D. Roosevelt, y se reunía con frecuencia para aconsejarle sobre cómo financiar sus futuros programas socialistas.

El primer ataque a la Constitución fue la declaración de Ramsey McDonald de que la Constitución debía ser enmendada. El segundo ataque fue dirigido por House, cuyo padre había ganado millones de dólares durante la Guerra Civil trabajando para los Rothschild y los Warburg. Después de reunirse con Wilson en 1911, a través de los buenos oficios de Walter Hines, House estaba seguro de haber encontrado al hombre adecuado para llevar a cabo el trabajo de modificación de la Constitución estadounidense que McDonald había solicitado el 14 de enero de 1898.

House comienza a cultivar a Wilson, que se siente halagado por la atención de un hombre que parece conocer a todo el mundo en Washington. Existe un claro paralelismo entre House y la Sra. Pamela Harriman, que veía a Clinton como el hombre ideal para llevar a cabo una gran variedad de reformas socialistas sin alarmar al pueblo. Harriman también conocía a todo el mundo en Washington.

House sabe que Wilson necesitará la ayuda de un socialista acérrimo. Así que le organizó un encuentro con Louis D. Brandeis, profesor de derecho de Harvard. Esta reunión iba a resultar ominosa para el futuro bienestar de la nación, ya que Brandeis se comprometió a hacer inoperante la Constitución a través de la legislación. Brandeis ya había plasmado sus predilecciones en la ley al "interpretar" la Constitución para hacerla inoperante sobre la base de premisas sociológicas, no de derecho constitucional.

El tercer ataque socialista fabiano a la Constitución de Estados Unidos se produjo con la fundación de la Unión Americana de Libertades Civiles (ACLU) en enero de 1920 por el socialista fabiano Philip Lovett. Huebsch, editor de "Philip Dru, Administrador", fue uno de los miembros fundadores de esta organización socialista cuyo principal objetivo en vida era enmendar la Constitución de los Estados Unidos por lo que Florence Kelley llamaba "la vía legislativa".

Aunque se ha negado, las investigaciones han demostrado que había cuatro comunistas conocidos en la junta directiva de la ACLU. En la década de 1920, Kelley y sus asociados se esforzaron por destruir la Constitución de Estados Unidos a través de una serie de frentes falsos como la Liga Nacional de Mujeres Votantes, a la que volveremos más adelante. Este fue el comienzo de la "desfeminización" de las mujeres por parte de los socialistas.

Varios de los líderes socialistas (y comunistas) más importantes de Estados Unidos estaban estrechamente relacionados con la ACLU, algunos incluso formaban parte de su comité nacional. Uno de ellos era Robert Moss Lovett, director y amigo íntimo de Norman Thomas y Paul Blanchard, que estaban aliados con los "Protestantes y Otros Americanos Unidos por la Separación de la Iglesia y el Estado".

Thomas es un antiguo clérigo convertido en comunista. Los encantadores modales de Lovett y su agradable comportamiento ocultan el hecho de que bajo sus afables maneras se esconde un peligroso anarquista-radical de la peor clase. En un ataque de ira, Lovett explotó una vez y reveló su verdadera naturaleza:

> "Odio a los Estados Unidos, estaría dispuesto a ver explotar el mundo entero, si eso destruyera a los Estados Unidos".

Lovett personificaba el lado más peligroso del socialista fabiano.

Al investigar las declaraciones de los comunistas contra Estados Unidos, nunca he podido encontrar una tan venenosa en su intención como la de Lovett de la ACLU. Una breve historia de la ACLU podría ser útil en este punto del libro:

La ACLU surgió de la Oficina de Libertades Civiles de 1914-1918, que estaba en contra del militarismo. Uno de sus primeros directores fue Roger Baldwin, que había pasado por la cárcel por eludir el servicio militar. En una carta informativa muy reveladora dirigida a los miembros, afiliados y amigos de la ACLU, Baldwin utilizó las tradicionales tácticas engañosas de los socialistas fabianos para ocultar las verdaderas intenciones y objetivos de la ACLU:

> "Hay que evitar dar la impresión de que se trata de una empresa socialista. También queremos parecer patrióticos en todo lo que hacemos. Queremos tener un buen número de banderas, hablar mucho de la Constitución y de lo que nuestros antepasados querían hacer con el país y demostrar que somos realmente el pueblo que defiende el espíritu de nuestras instituciones".

Si alguna vez hubo un emblema futuro adecuado para la Sociedad Fabiana británica, fue éste: el lobo con piel de cordero por excelencia.

En 1923, Baldwin olvidó su propio consejo, revelando su verdadero rostro:

> "Creo en la revolución, no necesariamente en la toma del poder por la fuerza en un conflicto armado, sino en el proceso de crecimiento de los movimientos de clase decididos a expropiar a la clase capitalista y tomar el control de todos los bienes sociales. Siendo pacifista -porque creo que los medios no violentos son los mejor calculados a largo plazo para lograr resultados duraderos- me opongo a la violencia revolucionaria. Pero prefiero que haya una revolución violenta a que no la haya, aunque personalmente no la apoyaría porque considero que hay otros medios mucho mejores. Incluso el terrible coste de una revolución sangrienta es un precio más barato para la humanidad que la continua explotación y el hundimiento de la vida humana

> bajo la violencia instalada del sistema actual."

En 1936, Baldwin explicó parte de la terminología utilizada por los socialistas fabianos:

> "Por progresista, me refiero a las fuerzas que trabajan por la democratización de la industria mediante la extensión de la propiedad y el control públicos, que son los únicos que abolirán el poder de aquellos, relativamente pocos, que poseen la riqueza... La verdadera democracia significa sindicatos fuertes, regulación gubernamental de las empresas, propiedad del pueblo de las industrias que sirven al público".

No hay más que visitar cualquier fábrica para ver hasta dónde han llegado los socialistas en la esclavización de Estados Unidos. En las paredes de la oficina se puede ver una desconcertante serie de "permisos" que autorizan una u otra cosa. Los inspectores de la OSHA, de la EPA y de "igualdad de oportunidades" tienen el "derecho" de entrar sin previo aviso en cualquier momento, interrumpir e incluso detener las operaciones, mientras inspeccionan para ver si se han violado las condiciones de sus "permisos".

El lenguaje engañoso que utilizó Baldwin no significaba lo que el estadounidense medio creía que significaba. Baldwin estaba practicando las técnicas socialistas fabianas en un grupo de élite de "retaguardia" que llevaría suavemente a América de la mano por el camino de la esclavitud. Esto es el socialismo en su máxima expresión. Nadie podría haber explicado mejor los objetivos y métodos del socialismo que el presidente de la ACLU, que hoy no ha cambiado un ápice sus posiciones y métodos. Aunque su número de miembros nunca superó los 5.000 entre 1920 y 1930, la ACLU consiguió infiltrarse y penetrar en todos los aspectos de la vida estadounidense, que luego puso patas arriba.

La principal tarea de la ACLU en la década de 1920 fue bloquear legalmente el gran número de detenciones y deportaciones de comunistas y anarquistas. A principios de la década de 1920, los socialistas iniciaron su campaña para subvertir la Constitución de Estados Unidos por la puerta de atrás, utilizando a extranjeros para predicar -y llevar a cabo- actos de sedición. El profesor socialista de Harvard Felix Frankfurter sirvió de guía legal a la ACLU, cuyo Roger Baldwin describió a los anarquistas, comunistas y sediciosos como "víctimas de la ley, miembros de los movimientos obreros y del bienestar que son insidiosamente atacados por hombres sin escrúpulos que trabajan bajo la apariencia de patriotismo".

Frankfurter -con la ayuda de Harold Laski entre bastidores- ayudó al presidente Wilson a crear un comité de mediación, que, a instancias de Frankfurter, siguió utilizando la Constitución para calificar a los sediciosos, anarquistas y enemigos declarados de Estados Unidos para que recibieran protección bajo la Constitución estadounidense. Fue una táctica sórdida que funcionó notablemente bien: desde 1920, el uso indebido de la Constitución estadounidense para conceder "derechos" y protección a todos los Dick, Tom y Harry que intentan socavar la República Confederada ha crecido hasta un grado terriblemente alarmante.

Otros, como el profesor Arthur M. Schlesinger Sr. y el profesor de Derecho de Harvard Francis B. Sayre, yerno de Wilson, se han volcado con los "inmigrantes perseguidos" y las "víctimas de la ley", una categoría que incluye a todos los izquierdistas, pirómanos, racistas y similares. Sayre, el yerno de Wilson, se lanzó a por los "inmigrantes perseguidos" y las "víctimas de la ley", una categoría que incluye a todos los izquierdistas, pirómanos, agitadores socialistas, asesinos y sediciosos. Este fue el comienzo de una enorme campaña para pisotear el verdadero propósito y la intención de la Constitución de los Estados Unidos, y tuvo un éxito más allá de los sueños más salvajes de los zapadores del socialismo en este país.

Era una época en la que Estados Unidos intentaba librarse de una avalancha de comunistas que habían llegado a cometer actos de sedición en un esfuerzo por comunizar y socializar el país. El socialista Upton Sinclair escribió montones de artículos en defensa de los sediciosos más duros y la Facultad de Derecho de Harvard envió a algunos de sus mejores socialistas a la contienda, incluido su decano, Roscoe Pound. Los medios de comunicación, incluyendo revistas como "The Nation" y "New Republic", hacen todo lo posible por enturbiar las aguas legales con constantes referencias al "miedo rojo".

En 1919, el Comité Overman sobre el Bolchevismo del Senado de los Estados Unidos, tras exhaustivas investigaciones, llegó a la conclusión de que el socialismo fabiano suponía una grave amenaza para los ciudadanos de los Estados Unidos, especialmente para las mujeres y los niños.

La ACLU ha estado a la vanguardia de la "desfeminización" de las mujeres bajo el disfraz de los "derechos de la mujer". La ACLU ha logrado proteger a los principales actores del socialismo, acudiendo en su defensa cada vez que temen que los verdaderos líderes y objetivos del socialismo queden al descubierto. Este es el objetivo principal de la ACLU: Para desviar los ataques a la cúpula intelectual socialista, a los "reformistas" con "buenas intenciones" y a los profesores de derecho de Harvard en la retaguardia.

Desde 1920, el modus operandi de la ACLU sigue siendo el mismo, y se puede describir mejor por sí mismo:

> "Contra las medidas federales, estatales y locales indiscriminadas que, aunque se dirigen al comunismo (nótese la exclusión del socialismo), amenazan las libertades civiles de todos los estadounidenses; para que un programa efectivo de derechos civiles sea la ley del país; contra la censura de películas, libros, obras de teatro, periódicos, revistas y radio por parte del gobierno y de grupos de presión privados; y para promover procedimientos justos en los juicios, las audiencias del Congreso y las audiencias administrativas."

La ACLU no ha dejado ninguna duda de que pretende reescribir la Constitución "a través de la legislación". Tampoco hay duda de que este importante aparato socialista ha cambiado la cara de América En una entrevista con Fareed Zakaria, de Foreign Affairs, se le preguntó a Lee Kuan Yew, ex primer ministro de Singapur:

> "¿Qué cree que ha fallado en el sistema estadounidense? "
>
> "No es mi trabajo decirle a la gente lo que está mal en su sistema. Mi papel es decir a la gente que no imponga su sistema de forma discriminatoria en las sociedades donde no va a funcionar", respondió Yew.

Zakaria preguntó entonces: "¿No ve usted a Estados Unidos como un modelo para otros países? ", a lo que Lee respondió:

> "... Pero como sistema global, encuentro partes de él (Estados Unidos) totalmente inaceptables. La vagancia, el comportamiento indecoroso en público, la ampliación del

> derecho del individuo a comportarse como le plazca han llegado a costa de una sociedad ordenada. En Oriente, el objetivo principal es tener una sociedad ordenada para que todos puedan disfrutar de su libertad al máximo. Esta libertad sólo existe en un estado ordenado y no en un estado natural de disputa y anarquía."
>
> "... La idea de la inviolabilidad del individuo (en Estados Unidos) se ha convertido en un dogma. Y sin embargo, nadie se opone a que los militares salgan y capturen al presidente de otro estado, lo traigan a Florida y lo metan en la cárcel (esto es en referencia a la acción bandolera del ex presidente George Bush al secuestrar al general Noriega de Panamá). "

Zakaria preguntó entonces:

> "¿Sería justo decir que admira a Estados Unidos más que hace 25 años? ¿Qué cree que ha fallado? "

Lee respondió:

> "Sí, las cosas han cambiado. Yo diría que tiene mucho que ver con la erosión de los fundamentos morales de la sociedad y la disminución de la responsabilidad personal. La tradición intelectual liberal que se desarrolló después de la Segunda Guerra Mundial afirmaba que los seres humanos habían llegado a ese estado perfecto en el que todos estarían mejor si se les dejaba hacer lo suyo y prosperar. No funcionó y dudo que lo haga. Hay elementos fundamentales de la naturaleza humana que no cambian. El hombre necesita un cierto sentido moral del bien y del mal. El mal existe y no es el resultado de ser una víctima de la sociedad..."

No cabe duda de que la ACLU ha desempeñado un papel crucial en el estiramiento de los "derechos" existentes y en la invención de derechos que no existen en la Constitución, hasta el punto de que Estados Unidos se encuentra ahora en un estado de virtual anarquía. Tomemos el ejemplo del desfile del Orgullo Gay en San Francisco el domingo del Día del Padre, el 19 de junio de 1994.

La elección del día y la fecha no fue un accidente, sino un insulto deliberado y estudiado al cristianismo, la tradición del matrimonio y la familia. El desfile consistía en lesbianas que iban a toda velocidad en moto, desnudas o semidesnudas (llamadas "bolleras en moto"), hombres con disfraces obscenos de travestidos y hordas de otros hombres con los genitales totalmente expuestos y corriendo. Fue una muestra totalmente repugnante de vulgaridad en las calles de la ciudad que nunca se habría tolerado antes y no debería tolerarse ahora.

Pero que alguien mencione el repugnante "desfile" y sugiera tal vez medidas adecuadas para limitar en el futuro manifestaciones tan feas y absolutamente abyectas, y seguro que se encuentra con la ACLU protegiendo los "derechos civiles" del sector más amoral de la población. El deplorable "desfile" fue alabado por el *San Francisco Chronicle,* que también publicó una crítica elogiosa de una película sobre dos lesbianas que "se enamoran". El periódico describió la pieza asquerosamente amoral como "apta para heterosexuales". Así que, como sociedad, nos hemos hundido en el fondo del pozo negro socialista. Los socialistas fabianos siempre han sido grandes admiradores de Karl Marx. No admiten fácilmente este "culto a los héroes", no sea que las ovejas que tanto desprecian se alarmen. Durante mis cinco años de estudio intensivo en el Museo Británico de Londres, examiné en profundidad los escritos económicos de Marx. Pude hacerlo porque Karl Marx había pasado 30 años estudiando en ese mismo Museo Británico, y algunos de mis mentores sabían qué libros le gustaban y leían más, y me dijeron cuáles.

Lo que descubrí de sus escritos fue que había muy poco pensamiento original. Esto es común a la mayoría de los grandes "pensadores" socialistas. Todas las teorías económicas de Marx, despojadas de la densa verborrea que las rodea, pueden reducirse a siete u ocho ecuaciones matemáticas básicas que yo podría hacer en octavo grado.

Las teorías de Marx se reducen a la premisa de que los capitalistas que financian empresas acaban robando grandes sumas de dinero a los trabajadores. Esto ignora por completo la premisa real de que, habiendo asumido todos los riesgos para poner en marcha el negocio, el inversor tiene derecho a su beneficio. Eso, en esencia, es la suma y la sustancia de las teorías de Marx y su verborrea.

La Liga para la Democracia Industrial (LID) se situó justo detrás de la ACLU. Fundada en 1905 como una rama de la Sociedad Socialista Intercolegial, la Liga iba a desempeñar un papel importante en la distorsión de la educación, la industria y el trabajo. El IDL contó con el apoyo de Eleanor Roosevelt durante toda su vida, al igual que Florence Kelley y Frances Perkins. Eleanor Roosevelt promovió la "socialdemocracia" dentro y fuera de la organización con Frances Perkins, comisaria de trabajo del estado de Nueva York de su marido y amiga íntima del juez socialista Harlan Stevens.

Morris Hillquit fue tesorero del LID de 1908 a 1915. Lovett, líder de la ACLU durante tanto tiempo, siempre estuvo estrechamente afiliado a la Liga para la Democracia Industrializada, y en una ocasión calificó este periodo de su carrera socialista como "los días más felices de mi vida". Morris Hillquit había defendido al principio de su carrera socialista el "socialismo industrial".

Hillquit y Eugene V. Debbs siempre siguió el modelo de la Sociedad Fabiana londinense de no tener programas ni plataformas, sino utilizar los institutos educativos como público cautivo e inspirar a los estudiantes con ideas y filosofías socialistas para que luego se infiltren en los partidos políticos existentes. Los cursos socialistas se introdujeron discretamente, al menos a principios del siglo XX, pero en la década de 1970, en la verdadera ortodoxia socialista fabiana, el proceso se aceleró enormemente en muchos institutos educativos.

Se dice que la Liga de la Democracia Industrial revitalizó el socialismo estadounidense, que en 1900 estaba en declive. En esa época, varios miembros destacados de la élite de la sociedad estadounidense visitaron a los socialistas fabianos en Inglaterra. Entre ellos había líderes religiosos, profesores y políticos: Paul Douglas, que más tarde se convirtió en el senador Douglas; Arthur M. Schlesinger, cuyo hijo fue destacado en las administraciones de Kennedy y Johnson; Melvyn Douglas, el actor, y su esposa, Helen Douglas; y Walter Raushenbusch, antiguo pastor de la Segunda Iglesia Bautista de Nueva York. Raushenbusch fue un devoto seguidor de Giuseppe Mazzini, John Ruskin, Edward Bellamy y Marx. Mazzini fue un líder mundial de la masonería. Ruskin era un autoproclamado "comunista de la vieja escuela" y enseñaba en Oxford. Bellamy fue el principal socialista estadounidense de la época.

Raushenbusch dejó de predicar el cristianismo para predicar la política socialista, que intentó adoctrinar en el mayor número posible de sus compañeros bautistas. El LID fue catalogado por la inteligencia del ejército estadounidense como una organización subversiva, pero al igual que muchas organizaciones socialistas y comunistas similares, Woodrow Wilson ordenó al ejército que destruyera las listas que tenía, una pérdida que nunca pudo ser reparada. El hecho de que Wilson no tuviera poder bajo la Constitución para dar tal orden fue dejado de lado como algo sin importancia por los socialistas de su administración en Harvard y en Wall Street.

Pero no fueron los agentes alemanes de la Primera Guerra Mundial ni los agentes rusos de la época de la Guerra Fría, sino los socialistas fabianos británicos los que penetraron e impregnaron todos los aspectos del gobierno, sus instituciones y la propia presidencia. Al reconocerse la educación como el medio para hacer avanzar el socialismo, se hicieron grandes esfuerzos para captar el "mercado estudiantil". Cuando la Comisión Lusk investigó la Escuela Rand en Nueva York, se refirió a esto:

> "Ya hemos llamado la atención sobre la Sociedad Fabiana como un grupo muy interesante de intelectuales que realizan una campaña de propaganda muy brillante".

Al parecer, el Comité Lusk se dejó engañar un poco por el falso aire de franqueza que impregnaba las publicaciones del LID y no se permitió que ningún tipo de revolucionario violento manchara sus listas de miembros. El distraído Comité Lusk, que busca el comunismo, al igual que los Estados Unidos han hecho hasta el infinito, ha pasado por alto el muy subversivo y peligroso LID. Los observadores no dejan de asombrarse de la habilidad con la que los socialistas han conseguido desviar la atención de sí mismos refiriéndose repetidamente al "miedo rojo" y denigrando todos los esfuerzos para garantizar la seguridad interna como basados en una inexistente "amenaza comunista". En 1994 seguimos siendo engañados de la misma manera que lo fue el Comité Lusk en 1920.

Después de la Primera Guerra Mundial, el LID se asoció con varias organizaciones socialistas destacadas en Estados Unidos, como la ACLU, Federated Press y el Fondo Garland, que fue citado por la inteligencia militar como bien dispuesto a financiar a comunistas y algunas organizaciones decididamente socialistas. Robert Moss

Lovett, de la ACLU, fue director de todas las organizaciones mencionadas, incluida "Protestantes y otros americanos unidos por la separación de la Iglesia y el Estado".

Se animó a los miembros del LID a renegar del socialismo en público y a renegar de su matriz, la Sociedad Fabiana, fundada por Sydney y Beatrice Webb. Esta era la práctica socialista habitual: negar, negar, negar. Cuando se le preguntó a uno de los miembros más honrados de la Sociedad Fabiana si era socialista, John Kenneth Galbraith respondió "por supuesto que no". Durante la Segunda Guerra Mundial, cuando estaba claro que Roosevelt haría cualquier cosa para que Estados Unidos entrara en la guerra contra Alemania, el LID consideró oportuno cambiar su posición y emitió una declaración en 1943 en la que decía que el objetivo del LID era aumentar la comprensión de la democracia a través de la educación, no hacer la guerra.

Lo que el LID no dijo es que la "democracia" que tenía en mente era lo que Karl Marx llamó "democracia socialista científica". El hecho de que EE.UU. sea una república y no una democracia fue simplemente dejado de lado. Así, mediante el subterfugio, el sigilo y la astucia, el LID se convirtió en la principal organización socialista de Estados Unidos, dedicada a la caída de la República. La historia del LID muestra que desempeñó un papel clave en el impulso de las "reformas" socialistas durante las administraciones de Wilson y Roosevelt.

Cuando Roosevelt era gobernador de Nueva York, nombró a Frances Perkins como comisario industrial. (En los capítulos dedicados a las mujeres socialistas se exponen los notables logros de Perkins). Perkins pidió al economista del LID, Paul H. Douglas, que redactara un programa para combatir el desempleo, que fue aprobado por el gobernador Roosevelt. Uno de sus colaboradores fue el Dr. Isadore Lubin, un socialista acérrimo que, junto con Perkins, presionó para que se diera un trato preferente a la Unión Soviética, consejo que Roosevelt no tardó en aceptar.

Perkins y Lubin iniciaron el largo proceso basado en la estrategia socialista fabiana británica de transformar a Estados Unidos de un estado capitalista a un estado socialista, a través de un estado de bienestar. Esto incluía el "Plan Nacional de Seguro de Salud" directamente salido de la Unión Soviética. Hay que tener en cuenta que la "reforma sanitaria", las pensiones nacionales de jubilación y el seguro de desempleo formaban parte del plan para cambiar la estructura de Estados Unidos, sin olvidar la "seguridad social".

En 1994 tenemos a otra mujer socialista, Hillary Clinton, que se apoderó de la frase "reforma sanitaria" como si fuera su propia invención, cuando en realidad era la frase utilizada por Presotonia Martin Mann, una de las mujeres socialistas más dedicadas de la escena estadounidense, que a su vez la había tomado prestada del líder socialista fabiano británico Sydney Webb. La frase fue una obra maestra de la psicología aplicada, junto con otra pieza de psicología aplicada diseñada para engañar, la "Ley de Seguridad Social", inventada en Inglaterra y traída a este país por el padre Ryan. El plan socialista fabiano fue adaptado posteriormente a las condiciones americanas por Prestonia Martin, como encontramos en su libro "Prohibir la pobreza", defendido por Eleanor Roosevelt.

El LID nunca ha reclamado ningún crédito por su participación entre bastidores con Perkins y Martin, al igual que nunca ha afirmado que Felix Frankfurter fuera uno de los suyos. El considerable daño causado en Estados Unidos por el LID es notable, dada la relativa pequeñez del grupo. Así es precisamente como funciona el socialismo fabiano: mezclarse en el fondo, infiltrarse en todos los gobiernos y órganos de decisión importantes, y luego promover (de nuevo desde el fondo) una estrella política emergente para lanzar programas de diseño socialista.

Así es como funcionaba el socialismo en los años 20, y así sigue funcionando en Estados Unidos, y así es como los socialistas y sus aliados marxistas/comunistas estuvieron peligrosamente cerca de hacerse con el control de Estados Unidos en los años 20 y principios de los 30. Wilson, Roosevelt, Johnson, Bush y ahora el presidente Clinton y su esposa, Hillary Clinton, son ejemplos casi perfectos del socialismo que funciona a través de políticos ascendentes. Clinton fue seleccionado por la Sociedad Fabiana británica, pero la tarea de "inflarlo" se encomendó en secreto a la socialista Pamela Harriman.

El presidente Clinton, de un solo mandato, se encarga de hacer aprobar programas socialistas de consecuencias devastadoras y de gran alcance. Sus éxitos a mediados de 1994 incluyen la mayor subida del impuesto sobre la renta del mundo, los acuerdos comerciales de un gobierno único y posiblemente la "reforma sanitaria nacional". El socialismo fabiano británico ya ha cambiado tres veces la cara de Estados Unidos utilizando grupos de liderazgo y "asesores" presidenciales, y a través de los tribunales, para lograr los objetivos socialistas. Fue el LID el que proporcionó el personal que Perkins y Roosevelt necesitaban para implementar el New Deal. Es interesante observar que el New Deal era un calco de un libro socialista fabiano británico. El cuarto movimiento de socialización de Estados Unidos llegó con la presidencia de Clinton.

Uno de los "grandes" de la LID fue Walter Reuther. Pero, al modo típico de los socialistas, Reuther prefirió negar que fuera socialista. En una entrevista con "Face the Nation" en 1953, se le preguntó a Reuther sobre su origen socialista. Salió con la excusa socialista habitual:

> "...lo fui cuando era muy joven y muy estúpido, y salí de ello muy rápido, por lo que estoy muy agradecido".

Pero esto estaba muy lejos de la realidad. De hecho, Reuther había formado parte de un comité de LID del que era miembro desde principios de los años 40. En 1949, fue el invitado de honor en una cena socialista fabiana en Londres.

Los miembros de la LID desempeñaron un papel destacado en el impulso de los programas socialistas en el Senado, y su efecto en las escuelas no tuvo límites. Theodore "Ted" Sorenson, que llegó a ser una pieza clave en la administración Kennedy, era un socialista de toda la vida que consiguió su nombramiento a través del senador Paul Douglas. Otros senadores estadounidenses que se calificaron de socialistas con el LID fueron los senadores Lehman, Humphrey, Neuberger y Morse (del "conservador Oregón"). A la lista se pueden añadir los senadores Jacob Javitts y Philip Hart. Aunque lo negaron enérgicamente, en 1950, el ex fiscal general Francis Biddle (antiguo presidente de Americans For Democratic Action (ADA), sucesora de la LID) los nombró como miembros conocidos de la LID y de su sucesora, la ADA.

Un repaso al historial de votos de Javitt en el Senado muestra que apoyó la LID y la ADA en 82 de las 87 medidas socialistas que votó. De padres de Europa del Este que se establecieron en el Lower East Side de Nueva York, en el distrito de la confección, Javitts se unió al LID en su temprana edad adulta y se convirtió en uno de los oradores más populares del LID, aunque negó categóricamente cualquier conexión con el socialismo en sus creencias personales y sus vínculos con grupos socialistas como el LID. En cualquier caso, Javitts fue el orador principal del seminario patrocinado por el LID en 1952, titulado "Needed, A Moral Awakening In America". Walter Reuther, un "no socialista", también asistió a este evento, que evitó cuidadosamente discutir la corrupción en el lugar de trabajo mientras atacaba enérgicamente a las corporaciones patronales y a los negocios en general.

El Registro del Congreso del Senado de octubre de 1962, contenía una larga lista de socialistas destacados en el gobierno, la sanidad, la educación, el movimiento de los derechos de la mujer, la religión y el trabajo. La lista contenía los nombres de más de 100 profesores y educadores de algunas de las universidades más prestigiosas del país. La lista contenía los nombres de más de 300 miembros actuales y antiguos del LID que se habían extendido e infiltrado en todas las ramas del gobierno, el derecho, la educación, los asesores de política exterior, las iglesias y las llamadas organizaciones de derechos de la mujer. Cuando LID cambió su nombre por el de Americans For Democratic Action (ADA), muchos antiguos miembros de LID se encontraron en la lista de miembros de ADA.

La Sociedad Socialista Intercolegial (SSI), que precedió a la LID, abrió las puertas de las universidades y brindó la oportunidad de difundir los programas socialistas entre los estudiantes impresionables. Esta era la agenda socialista oculta que cambiaría la cara de la educación en los Estados Unidos.

Nada de esto era evidente en el nacimiento de esta empresa socialista fabiana. La primera reunión de la ISS se celebró en el restaurante Peck's de Nueva York el 12 de septiembre de 1905. Entre los presentes estaban el coronel Thomas Wentworth, Clarence Darrow, Morris Hillquit y dos jóvenes autores socialistas, Upton Sinclair y Jack London. Ambos autores eran socialistas entusiastas que recorrieron el país predicando el evangelio socialista fabiano en universidades y clubes socialistas.

Otro notable de temperamento algo más rudo que asistió a la cena del restaurante Peck's fue William Z. Foster, que más tarde desempeñó un papel destacado en el Partido Comunista de los Estados Unidos. Foster, que llegó a desempeñar un papel destacado en el Partido Comunista de EEUU. El amor de Foster por Karl Marx había quedado ampliamente demostrado durante varios años. El verdadero propósito de la cena no se reveló hasta 25 años después: en realidad era la primera reunión de la Sociedad Fabiana estadounidense.

Hillquit será recordado sobre todo como el impulsor del Partido Socialista de América, formado en 1902. Dos años más tarde, el Partido Socialista obtuvo 400.000 votos en las elecciones, en su mayoría trabajadores del sector de la confección que habían llegado a Estados Unidos desde Rusia a principios de la década de 1890, trayendo consigo a una serie de revolucionarios y anarquistas. Sin embargo, a pesar de su deslucida cara revolucionaria, el Partido Socialista de América atrajo a un sorprendente número de miembros de la élite social de Nueva York. Pero los socialistas fabianos británicos aconsejaron cautela: precipitarse tan rápidamente supondría un desastre, por lo que el "partido" se disolvió discretamente.

Como dijo Edward R. Pease, secretario de la Sociedad Fabiana de Londres:

> "Los países europeos con sus grandes capitales han desarrollado cerebros nacionales. América, al igual que los organismos inferiores, tiene ganglios para varios propósitos en diferentes partes de su gigantesco armazón".

Pease formaba parte de la élite de la Sociedad Fabiana que no soportaba a Estados Unidos, ya que nunca perdonó a los colonos por haber infligido una derrota tan severa a los ejércitos del rey Jorge III. A pesar de este estudiado insulto, varios estadounidenses destacados fueron a Londres y se apuntaron a los socialistas fabianos.

Los objetivos a largo plazo de la Sociedad Fabiana británica en relación con los Estados Unidos aún deben ser definidos y desarrollados. Todavía había que encontrar y nombrar a un presidente que estuviera muy abierto a las ideas socialistas, para poder aplicar las técnicas socialistas bien ocultas de obtener el poder de forma sigilosa. Como había dicho Ramsey McDonald, sería muy difícil socializar a los Estados Unidos, pero no imposible.

El principal escollo era, por supuesto, la Constitución. A esto hay que añadir la inmensidad del país y los seis grupos raciales diferentes con creencias religiosas muy diversas. La educación y los empleos bien remunerados son otros dos obstáculos que hay que superar. Como dijo Webb, "la maternidad y el pastel de manzana" eran obstáculos para los ambiciosos promotores del socialismo. Londres ordenó que el Partido Socialista se disolviera y se desvaneciera para reagruparse bajo otro nombre en un momento en que sus métodos garantizaran el éxito.

La formación de un partido político no estaba en la agenda de los socialistas. Tenían que seguir el modelo de las "ligas" y "sociedades" de la ISS. Mediante subterfugios, esperaban cooptar los partidos políticos existentes, pero nunca más intentarían formar un partido propio. Así, en 1921, se fundó la Liga de la Democracia Industrial (LID) y el ISS, que se convirtió en la sede socialista de la Sociedad Fabiana británica en Estados Unidos.

Una de las formas más sutiles en que los socialistas estadounidenses han ocultado sus intenciones y huellas ha sido el nombramiento de profesores socialistas como responsables de la política presidencial. Esta técnica comenzó con Wilson y ha continuado desde entonces. Los responsables de la toma de decisiones rara vez anuncian su programa, sino que redactan documentos de posición y los firman. Estos periódicos tenían una circulación estrictamente limitada, lo que mantenía alejado al público en general.

Fuera del círculo de profesores, otras personas notables desempeñaron un papel importante en la presidencia de Wilson. Entre ellos, Walter Lippmann destacó por encima del resto. Este socialista fabiano de formación británica era considerado su apóstol número uno en Estados Unidos, quien, junto con Mandel House, había dado forma a los "14 puntos", el primer intento de un presidente estadounidense de configurar un "nuevo orden mundial". Se acepta generalmente que el discurso de guerra de Wilson ante el Congreso de los Estados Unidos el 6 de abril de 1917 hizo caer el telón del viejo orden, obligando a los Estados Unidos a dar los primeros pasos en el largo camino socialista hacia la esclavitud.

Wilson sentó las bases de las mentiras sobre las que se construiría el socialismo estadounidense. Los estadounidenses son los más mentirosos del planeta. Desde que Wilson entró en la escena política, y por supuesto incluso antes, toda la estructura socialista consistía en mentiras sobre mentiras con otras mentiras añadidas. Una de las mayores mentiras es que pertenecemos a las Naciones Unidas. Otras mentiras son que el aborto es legal, que el transporte escolar y el llamado "control de armas" son legales; el GATT, el NAFTA, la Guerra del Golfo, Waco, la FEMA, la incursión del "Rey" George Bush en Panamá y el secuestro de su jefe de Estado, y el gobierno de Mandela en Sudáfrica son sólo la punta de un enorme iceberg de múltiples capas de mentiras socialistas.

Tal vez una de las más peculiares de sus grandes mentiras sea que el socialismo se esfuerza por mejorar la suerte de la gente corriente y que, a diferencia del capitalismo, los socialistas no están interesados en la riqueza personal. Los socialistas siempre están predicando sobre los males del capitalismo. Pero un rápido vistazo a algunos de los principales socialistas revela rápidamente que sus líderes proceden de los elementos más elitistas de nuestra sociedad, personas que utilizan las causas socialistas para llenarse los bolsillos.

Nada era demasiado bajo y ningún pozo negro era demasiado profundo para que Franklin D. Roosevelt y su familia buscaran dinero. Los Delano (Roosevelt se casó con Sara Delano) hicieron su fortuna con el comercio del opio. Uno de los "asesores" más cercanos a Roosevelt, Bernard Baruch, y su socio tenían el monopolio de la industria del cobre, lo que permitió a Baruch ganar millones y millones de dólares con la Primera Guerra Mundial, mientras el "hombre común" moría por millones en el barro y la sangre de las trincheras de Francia.

Roosevelt formó parte de la junta de la Asociación Internacional de Banqueros hasta que se convirtió en gobernador de Nueva York. Durante su mandato como banquero, consiguió miles de millones de dólares en préstamos para las naciones europeas en una época en la que el trabajador estadounidense luchaba por pagar sus hipotecas y, más tarde, durante los años de la depresión, por encontrar empleo. Roosevelt era un consumado mentiroso socialista, como los mejores. No dijo al pueblo estadounidense que el dinero iría a parar a los banqueros cuyas fábricas producirían bienes para vender en los mercados estadounidenses, gracias a la abolición de las barreras arancelarias por parte de su predecesor, Wilson. Se estima que 12 millones de hombres perdieron sus empleos gracias al asalto de

Wilson-Roosevelt a nuestras barreras comerciales diseñadas para proteger los empleos estadounidenses.

Un ejemplo flagrante de las miles de grandes mentiras de Roosevelt puede encontrarse en las páginas 9832-9840, Registro del Congreso, Senado, 25 de mayo de 1935:

> "...y puesto que había anunciado en la convención que estaba a favor de la plataforma demócrata al 100%, era difícilmente concebible que el pueblo entendiera que él y su sumiso Congreso redujeran inmediatamente los aranceles (derechos sobre los productos agrícolas importados y los productos manufacturados auxiliares) con 12 millones de hombres sin trabajo. Así que él, sus amigos banqueros y las grandes corporaciones (es decir, el Comité de las 300 corporaciones) concibieron inmediatamente la idea de lanzar la N.R.A., la llamada Ley de Recuperación Nacional, más conocida hoy como "Ley de Ruina Nacional".
>
> "Se ha informado de que Bernard Baruch y sus amigos han establecido 1.800 fábricas en países extranjeros y que los aranceles republicanos eran un poco demasiado altos para que pudieran hacer nuestro mercado con mano de obra extranjera barata para satisfacer sus ideas de gran dinero. Entonces, ¿por qué no, bajo el pretexto de la guerra contra la depresión pasar la Asociación Nacional de Chantajistas al pueblo y poner al socio de Barney Baruch, el brigadier 'Crackup' Johnson a cargo de ver que los precios se elevaran a los niveles de 1928 mientras se fijaban los precios de la agricultura entre 1911 y 1914?".
>
> "Los campesinos no se darían cuenta de la disparidad y si lo hicieran -ya que en estas circunstancias podría controlar los periódicos, la radio, las películas y todos los canales de información al pueblo con el dinero de los contribuyentes, llenar sus oídos con la propaganda que deseara..."

Roosevelt, el líder socialista estadounidense, y sus amigos banqueros internacionales, ayudados por la sedición cometida por la Reserva Federal, jugaron con la vida del pueblo de la nación y provocaron deliberadamente la recesión de 1922, el crack de Wall Street de 1929, la Segunda Guerra Mundial y más allá. Roosevelt quería tener más poder como presidente que el que había tenido su predecesor, Wilson, que estaba loco por el poder.

Aunque el pueblo estadounidense no lo sabe -y millones todavía no lo saben-, Wilson condujo a los Estados Unidos a la Primera Guerra Mundial y su asesor no elegido, Mandel House, preparó el terreno para la Segunda Guerra Mundial. Roosevelt se aseguró de que se continuara con el proceso de que los bancos internacionales prestaran miles de millones a las potencias europeas para iniciar guerras. Según los documentos de que dispongo en el Museo Británico, Lord Beaverbrook, el gran socialista fabiano británico, prácticamente utilizó la Casa Blanca como su oficina en Washington, mostrando a Roosevelt cómo verter miles y miles de millones de dólares en Alemania para financiar el ascenso de Hitler al poder.

Wilson no tuvo reparos en colocar a socialistas declarados en puestos clave de su administración, desde los que pudieran hacer todo lo posible para promover la causa del socialismo en Estados Unidos. Fred C. Howe, uno de los socialistas designados por Wilson, fue nombrado Comisario de Inmigración en Nueva York. Su pasatiempo favorito era liberar a los sediciosos y anarquistas detenidos en el puerto de Nueva York a la espera de ser deportados.

Otro nombramiento "ex-officio" de la Cámara fue el de Walter Lippmann como secretario de un grupo de "tormenta de ideas" creado para inventar objetivos de guerra plausibles y razones por las que Estados Unidos debería participar en la Primera Guerra Mundial. Fue Lippmann quien acuñó el eslogan "paz sin victoria", que se convirtió en la base de las guerras de Corea y Vietnam. El nombramiento del escandaloso Ray Stannard Baker como corresponsal confidencial de Wilson durante las negociaciones del Tratado de Versalles fue otro de estos "nombramientos cruciales".

Se dice que Baker fue la razón principal de la dependencia de Wilson de la Sociedad Fabiana británica, hasta el punto de que no pudo tomar ninguna decisión por su cuenta en la Conferencia de Paz de París sin consultar antes a Sydney Webb, fundador de la Sociedad Fabiana, Graham Wallas, Bertrand Russell y George Lansbury. Es este grupo el que constantemente se refiere a la administración de Wilson como "democrática". Los despachos de Baker a Wilson en Washington se referían deliberadamente a "su administración democrática".

La Conferencia de Paz de París fracasó con la Constitución. Unos 59 senadores ilustrados, plenamente conscientes de las intenciones de los socialistas, se negaron a aprobar el tratado de la Sociedad de Naciones, reconociéndolo como un documento de gobierno mundial único que pretendía situar a la Sociedad por encima de la Constitución estadounidense. En aquel momento, House habría dicho a Sydney Webb que la única manera de sortear la Constitución de los Estados Unidos era impregnar todas las futuras administraciones estadounidenses de socialistas clave que adoptaran un "enfoque bipartidista en asuntos de gran importancia". Desde que se pronunciaron esas palabras, el "enfoque bipartidista" se ha convertido en un eufemismo para un enfoque socialista en cuestiones de vital importancia para el pueblo estadounidense.

Para dar vida a la nueva idea "bipartidista", House organizó el 19 de mayo de 1919 una cena en el hotel Majestic de París para una selección de fabianistas y socialistas estadounidenses. Entre los invitados se encontraban los profesores James Shotwell, Roger Lansing (Secretario de Estado de Wilson), John Foster y Allen Dulles, Tasker Bliss y Christian Herter, que más tarde llevaría a Mao tse Tung al poder en China. Por parte de los británicos, también estuvieron presentes John Maynard Keynes, Arnold Toynbee y R.W. Tawney, todos ellos grandes practicantes del socialismo fabiano y sus abanderados.

El grupo afirmó que, para burlar la Constitución estadounidense, sería necesario crear una organización en Estados Unidos bajo la dirección del Royal Institute of International Affairs (RIIA). La rama americana se llamaría Instituto de Asuntos Internacionales. Su mandato, otorgado por su matriz londinense, era "facilitar el estudio científico de los asuntos internacionales". La Oficina Internacional Fabiana iba a actuar como asesora del RIIA y de su primo estadounidense, que en 1921 cambió su nombre por el de Consejo de Relaciones Exteriores (CFR).

Estas tres instituciones se crearon con cuatro objetivos principales:

1. Creando confusión en torno a la Constitución de los Estados Unidos.

2. Utilizar estas organizaciones para influir y engañar al Congreso de los Estados Unidos y al público.

3. Dividir la oposición a las causas socialistas en la Cámara y el Senado mediante el subterfugio de "comités de estudio

bipartidistas".

4. Destruir la separación de poderes entre el legislativo, el ejecutivo y el judicial, como recomendaba el profesor Harold Laski.

Mandel House fue el creador de la "fireside chat", una herramienta de propaganda clave ampliamente utilizada por Roosevelt, y "sugirió" la mayoría de los nombramientos del gabinete socialista. En muchos casos, consultó al profesor de Harvard Charles W. Elliot, ese semillero de socialismo que ha desempeñado un papel tan crucial, aunque secreto, en nuestra historia. Esto no es sorprendente, dado que Harvard estaba totalmente dominada por el socialista fabiano Harold Laski, cuyas frecuentes conferencias en Harvard marcaron la pauta de los métodos de enseñanza de fuerte orientación socialista.

La mayoría de las opiniones de House se publicaron en la New Republic, una revista popular entre los socialistas estadounidenses, incluido el propio Wilson. House tenía muchos íntimos socialistas entre el Registro Socialista. Uno de ellos, Joseph Fels, fue persuadido por House para que prestara 500 libras a Lenin y Trotsky en una ocasión en la que se encontraban varados en Londres antes de reunirse con Lord Alfred Milner. Baruch dijo una vez: "House tiene una mano en cada nombramiento del gabinete y en cualquier otro nombramiento importante". En efecto, esto se quedó corto.

Se cree que Wilson estaba al tanto de las actividades de la socialista Nina Nitze, que era la principal tesorera de los espías alemanes que operaban en Estados Unidos. Al parecer, esto no molestó a Wilson ni a House, ni tampoco afectó posteriormente al criterio de los presidentes Kennedy y Johnson, que nombraron al hermano de Nina, Paul Nitze, Secretario de Marina en ambas administraciones y principal portavoz en varias conferencias de desarme. Nitze es conocido por haber inclinado la balanza de poder a favor de Rusia en todas las conferencias de desarme en las que representó a Estados Unidos.

Según los documentos del Museo Británico, la financiación de Hitler se hizo a través de la familia Warburg a ambos lados del Atlántico; en Europa, especialmente a través del banco socialista Mendelssohn de Ámsterdam (Holanda), el banco Schroeder de

Londres y Frankfurt (Alemania), mientras que el mismo banco se encargó del plan de financiación de Hitler a través de su sucursal de Nueva York. Las transacciones fueron controladas por el bufete de abogados del Comité de los 300, Sullivan and Cromwell, cuyo socio principal era Allen Dulles, de la fama de la familia Dulles. Los hermanos Dulles tomaron el control del Senado y del Departamento de Estado para asegurarse de que las voces discrepantes de quienes pudieran haber tropezado con el acuerdo fueran silenciadas antes de que pudieran alertar a la nación.

Este tipo de acuerdos financieros también fueron comunes en el período previo a la Segunda Guerra Mundial. Durante mis cinco años de estudio, descubrí en el Museo Británico de Londres documentos relacionados con el trabajo de los socialistas a ambos lados de la barrera. Los telegramas enviados por el embajador alemán en Washington a sus superiores del Ministerio de Asuntos Exteriores en Berlín mostraban que a partir de 1915 J. William Byrd Hale era uno de los suyos, empleado por el Ministerio de Asuntos Exteriores alemán con un salario de 15.000 dólares al año.

Hale, uno de los miembros del círculo íntimo de Turtle Bay, una exclusiva colonia de verano donde residía la élite socialista estadounidense. Entre ellos se encontraba el profesor Robert Lovett y una serie de otros profesores de la Facultad de Derecho de Harvard. La casa vivía no muy lejos, en Manchester. Todos fueron descritos por una prensa adoradora de la época como "productos pulidos de Harvard y Groton", pero la prensa estaba tan cegada por esta gente glamurosa que no mencionó que también eran socialistas del cajón superior de la Sociedad Fabiana-Americana. A Lovett le gustaba la obra de John Ruskin, autoproclamado "comunista de la vieja escuela", y de William Morris.

Hale, un devoto socialista "cristiano", se hizo notar con Wilson en México al orquestar el robo de petróleo mexicano para sus principales colegas socialistas. (Véase "La diplomacia por el engaño" para un relato completo de este escandaloso robo al pueblo mexicano). Resultó que Hale representaba en realidad al Ministerio de Asuntos Exteriores alemán hasta el 23 de junio de 1918, cuando miles de soldados de la Milicia Ciudadana Americana morían "por la causa de la libertad". Después, este socialista "cristiano" fue a Alemania como corresponsal del American Press Service. Sus reportajes pro-socialistas y fuertemente sesgados ocuparon un lugar destacado en los periódicos de la época, que se pueden encontrar en los archivos del Museo Británico.

A través de estas transacciones, la élite del mundo socialista se enriqueció. No es que hubiera nada nuevo en estos asquerosos arreglos. A medida que se acercaba la Guerra Civil, y a lo largo de toda su duración, el comunismo y el socialismo hicieron enormes progresos en América, un hecho que no se menciona en nuestros libros de historia y que se oculta al público en las enormes extravagancias de Hollywood sobre esta guerra, la más trágica de todas.

El movimiento socialista fabiano tiene un hilo conductor: el deseo apasionado de derribar y destruir todo. Esto se confirma en las páginas 45944595, Registro del Congreso, 23 de febrero de 1927, bajo el título "General Deficiency Bill". Esta página de nuestra historia describe a los socialistas y comunistas y sus esfuerzos por destruir la República Confederada de los Estados Unidos de América. Encontrará mucha información sobre la cooperación de los socialistas con sus hermanos comunistas en el folleto "Key Men of America".

El socialismo es una revolución mundial mucho más de lo que fue el comunismo, pero a un ritmo más lento y a un nivel más sosegado. Pero la revolución deseada por los socialistas es la misma: la anarquía espiritual, la destrucción de diecinueve siglos de civilización occidental, la dispersión de las tradiciones y el fin del cristianismo. Si el lector lo duda, una lectura del libro de Franklin D. Roosevelt, "On Our Way", convencerá a los escépticos de que el socialismo sólo se diferencia del comunismo en el método.

El bolchevismo fue el experimento violento y radical que intentó librar a Rusia del cristianismo: en Estados Unidos se emplean otros medios más sutiles, como la prohibición de la oración en las escuelas, la llamada "separación de la Iglesia y el Estado", y en las aulas, donde una miríada de profesores socialistas lavan el cerebro a los alumnos para promover la revolución silenciosa que lideran los socialistas. El bolchevismo, el marxismo. El socialismo, todos tienen el mismo objetivo común, y van de la mano del "liberalismo", el "pacifismo", la "tolerancia", el "progresismo", la "moderación", la "paz", la "democracia", "el pueblo" y los subterfugios utilizados para ocultar y disfrazar los verdaderos objetivos del socialismo.

Estos términos pretenden engañar a los incautos para que no se asocie el socialismo con la revolución. Pero el objetivo del socialismo y del bolchevismo es el mismo: la destrucción de la civilización construida sobre diecinueve siglos de tradición y cristianismo. Los objetivos del socialismo son:

1. La abolición del gobierno.
2. La abolición del patriotismo.
3. La abolición de los derechos de propiedad. (Mientras que los comunistas la prohibirían directamente, los socialistas optan por la vía sigilosa y solapada de gravar los derechos de propiedad privada para hacerlos desaparecer.
4. La abolición de la herencia. (De nuevo, los comunistas lo prohibirían directamente, los socialistas a través de leyes de impuestos sobre la herencia).
5. Abolición del matrimonio y de la familia.
6. Abolición de la religión, especialmente del cristianismo.
7. Destrucción de la soberanía nacional de los países y del patriotismo nacional.

Woodrow Wilson conocía estos objetivos, pero no los rehuyó y no dudó en convertirse en un instrumento de los socialistas internacionales, abrazando con entusiasmo los programas socialistas norteamericanos, para lo cual necesitaba poderes que no le otorgaba la Constitución de los Estados Unidos. Wilson no dudó en utilizar los métodos solapados de los socialistas para conseguir sus objetivos. Por ejemplo, consiguió que Estados Unidos entrara en la Primera Guerra Mundial diciendo que era un "deber patriótico" defender a Estados Unidos, ¡que nunca estuvo amenazado por Alemania!

Wilson no fue el primer presidente ávido de poder, aunque sí fue el primero abiertamente socialista. La dudosa distinción de acaparamiento de poder corresponde al presidente Lincoln, que fue el primero en emitir proclamaciones, ahora llamadas órdenes ejecutivas. El presidente George Bush siguió los pasos de Roosevelt, utilizando los mismos métodos anticonstitucionales para emplumar su nido, metiéndose en todos los pozos negros en los que se podía ganar dinero a costa del pueblo estadounidense.

Bush, un supuesto "republicano", ha hecho tanto daño al "pueblo llano" de los Estados Unidos como lo hizo Roosevelt, y como lo hizo Wilson antes que él. Cuidado con las etiquetas de los partidos. George Washington calificó a los partidos políticos de "indeseables e inútiles" y la historia moderna demuestra que son divisorios. Los tiranos han triunfado gracias a los partidos políticos y a su mentalidad de "divide y vencerás". La Constitución de los Estados Unidos prevé la destitución de hombres como Wilson, Roosevelt y Bush. De hecho, el patriótico congresista Henry González presentó seis artículos de impugnación contra Bush durante la Guerra del Golfo, pero la política partidista impidió que se utilizara el artículo 2, sección 4, y el artículo 1, sección 3, para llevar a George Bush ante la justicia.

Había muchas razones para impugnar a Bush, y una de las más importantes era su incapacidad para defender la Constitución y conseguir una declaración de guerra debidamente redactada. En segundo lugar, su inconstitucional condonación de la deuda egipcia de 7.000 millones de dólares, su soborno a Siria y a otras naciones que se unieron a su "Tormenta del Desierto" contra la nación de Irak: su continuo uso indebido de las tres ramas de los servicios en violación de la Constitución, y su autodesignación como comandante en jefe de las fuerzas armadas, que no era, también son procesables.

Vale la pena repetir que la Guerra del Golfo fue ilegal. Se llevó a cabo sin una declaración de guerra, desafiando la Constitución. El Congreso, condicionado en gran medida por el sentimiento partidista, trató de redactar algún tipo de resolución -no una declaración de guerra- que pretendía dar alguna apariencia de legalidad a la acción de Bush. Pero el Congreso añadió un insulto a la herida del pueblo estadounidense al cometer el error de redactar su versión de una declaración de guerra de acuerdo con el mandato de la ONU otorgado a Bush, y no de acuerdo con la Constitución estadounidense.

Esto era absolutamente falso: los Estados Unidos nunca se han unido constitucionalmente a las Naciones Unidas y una declaración de guerra por parte de este organismo de gobierno mundial único NO

PUEDE estar en el mismo instrumento o incluso estar asociada a una declaración de guerra del Congreso. El artículo 1, sección 9 de la Constitución de los Estados Unidos niega o limita el poder del Congreso para legislar. El Congreso no tiene poder absoluto para legislar y sólo puede hacerlo de acuerdo con la Constitución.

La resolución "mitad y mitad" aprobada por el Congreso, tras la cual Bush trató de obtener una apariencia de legalidad para su guerra ilegal, estaba fuera del marco y del espíritu de la Constitución estadounidense y no constituía una declaración de guerra. Un análisis del voto en el Congreso muestra dramáticamente que, casi en su totalidad, los cientos de socialistas que infestan la Cámara y el Senado votaron a favor de Bush para permitirle seguir burlando la Constitución. Bush debería haber sido destituido y juzgado. Si se hubiera seguido la Constitución en ese procedimiento, no cabe duda de que habría sido encarcelado, como se merece.

Los poderes del Presidente están recogidos en la Sección II de la Constitución de los Estados Unidos. Las acciones no contenidas en la Sección II son ejercicios de poder arbitrario. Los socialistas, empezando por House, Frankfurter y Brandeis, seguidos por Katzenbach y otros, afirman que los tres poderes del Estado son iguales. Esto es una mentira, otra de las mentiras que conforman el enorme iceberg en el que se hundirá esta nación si no cambiamos de rumbo. El profesor Harold Laski ha sido el principal instigador de esta mentira, que se considera el primer paso para debilitar la separación de poderes prevista en la Constitución estadounidense.

Los tres poderes del Estado no son co-iguales y nunca lo fueron. La Cámara y el Senado crearon el poder judicial, y la Cámara y el Senado nunca tuvieron la intención de darles los mismos poderes. Por supuesto, si esto se conociera, el secuestro socialista de la Constitución "por la vía legislativa" se iría al garete. Tal vez el pueblo estadounidense despierte antes de que sea demasiado tarde a la forma en que los jueces están garabateando la Constitución.

El Congreso tiene poderes superiores: uno de ellos es el poder de gasto. Otra forma sencilla de deshacerse de los jueces socialistas es hacer cumplir el Artículo III, Sección I, que establece que los jueces no pueden "recibir por sus servicios ninguna compensación que no pueda ser disminuida durante su mandato".

Esto significa que los jueces del Tribunal Supremo de Estados Unidos no pueden, por ley, ser pagados en moneda devaluada, y no hay mejor ejemplo de "moneda" devaluada que los billetes de la Reserva Federal, comúnmente (y erróneamente) llamados "dólares". Qué golpe sería para los herederos de la doctrina Kelley si nosotros, el pueblo, cerráramos el Tribunal Supremo por falta de dinero que no se está cargando.

Wilson también debería haber sido destituido. Su demencial toma de poder fue instigada por Mandel House, el archienemigo socialista del pueblo de los Estados Unidos que trabajaba en la sombra en sus siniestros, escabrosos y malvados planes para derrocar y destruir la República Confederada de los Estados Unidos de América. Para ello, House hizo que Wilson nombrara a todo tipo de socialistas de élite en puestos clave.

Los objetivos del socialismo estadounidense han quedado bien ocultos en el pasado, sobre todo en el periodo previo a la Segunda Guerra Mundial. Está claro que el socialismo ha logrado muchos de sus objetivos. Lo ha hecho formando movimientos diseñados para quebrantar la moral de América, como lo demuestra el asombroso crecimiento del "amor libre" (amor sin responsabilidad) que hasta ahora ha costado la vida de más de 26 millones de bebés asesinados, sancionados por decisiones del Tribunal Supremo favorables al aborto, todas ellas 100% inconstitucionales, porque la Constitución no dice nada sobre el aborto. Cuando la Constitución guarda silencio sobre un poder, es una prohibición de ese poder.

El presidente Clinton es un firme creyente en el infanticidio y, buen socialista que es, apoya el aborto con toda su administración. Es interesante observar que la primera vez que se pensó en clínicas de aborto fue cuando la señora Laski, esposa del profesor Laski de la Sociedad Fabiana, comenzó a establecer clínicas de control de la natalidad en Inglaterra. La táctica de la Sra. Laski utilizaba los métodos de la notoria comisaria comunista, la camarada Alexandra Kollontay.

Cuando los socialistas son confrontados y desenmascarados por el avance de la causa del comunismo a través de diferentes tácticas, protestan ruidosamente. Pero el viejo refrán "hiere a un comunista y un socialista sangra" nunca ha sido más cierto que hoy. Lo que tenemos en Estados Unidos es un gobierno socialista paralelo, secreto y de alto nivel, conocido como el Consejo de Relaciones Exteriores, creado en 1919 por los archi-socialistas Mandel House y Walter Lippmann, bajo la dirección y el control de la RIIA en Londres.

A menudo vemos en la prensa historias de desacuerdo abierto entre comunistas y socialistas. Esto se hace para engañar a los incautos y mantener a los que han sido engañados para que crean que "progresista", "liberal", "moderado" significa realmente algo distinto a lo que los socialistas quieren decir. De este modo, son capaces de mantener a raya a un gran número de personas que, de otro modo, retrocederían escandalizadas si supieran que están promoviendo los objetivos de un gobierno mundial revolucionario. El hecho de que nuestro nuevo presidente, acusado de ser un libertino mujeriego y en bancarrota moral, sea aceptable para millones de estadounidenses que no son socialistas, es un triunfo para los métodos del socialismo fabiano.

Sus métodos son tan sutiles que sus objetivos no siempre se reconocen a primera vista. Últimamente se ha discutido mucho (a un nivel muy bajo que demuestra la falta de comprensión de la Constitución estadounidense entre la mayoría de los senadores) sobre el derecho de veto del Presidente. Esto es pura propaganda socialista inconstitucional, y una continuación del proceso iniciado por los socialistas bajo el presidente Wilson de ceder al presidente los derechos que normalmente pertenecen al poder legislativo. El objetivo de los socialistas es dotar al presidente de poderes que no tiene y a los que no tiene derecho, para así poder arrollar la Constitución y quitarla de en medio de sus planes para el Nuevo Orden Mundial.

Los socialistas quieren que el Presidente tenga poderes de veto no concedidos por la Constitución en el contexto de la "terminación reforzada". En la tradición socialista, no dicen directamente "queremos que el Presidente pueda vetar cualquier parte de una ley aprobada por la Cámara y el Senado". Esto es lo que se entiende por "cláusula de veto".

Este subterfugio sigue la directriz de Florence Kelley de que los cambios deben hacerse por adelantado, "por medios legislativos" si no pueden lograrse por medios constitucionales. Como vemos en otra parte de este libro, el profesor Harold Laski pasó gran parte de su tiempo discutiendo con Felix Frankfurter y el presidente Roosevelt cómo subvertir la disposición constitucional de que los poderes constitucionalmente concedidos a cada rama del gobierno no pueden ser transferidos. Laski atacó con frecuencia este escollo para la promoción del socialismo por "la vía legislativa". La escandalosa hipocresía de los socialistas se revela en su insistencia en aplicar estrictamente la idea de la llamada "separación de la Iglesia y el Estado". Al parecer, lo que es salsa para el ganso no es salsa para el ganso.

Entregar este tipo de poder al presidente es un acto de suicidio, y muy probablemente de traición. La verdadera cuestión aquí es el poder, y cómo los socialistas pueden apoderarse de más y más de él a través de uno de sus adláteres al que ponen en la Casa Blanca. No hay nada más peligroso que el deseo de los socialistas de otorgar al presidente poderes reservados a la Cámara y al Senado, lo que produciría super-Wilsons, Roosevelts, Bushes y Clintons, y sumiría a Estados Unidos en una dictadura socialista, lo que ya es prácticamente el caso.

El veto se convertiría en una disputa política partidista, intimidando a los legisladores que los pueblos de los estados han enviado a Washington para que hagan lo que los pueblos de los estados -no el gobierno federal- quieren que hagan. Ceder el poder de veto al Congreso garantizará el ascenso de futuros tiranos aún peores que George Bush, cuya guerra privada por y para la corona británica ha costado cientos de vidas estadounidenses y 200.000 millones de dólares. Un veto presidencial sería un gran triunfo para Florence Kelley.

Conceder al Presidente el veto sobre una cláusula concreta confundiría a la Cámara y al Senado, paralizaría sus esfuerzos y, en general, aceleraría el colapso del gobierno en este país, todos ellos objetivos declarados de los socialistas. Las tensiones y las pasiones entre los poderes legislativos se dispararían, haciendo que el Congreso estuviera totalmente supeditado a un presidente beligerante y empeñado en seguir la agenda socialista. La Constitución de los Estados Unidos se convertiría en una hoja de papel en blanco, con los controles y equilibrios reducidos a una ruina humeante.

Esta nación ya ha sufrido demasiado por los excesos de los

presidentes socialistas que pusieron (Wilson, Roosevelt, Kennedy, Johnson, Carter, Eisenhower, Bush y Clinton). Estos presidentes metieron a la nación en guerras asesinas en las que nunca deberíamos habernos metido, a costa de millones y millones de vidas, por no hablar de los miles de millones de dólares que generaron estas guerras, miles de millones que fueron a parar a los banqueros de Wall Street y la City de Londres, el Banco de Pagos Internacionales, el Banco Mundial, etc.

Los poderes de veto y las llamadas órdenes ejecutivas ilegales convertirán a un futuro presidente tirano del calibre de Roosevelt y Bush en un rey, con tanta seguridad como si se les hubiera conferido el título. Dar al Presidente el poder constitucional de vetar los proyectos de ley del Congreso requeriría una enmienda a la Constitución de los Estados Unidos. Los tres departamentos no pueden legislar ni transferir funciones o competencias a otro poder del Estado. Los Padres de la Patria redactaron esta disposición para evitar que posibles tiranos se hicieran con el poder por este método.

Si queremos un ejemplo de tiranía, no tenemos que mirar más allá del ataque a una iglesia cristiana en Waco por parte del gobierno federal, en total violación de la Constitución de los Estados Unidos. Hubo 87 personas asesinadas en Waco. La "masacre" de la Plaza de Tiananmen (la descripción que los medios de comunicación socialistas hacen del suceso) mató a 74 chinos. Sin embargo, Clinton estaba dispuesto a cruzar espadas con China por sus violaciones de los "derechos humanos" causadas por el levantamiento de la plaza de Tiananmen contra el gobierno de Pekín, pero hasta ahora no ha hecho nada para llevar a los autores de Waco ante la justicia. Esto es típico de la flagrante hipocresía de un verdadero socialista.

¿En qué parte de la Constitución de los Estados Unidos dice que el gobierno federal tiene derecho a intervenir en los estados y perseguir a un grupo religioso? En ninguna parte. El gobierno federal no tiene por qué interferir en los asuntos de los estados, especialmente cuando se trata de poderes policiales. La 10ª Enmienda es perfectamente clara en este punto: los poderes de policía sobre la salud, la educación y la protección policial pertenecen exclusivamente a los estados. Si los miembros de la Rama Davidiana hubieran cometido por casualidad un delito que justificara una acción policial contra ellos, esa acción debería haber sido tomada por la policía local y nadie más. El Departamento del Sheriff de Waco ha fallado miserablemente en su deber de proteger adecuadamente a los Davidianos dentro de su iglesia.

El gobierno federal ha demostrado una vez más su actitud arrogante hacia la Constitución de los Estados Unidos al violar el artículo 1 de la Carta de Derechos de la Constitución de los Estados Unidos, que establece que:

> "El Congreso no hará ninguna ley que respete el establecimiento de una religión, o que prohíba el libre ejercicio de la misma; o que coarte la libertad de expresión, o de prensa; o el derecho del pueblo a reunirse pacíficamente, y a solicitar al Gobierno la reparación de agravios".

Lo que ocurrió en Waco es que el gobierno federal se tomó poderes que no tiene y fue a Waco con la intención expresa de prohibir el libre ejercicio de las creencias religiosas y la libertad de expresión. Esto es humanismo secular en acción y no tiene lugar en nuestra Constitución. A los socialistas les gusta mucho la "separación de la Iglesia y el Estado", cuando les conviene. ¿Qué pasó con la "separación de la Iglesia y el Estado" en Waco? No estaba allí.

El gobierno federal decidió que podía simplificar la religión, que es un tema complejo que desafía la simplificación. En la página E7151, Registro del Congreso, Cámara de Representantes, 31 de julio de 1968, el juez Douglas expuso el asunto de esta manera;

> "...Es imposible que el gobierno trace una línea entre el bien y el mal (el nostrum del humanismo secular) y para ser fiel a la Constitución, es mejor dejar esas ideas en paz".

En lugar de escuchar a sus propios jueces socialistas, el gobierno federal decidió que tenía derecho a decidir entre una religión "buena" y una "mala". Los agentes del gobierno sobre el terreno en Waco se encargaron de simplificar la complejidad de la religión. La experiencia de los siglos ha demostrado que la religión no puede simplificarse. Además, está fuera del ámbito de las cuestiones políticas y nunca se quiso simplificar.

Las 10 primeras enmiendas de la Constitución de EE.UU. constituyen una restricción para el gobierno federal. Además, el artículo 1, sección 9 de la Constitución de EE.UU. niega al gobierno federal cualquier derecho a legislar en materia religiosa. Los principales poderes de la Cámara y el Senado se encuentran en el artículo 1, sección 8, cláusula 1-18. Recuerda que el gobierno federal no tiene un poder absoluto. El gobierno federal no tiene derecho a decidir qué es una iglesia y qué es una secta. Aparentemente, los agentes del gobierno sobre el terreno en Waco, tomaron esta determinación con la ayuda de un "desprogramador de cultos" de algún tipo. La idea misma de tal acción es repugnante, si no directamente ilegal.

Si el gobierno federal tuviera este poder -que no lo tiene- tendría el poder de destruir todas las religiones, un elemento del programa socialista y uno de los objetivos de la revolución mundial. Esta facultad no está contenida en la Primera Enmienda de la Constitución de Estados Unidos, ni en los poderes delegados del Congreso o en los poderes primarios del Congreso en el Artículo 1, Sección 8, Cláusulas 1-18. Cuando la Constitución de los EE.UU. guarda silencio sobre un poder, se trata de una prohibición de ese poder.

¿De dónde sacaron el FBI y la ATF el poder para atacar una iglesia cristiana? Aparentemente del Presidente y del Fiscal General, ninguno de los cuales tiene tal poder, y dado que ambos admiten la responsabilidad por el espantoso acto de Waco, deberían ser sometidos a un juicio político. Murieron más estadounidenses en Waco que estudiantes chinos en la plaza de Tiananmen. ¿La prensa sensacionalista estadounidense calificó a los estudiantes chinos de "secta"? Por supuesto que no. El gobierno federal tampoco tiene derecho a llamar "secta" a un movimiento cristiano.

La Constitución de los Estados Unidos se vio comprometida por las acciones del gobierno federal en Waco. La Constitución de los Estados Unidos no puede ser comprometida. Ninguna agencia gubernamental está por encima de la Constitución, y las agencias del gobierno federal que participaron en el ataque de Waco infringieron la ley. No tenían derecho constitucional a intervenir en un asunto que era competencia del Estado de Texas, pero no del gobierno federal. El gobierno federal llamó "terroristas" a los habitantes de la Rama Davidiana, pero no debería haber intervenido en la delimitación. El Estado de Texas debía hacerlo.

En ninguna parte de la Carta de Derechos el gobierno federal tiene autoridad para calificar a una iglesia cristiana como organización "terrorista". La autoridad para el ataque de Waco no se encuentra en el Artículo 1, Sección 8, Cláusulas 1-18. Habría sido necesaria una ENMIENDA CONSTITUCIONAL para autorizar al gobierno federal a lanzar un ataque armado contra la Iglesia de la Rama Davidiana en Waco. Para comprender plenamente el horror de Waco, hay que leer la Declaración de Independencia, donde se recapitulan los actos de brutalidad perpetrados contra los colonos por el rey Jorge III. Waco es el Rey Jorge III revivido - sólo que peor.

El Congreso (la Cámara y el Senado) tiene el poder de remediar este error. Puede ordenar una audiencia completa en el Congreso. El Congreso también puede cortar la financiación de las agencias federales que participaron en este moderno ataque del Rey Jorge III a los ciudadanos de los Estados Unidos. Se necesitan urgentemente artículos de impugnación. El Congreso debe asumir la mayor parte de la responsabilidad. Los agentes federales que participaron en el asalto a la Iglesia de la Rama Davidiana probablemente pensaron que estaban actuando bajo la autoridad de la ley, cuando no era así. Se supone que el Congreso lo sabe, y el Congreso debe corregir la situación, para que no continúe en otros lugares. Birch Bayh, un antiguo senador socialista de Indiana, fue utilizado por la Sociedad Fabiana para socavar la Constitución de Estados Unidos, y lo hizo en cada oportunidad, como deja claro la lectura de las páginas S16610-S16614, Registro del Congreso, Senado.

¿Dónde dice el artículo 1, sección 8, o los poderes delegados al Congreso que el gobierno federal tenga autoridad para utilizar vehículos militares para atacar una iglesia? ¿Dónde dice que los agentes federales tienen autoridad para calificar a una iglesia de "secta"? Este ataque a la Iglesia Cristiana de la Rama Davidiana es una violación de la 1ª, 4ª y 5ª Enmienda y constituye una acusación a los ciudadanos de los Estados Unidos en Waco. Ni el poder legislativo, ni el ejecutivo, ni el judicial del gobierno federal tienen derecho a calificar a una iglesia cristiana -o a cualquier iglesia- de "secta". ¿Desde cuándo el gobierno federal tiene el poder de decidir estas complejas cuestiones religiosas? ¿Desde cuándo el gobierno federal puede ejercer una Ley de Extinción de Dominio?

Lo que hizo el gobierno federal en Waco fue tomar un complejo asunto religioso y convertirlo en un simple asunto de "culto" que no le gustaba. Según el artículo II de la Constitución de Estados Unidos, el poder ejecutivo no tiene poder para atacar lo que el presidente y su fiscal general han llamado "una secta". No es la primera vez que el gobierno federal lanza un ataque contra un grupo religioso que no le gusta. No es una excusa decir simplemente que el presidente y su fiscal general asumen la responsabilidad de infringir la ley.

En las páginas 1195-1209, Registro del Congreso, Senado 16 de febrero de 1882, vemos que el Senado trató de actuar como Dios al nombrar una comisión de cinco hombres para impedir que los mormones votaran simplemente por ser mormones. Se trata de una violación flagrante de una ley de enjuiciamiento. Lo único bueno de este horrible episodio de la historia es que hubo un debate en el Senado. Las víctimas del gobierno federal en Waco no tenían ese derecho. Sobre los esfuerzos para impedir que los mormones voten, y lo encontramos en la página 1197 - y esto es muy relevante para el ataque de Waco, leemos: "Este derecho pertenecía a la civilización y a la ley americana mucho antes de la adopción de la Constitución."

Este derecho ya existía en la época colonial, al igual que el derecho a portar armas, y estos derechos se incorporaron a la Constitución a través de una serie de enmiendas, además de las del instrumento original. Estas enmiendas pretendían proteger los derechos. Se limitan a garantizar derechos que ya existían antes de la Constitución, que no fue la creadora de los derechos en sí. Lo que el gobierno federal hizo en Waco no fue muy diferente del tipo de acción preconizada por el socialista internacional Karl Marx, que el gobierno chino observó en la plaza de Tiananmen. A los ciudadanos que murieron en el incendio de Waco se les negaron sus derechos constitucionales a un juicio justo y al debido proceso legal, tal y como establece la 5ª Enmienda.

Continúo leyendo del Registro del Congreso, Senado, 16 de febrero de 1882, en la página 1200:

> "Por ejemplo, nadie, suponemos, sostendría que el Congreso puede dictar una ley en cualquier territorio que respete el establecimiento de la religión o el libre ejercicio de la misma, o que coarte la libertad de expresión o de prensa, o el derecho del

pueblo del territorio a reunirse pacíficamente y a solicitar al gobierno la reparación de agravios. El Congreso tampoco puede negar al pueblo el derecho a tener y portar armas, ni el derecho a un juicio con jurado, ni obligar a ninguna persona a testificar contra sí misma en un proceso penal. Estos poderes, en relación con los derechos de la persona, que no es necesario enumerar aquí, están en términos expresos y positivos negados al Gobierno General; y el derecho a la propiedad privada debe ser preservado con igual cuidado."

Lo que ocurrió en Waco es el socialismo desenfrenado en acción, burlándose groseramente de la Constitución de los Estados Unidos. Dado que está claro que ni el Congreso (la Cámara y el Senado), ni el poder judicial, ni el poder ejecutivo (el Presidente) tenían ningún derecho constitucional para ordenar un ataque armado contra la Iglesia de la Rama Davidiana en Waco, la pregunta es: ¿Qué está haciendo el Congreso para reparar esta flagrante violación de la Constitución y qué está haciendo para llevar a los autores dentro del gobierno federal ante la justicia?

En un estado socialista/marxista, Waco habría sido un mero ejercicio del poder gubernamental. Pero Estados Unidos, gracias a su Constitución, no es un estado socialista/marxista; sigue siendo una república confederada, a pesar de los horribles asaltos a la misma por parte de socialistas fabianos como Harold Laski, Felix Frankfurter, Hugo Black, Franklin Roosevelt, Dwight Eisenhower, George Bush y ahora el presidente William Jefferson Clinton. Waco fue un ejercicio cínico de poderes no concedidos a los poderes judicial o ejecutivo del gobierno y parece estar a la altura de los excesos de intolerancia religiosa del pasado.

Volviendo a los intentos de los socialistas de transferir poderes de una rama del gobierno a otra. Incluso sin los poderes de veto, ya teníamos un rey en lugar de un presidente. Me refiero al "rey" George Bush, cuyo afán de poder engendró más y más poder hasta que la nación fue arrastrada por la marea de su loco afán de poder y aterrizó en una guerra tan inconstitucional como cualquiera de la historia de Estados Unidos.

Lo que se ha perdido por completo en el debate en la Cámara de Representantes y en el Senado sobre la conveniencia de "dar" tal poder al Presidente es que, al ser 100% inconstitucional, requeriría una enmienda a la Constitución de los Estados Unidos. El Congreso (la Cámara y el Senado) no tiene la facultad de otorgar al Presidente un veto sobre un artículo específico: esto no puede hacerlo el Congreso, sino sólo a través de una enmienda constitucional.

Los Padres de la Patria querían evitar que la Constitución fuera burlada por los tres departamentos que se repartían las competencias. El artículo 1, sección 9, de la Constitución de EE.UU. niega o limita severamente el poder del Congreso para legislar. El Congreso no puede transferir sus funciones al Tribunal Supremo o al Presidente sin una enmienda constitucional. Esta disposición pretendía evitar que socialistas enloquecidos por el poder, como Wilson, Roosevelt y Bush, metieran al país en una guerra tras otra, pero no impidió que Wilson, Roosevelt y Bush hicieran precisamente eso.

Clinton está esperando su oportunidad para iniciar una nueva guerra. Acaba de fallar contra Corea del Norte, pero su turno puede llegar antes de que termine su único mandato. El poder de veto seccional es un paso más hacia el objetivo socialista de "dejar sin efecto la Constitución estadounidense". El poder constitucional del presidente se encuentra en la Sección II de la Constitución de los Estados Unidos. No tiene ningún otro poder.

La Sociedad Fabiana continuó la guerra perdida por los ejércitos del rey Jorge III. Provocaron la Guerra Civil y todas las guerras desde entonces, con la esperanza de derrocar a la República Confederada de los Estados Unidos. Los Anales del Congreso, los Globos del Congreso y las Actas del Congreso proporcionan una gran cantidad de información y detalles que apoyan esta opinión. En la página 326, Globo del Congreso, Cámara, 12 de julio de 1862, encontramos un discurso del Honorable F.W. Kellogg, titulado "Origen de la Rebelión": "...

> "El orgullo nacional se ha visto gratificado, también el aumento de poder, y la certeza de que en otro medio siglo los Estados Unidos deben ser, con mucho, la nación más poderosa de la tierra. Pero las grandes potencias de Europa han observado este rápido crecimiento con alarma; ¡y defienden a América, que nunca ha sido amenazada por los alemanes! "

Las fechorías de los socialistas estadounidenses actuales son enormes. Jacob Javitts vio en lo que él llamaba "cuestiones de derechos civiles" una oportunidad de oro para agitar las aguas raciales infiltrando socialistas en organismos gubernamentales clave como la Comisión de Igualdad de Oportunidades. En la escena internacional, Javitts, utilizando las tácticas de intimidación que tan bien saben hacer los socialistas, fue el responsable de la creación de los llamados "bancos internacionales" y luego consiguió que el Congreso los financiara de forma totalmente inconstitucional.

Otro gran promotor del socialismo en este país fue el juez Abe "Fixer" Fortas, quien, más que ningún otro socialista, fue responsable de la "legalización" de una avalancha de literatura obscena y pornografía. Esta medida pretendía debilitar aún más la moral de la nación. Fortas emitió el voto decisivo en la decisión totalmente errónea del Tribunal Supremo de EE.UU. de permitir la pornografía con el pretexto de la "libertad de expresión". Los psicólogos y psiquiatras nos dicen que esto ha conducido directamente a un enorme aumento de la delincuencia, ya que este tipo de "entretenimiento" excita los centros inferiores del cerebro.

Los miembros de la Cámara de Representantes y del Senado deben asumir su parte de responsabilidad en esta situación y en el escandaloso aumento del desempleo y la delincuencia en paralelo. La Cámara de Representantes y el Senado pueden, con dos tercios de los votos, anular cualquier decisión del Tribunal Supremo, y deberían haberlo hecho hace diez años, sin esperar a que la situación se les vaya de las manos, y luego dejar que los socialistas de su entorno culpen del problema a las "armas". Hay algunos socialistas muy calientes en la Cámara y el Senado. El representante Bill Richardson es un ejemplo notable: en las páginas E2788 E2790, del Registro del Congreso, el miércoles 31 de julio de 1991, Richardson se lanzó a alabar a uno de los peores socialistas del mundo: el entonces representante Stephen Solarz, que se ha entrometido en los asuntos de Rodesia, Sudáfrica, Filipinas, Corea del Sur y todos los países no izquierdistas bajo el sol. Por si fuera poco, los investigadores del escándalo bancario de la Cámara de Representantes descubrieron que Solarz era el que más cheques sin fondos había emitido.

Otros "santos" socialistas que han hecho un daño ilimitado a este país y han causado el colapso no sólo de nuestros sistemas económicos, políticos y judiciales, sino que han buscado activamente el avance de la agenda socialista a expensas del pueblo estadounidense son: Harry Dexter White, John Kenneth Galbraith, Arthur Schlesinger, Telford Taylor, Robert Strange Mc Namara, David C. Williams, George Ball, Felix Frankfurter, Bernard Baruch, Arthur Goldberg, Alger Hiss, el juez Gesell, Ralph Bunche, Nicholas Katzenbach, Cora Weiss, Louis Brandeis, McGeorge Bundy, Henry Kissinger, Allen y John Foster Dulles, Sam Newhouse y Walt Whitman Rostow. Algunos de estos y otros "guerreros" socialistas aparecen en los capítulos "Estrellas del firmamento socialista", con un relato de sus acciones.

Sus planes y objetivos eran llevar lenta e insidiosamente a Estados Unidos hacia el socialismo, en pasos fáciles que no fueran percibidos por el pueblo. El programa fue elaborado por la Sociedad Fabiana de Londres, tal como lo detallaron sus principales protagonistas, el profesor Laski, Graham Wallas y Kenneth Galbraith. Estos planes se elaboraron para que coincidieran o estuvieran de acuerdo con lo que los "liberales" estaban haciendo en Estados Unidos, sobre todo en los ámbitos de la educación, el debilitamiento de la Constitución estadounidense, el sistema americano de economía política basado en el dinero sólido y los aranceles comerciales protectores.

Éstas coincidían en gran medida con los planes de los socialistas internacionales para la formación de un eventual gobierno mundial único: el Nuevo Orden Mundial. Para los fabianos de Inglaterra, la adaptación de sus planes a un calendario estadounidense fue una empresa importante. Su éxito puede medirse por el hecho de que entre los años 20 y 30 casi lograron socializar completamente a Estados Unidos.

Capítulo 3

LA EDUCACIÓN CONTROLADA POR LOS SOCIALISTAS: EL CAMINO HACIA LA ESCLAVITUD

El único ámbito de la vida en Estados Unidos que ha sido completamente cooptado por el socialismo fabiano es la educación. En ninguna otra área de sus esfuerzos para socializar a Estados Unidos su metodología indirecta, sigilosa y encubierta ha tenido más éxito que en la larga marcha del socialismo fabiano para apoderarse del sistema educativo de esta nación. Los socialistas se apoderaron de Yale, Harvard, Columbia y muchas otras universidades, que se suponía estaban al servicio directo del socialismo. Debían ser los futuros centros educativos y "escuelas de acabado" de los socialistas en América, como Oxford y Cambridge lo son para la Sociedad Fabiana en Inglaterra.

En estas universidades se desarrolló una capa de educadores de élite de alto nivel cuyos vínculos con el fabianismo británico eran fuertes. Entre los miembros más destacados de este grupo de élite estaban Walter Lippmann y John Reed, que está enterrado en el Kremlin de Moscú. La presión socialista sobre la educación se extendió con profesores izquierdistas/socialistas que amenazaban con poner malas notas a los estudiantes conservadores por dar respuestas erróneas, erróneas siempre que contradijeran las ideas socialistas fabianas. Así, los puntos de vista conservadores cristianos tradicionales de Estados Unidos sufrieron una terrible erosión. Un estudio de dos años (1962-1964) en un distrito escolar de California mostró que en las aulas atendidas por profesores socialistas se ejercían las mismas presiones que en las universidades de todo el país. Los padres eran reacios a quejarse, porque en los casos en que se presentaban quejas al consejo escolar, sus hijos recibían bajas calificaciones y perdían créditos.

Desde la visita de Ramsay McDonald a Estados Unidos, los socialistas fabianos de Londres sabían que un ataque frontal a la educación en Estados Unidos estaba descartado. En una de las más memorables de las muchas reuniones socialistas celebradas en Nueva York en 1905 en el restaurante Peck's, se formó la Sociedad Socialista Intercolegial (SSI). Era la cabeza de puente que daría a los socialistas fabianos de Estados Unidos una autopista para su toma de posesión del sistema educativo.

El hombre que la Sociedad Fabiana eligió para socializar la educación en Estados Unidos fue John Dewey, profesor de filosofía de la Universidad de Columbia en Nueva York. Dewey es conocido como el padre de la educación progresista (socialista), identificado con organizaciones marxistas como la Liga de la Democracia Industrial (LID), de la que fue presidente. Dewey llamó por primera vez la atención de la jerarquía socialista mientras enseñaba en la Escuela Lincoln del Teachers College, un semillero de educación marxista-liberalista apoyado por el Consejo de Educación General.

Fue aquí donde Dewey conoció a Nelson Aldrich y a David Rockefeller. De los dos, se dice que Dewey dijo que David se socializó a fondo, abrazando de corazón sus filosofías. El Comité Antiamericano incluye a Dewey en una lista de 15 organizaciones marxistas de fachada. Unos años más tarde, Rockefeller recompensó a Dewey nombrándole gobernador de Nueva York y miembro del Consejo de Relaciones Exteriores (CFR). Aunque Dewey llegó a ocupar la mayoría de los cargos políticos, fue el adoctrinamiento de Nelson y David Rockefeller en el socialismo y el marxismo lo que más daño hizo, ya que posteriormente se donaron millones y millones de dólares para luchar contra los casos escolares de la "Cláusula Religiosa" ante el Tribunal Supremo, socavar la educación e infectar el sistema escolar estadounidense con el virus socialista.

La 10ª Enmienda de la Constitución de EE.UU. reserva a los estados los poderes policiales de educación, sanidad y protección policial. Los poderes del gobierno federal son poderes delegados por los estados. Las 10 primeras enmiendas de la Constitución de EE.UU. son una prohibición de poderes, y una de las más estrictas es que la educación es una responsabilidad del Estado.

Hasta que no consiguieran avances legislativos, como había declarado Florence Kelley (de nombre real Weschnewetsky), los socialistas fabianos estadounidenses iban a trabajar para socavar la educación en Estados Unidos de una forma típicamente fabiana. La reunión de la Sociedad Socialista Intercolegial (SSI) en el restaurante Peck's fue el primer y lento paso para penetrar e impregnar la educación, sin revelar la dirección que debía tomar. Cuando pensamos en la aparentemente lenta y casi vacilante formación del ISS, es difícil creer que el mismo movimiento socialista fabiano estadounidense que lo creó esté galopando hoy, arrastrando a nuestro sistema educativo por los pelos.

Otros pensaban como el juez Douglas, Felix Frankfurter, Frank Murphy, William J. Brennan, Arthur Goldberg, el juez Hugo Black y Abe Fortas. Además de ser ardientes socialistas, Douglas, Murphy y Brennan eran masones de alto rango. Fue durante el periodo 1910-1930 cuando el Tribunal Supremo comenzó a interesarse por los casos de educación escolar de la llamada "cláusula religiosa", de la que había estado ausente durante al menos dos décadas. Fue durante este período cuando el sistema educativo estadounidense sufrió el mayor daño, permitiendo que el socialismo hiciera enormes incursiones que antes parecían imposibles.

Mientras el Tribunal Supremo había prohibido la educación religiosa -especialmente las oraciones en las escuelas- sus hermanos masones habían tenido mucho éxito en penetrar e impregnar las escuelas con literatura masónica socialista. En 1959, Franklin W. Patterson convenció al director de una escuela secundaria en Baker, Oregón, para que utilizara libros de texto de orientación socialista en la escuela. Lo mismo ocurrió en Carolina del Norte, donde se distribuyó literatura socialista masónica en todas las aulas de todas las escuelas de Charlotte.

Como dijo el presidente del Comité Bancario de la Cámara de Representantes, Louis T. McFadden

> "En materia de educación, los Fabian Illuminati seguían una teoría que no era otra que la sugerida por el promotor del iluminismo bávaro del siglo XVIII, Nicolai. Al obtener puestos en los consejos escolares del país, a los socialistas fabianos les resultó muy fácil inculcar sus principios educativos y descristianizados en los programas escolares. Su ataque a la

> educación religiosa fue sutil pero mortífero, como lo demuestra la Ley de Educación de 1902".

Se jactan abiertamente de contar con varios obispos y teólogos en sus filas, encabezando la lista el obispo Headlam, uno de los fabianos originales... Entre los proyectos educativos de los fabianos se encuentra la formación de grupos educativos de "guardería", estos últimos concebidos como una especie de escuela de formación para potenciales socialistas muy jóvenes. (El gobernador Clinton de Arkansas modeló su "Escuela de Gobernadores" socialista según este modelo)... Pero, con mucho, la medida más importante tomada por los fabianos en el campo de la educación fue la inauguración, en las universidades existentes, de "sociedades universitarias socialistas". La culminación del triunfo fabiano en la educación fue la creación de la London School of Economics and Political Science en la Universidad de Londres, donde uno de los principales profesores es ahora el socialista Harold Laski...".

Se puede decir que los planes socialistas han infectado el campo de la educación con un virus que esperaban que se extendiera y cambiara radicalmente nuestro orden social. Este "virus" debía penetrar en la médula espinal de los "estudios sociales" y las "ciencias sociales" y hacer que todos los estudios se desviaran hacia la izquierda. Esta era la premisa básica de la Asociación Nacional de Educación, declarada en su 14° anuario en 1936, una posición de la que los educadores socialistas nunca se han desviado: "Estamos a favor de la socialización del individuo."

En este sentido, en la década de 1920, los socialistas que se extendieron por Estados Unidos como una nube de langostas pretendían aplicar en la legislación educativa el mayor número posible de ideas del Manifiesto Comunista de 1848. Esperaban eludir la constitución mediante lo que Florence Kelley llama "acción legislativa". En las páginas 4583-4604 del Registro del Congreso del 23 de febrero de 1927, bajo el título "General Deficiency Appropriation Bill", encontramos sus métodos.

> "... Los grupos comunistas deben mostrar a los niños cómo convertir el odio secreto y la ira reprimida en lucha consciente... Lo más importante es la lucha contra la tiranía de la disciplina escolar".

John Dewey y sus seguidores trataron de limitar el aprendizaje de vocabulario en la escuela, sabiendo que la profundidad de la educación es proporcional al vocabulario de cada uno. El vocabulario debe enseñarse a los niños, aunque sólo sea a partir de un diccionario. Todos los aspirantes a puestos de trabajo en la administración pública deberían realizar un examen de vocabulario en inglés, y esto podría extenderse a los aspirantes a puestos de trabajo estatales. Incluso a los solicitantes de asistencia social se les debería exigir un examen de vocabulario en inglés. Esto anularía el efecto del socialismo en la educación y frustraría el objetivo del socialismo de producir una mayoría de niños mediocres que crecerán para ser adultos mediocres, "receptores de bienestar" para apoyar un régimen de socialismo.

Otra táctica especializada consiste en malgastar la sustancia de las naciones mediante un gasto irresponsable, de modo que lo "destructivo" esté a la orden del día. Esto tiene el efecto de aumentar constantemente los costes de la educación superior. Vemos el efecto acumulativo de las políticas de John Maynard Keynes en el número de estudiantes que no van a la universidad, y los que la abandonan porque las tasas son demasiado altas para ellos. De este modo, el número de estudiantes con futuras cualidades de liderazgo se reduce, intencionadamente y por diseño.

Toda la idea de la "educación" socialista es reducir la inteligencia al mínimo en la medida de lo posible, mientras se promueve la mediocridad. Por supuesto, esto no se aplica a los futuros líderes que ellos mismos han elegido entre los mejores y más brillantes socialistas y que son enviados a la "escuela de acabado" de Oxford como becarios Rhodes. Una excelente referencia a la educación como medio para confundir comunismo y socialismo se encuentra en el Registro del Congreso, Cámara, 26 de junio de 1884, página 336, apéndice:

> "Creo que la inteligencia es el ancla de nuestra forma de gobierno, por lo que soy un firme defensor de la educación popular. Daniel Webster expresó este sentimiento, cuya verdad ha sido demostrada por la historia, cuando dijo: "Es la inteligencia la que ha levantado las majestuosas columnas de nuestra gloria nacional, y es la inteligencia la que puede evitar que se conviertan en cenizas". La difusión de la inteligencia debe

> ser el gobierno: no sólo será una protección contra la centralización del poder político y financiero, por un lado, sino nuestra defensa segura y certera contra el comunismo, el nihilismo y las tendencias revolucionarias, por otro."
>
> "Pero con una población densa, una riqueza acumulada y un cierto feminismo, surgen nuevos peligros, y debemos apoyarnos en la educación y la inteligencia para contrarrestarlos en la medida de lo posible, ya que "lo que sembréis, recogeréis" se aplica tanto a los Estados como a los hombres. Después de la religión cristiana, el mayor civilizador del hombre es la escuela. Las escuelas públicas, como todo, son criticadas, pero hasta que se conciba algo mejor, estoy a favor de su mantenimiento y ampliación..."

Este gran discurso fue pronunciado por el Honorable James K. Jones de Arkansas. Jones, de Arkansas, y muestra lo mucho más avanzados que estaban nuestros representantes en el siglo XIX que los que ahora se sientan en el Congreso. También muestra de la manera más clara posible por qué los socialistas se sienten obligados a apoderarse de la educación para sus propios fines siniestros, y por qué también sienten la necesidad de negar el cristianismo. Está claro que moral, educación y religión van de la mano, y los socialistas lo saben.

Los socialistas consiguieron que uno de sus protagonistas más importantes, Hugo Lafayette Black, fuera nombrado juez del Tribunal Supremo. Black, miembro de la Iglesia Unitaria (sin Dios) y masón, nunca debería haber sido confirmado, ya que violaba todas las normas del Senado. La grave situación que plantea el nombramiento de Black fue planteada por los senadores William Borah (R.ID) y Warren Austin (R.NH). Señalaron que Black era constitucionalmente inelegible porque era miembro del Congreso cuando éste promulgó una ley que aumentaba el salario de los jueces del Tribunal Supremo y, por lo tanto, no podía ser promovido a un puesto que pagara más de lo que recibía como miembro del Congreso.

La Constitución es perfectamente clara en este punto:

> "Ningún senador o representante podrá, durante el período para el que ha sido elegido, ser nombrado para ningún cargo civil bajo la autoridad de los Estados Unidos, que haya sido creado o cuyos

> emolumentos hayan sido aumentados durante ese período."

En el momento del nombramiento de Black, éste cobraba 109.000 dólares como miembro del Congreso, mientras que los sueldos de los jueces se incrementaban a 20.000 dólares anuales. Sin embargo, a pesar de esta clara violación de la ley, el fiscal general de Roosevelt, Homer Cummings, dictaminó que el nombramiento de Black para el Tribunal Supremo era legal.

La alianza entre los socialistas y los masones necesitaba a Black en el Tribunal Supremo porque sabían que simpatizaba con su causa y que siempre fallaría a su favor en los casos de educación bajo la "cláusula religiosa", y su confianza en Black fue ampliamente recompensada. Black estaba aliado con Samuel Untermeyer, Schofield, Gunnar Myrdal, los jueces Earl Warren y Louis D. Brandeis, Roosevelt y Florence Kelley, todos los cuales trabajaban para poner la educación bajo el control del socialismo.

La ley suprema y orgánica del país es la ley basada en las enseñanzas de la Biblia cristiana. Al no obedecerla, el Tribunal Supremo de EE.UU. incurre en una transgresión. La educación moderna, basada en las decisiones del Tribunal Supremo, ha violado la ley bíblica. Los colegios e institutos se han convertido en los lugares más peligrosos para dejar a nuestros jóvenes sin supervisión y sin vigilancia. Una de las formas en que los socialistas se han impuesto ha sido el no reconocimiento de las escuelas religiosas y, especialmente, de las católicas.

En este caso, los servicios del juez Hugo Black, nombrado ilegalmente, fueron inestimables para decidir los casos presentados bajo la llamada "Cláusula Religiosa" por los enemigos de la Constitución de los Estados Unidos. Black, conocido por su anticatolicismo militante y su oposición a la educación escolar en general, siguió servilmente los "principios" masónicos en sus sentencias judiciales; de hecho, la mayoría de ellas fueron tomadas directamente de la literatura masónica. Los "principios" más notables en los que Black basó sus decisiones fueron los siguientes

> Principio 1: "Educación pública para todos los niños de todo el pueblo".
>
> Principio 5: "La total separación de la Iglesia y el Estado, y la oposición a cualquier intento de apropiarse de fondos públicos,

directa o indirectamente, para apoyar instituciones sectarias o privadas".

Como veremos en los capítulos dedicados a la corrupción de la Constitución, a los dos años del nombramiento de Black, el Tribunal Supremo dio un enorme giro a la izquierda y declaró inconstitucional la financiación estatal de las escuelas religiosas, basándose en la premisa totalmente falsa de la Ley de Libertad Religiosa de Jefferson, que no estaba en la Constitución, sino que se reservaba para Virginia. Así nació el "muro de separación de la Iglesia y el Estado", totalmente inconstitucional y basado en el engaño y el fraude.

La cuestión de la ayuda "federal" a las escuelas religiosas fue planteada de nuevo por el representante Graham Barden en 1940. Barden era un masón socialista y a medida que avancemos veremos cómo la masonería y el socialismo se han combinado para destruir la educación en América. La intención del proyecto de ley Barden era controlar las escuelas para que el socialismo pudiera enseñarse libremente. Esto fue confirmado por el Dr. Cloyd H. Marvin, Presidente de la Universidad George Washington, en una carta fechada el 11 de mayo de 1944, dirigida al Comité de la Cámara de Representantes sobre los Veteranos de la Guerra Mundial. Lo que Burden pretendía era eliminar el derecho de los veteranos a asistir a seminarios teológicos, especialmente católicos, si así lo deseaban. Barden había asistido a la Conferencia Fabiana de Representantes de Asociaciones Educativas en 1941, que era una herramienta de la masonería y el socialismo.

Según el Dr. Marvin, no debería haber escuelas públicas, ya que, según sus palabras, "no podemos mantener dos sistemas que interfieran con las políticas educativas regulares." Este fue uno de los casos más claros en los registros de la masonería como impulsora de la Conferencia de Representantes de Asociaciones Educativas. Aunque aparentemente el proyecto de ley que se debatía se refería principalmente al proyecto de ley G.I., sus ramificaciones eran sin embargo muy amplias, ya que el Rep. Barden trató de mantener las escuelas religiosas privadas fuera de las manos de los veteranos que asisten a la universidad a través de la ley G.I.

El Dr. Marvin no era un educador corriente. Fue socialista de toda la vida y masón de grado 33. En la Universidad George Washington, pudo ejercer una poderosa influencia gracias a una subvención de 100.000 dólares que recibió del Rito Escocés de la Masonería. Marvin encontró un amigo en el juez Hugo Black, que debía su puesto en el Tribunal Supremo a los masones. Tras su salida del Senado, los socialistas consiguieron que el escaño de Black en el Senado fuera ocupado por Lister Hill, de Alabama, un habitual cruzado socialista y masón comprometido. Durante años, Hill consiguió bloquear la financiación federal de las escuelas públicas, especialmente las religiosas. Hill aparece en el Directorio del Congreso, 79° Congreso, 1ª sesión, agosto de 1985, página 18, como masón de 32° grado.

En ningún lugar se ha manifestado con más fuerza la presión socialista sobre la educación que a través de la Asociación Nacional de Educación (NEA). Con la aprobación de la Ley GI, hubo otro intento de eliminar la financiación federal para las escuelas públicas sin condiciones, con las condiciones aún en manos de la NEA. El 10 de enero de 1945, la NEA patrocinó una nueva legislación que no permitiría la financiación federal de las escuelas públicas. La legislación fue redactada por el juez Hugo Black. El propósito de la medida era lograr, por omisión y no por exclusión directa, los objetivos deseados por la NEA. Se trata de una legislación inteligentemente redactada. La misma habilidad se demostró en 1940 cuando se redactó la llamada legislación de "separación de la Iglesia y el Estado".

Las decisiones de los jueces socialistas-unitarios que dominaron el Tribunal Supremo de 1935 a 1965 prohibieron efectivamente los programas de educación cristiana en las escuelas públicas. En el ambiente de histeria bélica de la década de 1940, nadie consideró oportuno señalar que cualquier interferencia del gobierno federal en la educación era una clara violación de la 10ª Enmienda. La trascendental decisión del Tribunal sobre la llamada "separación de la Iglesia y el Estado" es totalmente ilegal y no se encuentra en la Constitución. No existe ninguna base constitucional para la "separación de la Iglesia y el Estado" que se utilizó para destruir la base de la enseñanza religiosa en las escuelas.

La aceptación de esta legislación sesgada, un fuerte ataque a los derechos constitucionales de Nosotros el Pueblo, tuvo un impacto directo en la calidad de la educación estadounidense, que se derrumbó inmediatamente después de esta decisión fraudulenta e inconstitucional. La educación estadounidense se vio entonces invadida por la enseñanza de todo tipo de "derechos" que no existían, "derechos de la mujer", "derechos civiles" y "derechos de los homosexuales". La prohibición de la educación religiosa en las escuelas y la introducción del "humanismo" por parte de John Dewey fueron seguidas casi inmediatamente por un enorme aumento de los delitos violentos.

Estados Unidos, fundado en el cristianismo, ha sido secuestrado, rescatado, violado, victimizado por la barbarie socialista, golpeado y magullado, y apenas puede arrastrarse de rodillas en la década de 1990, tan lejos del país como los Padres Fundadores se propusieron. En este salvaje asalto a la justa República de los Estados Unidos, el control socialista masónico de la educación, desde el primer año, jugó el papel principal.

Se ha demostrado una y otra vez que los niños comienzan a aprender en los grados de primaria, 1º, 2º y 3º. En los hogares de clase media, donde se da más importancia al aprendizaje, los padres ayudan a sus hijos a leer, pero en las familias de clase baja, los padres no ayudan invariablemente a sus hijos, con el resultado de que los niños que leen mal gravitan hacia actividades delictivas. Siempre hay excepciones, pero los educadores que no están cegados por las "minorías" reconocen que lo anterior es generalmente cierto.

En una podrida conspiración entre el socialista y el presidente Harry Truman, el caso Plessy vs. Ferguson, la doctrina de la educación "separada pero igual", fue socavada por el presidente Truman, mientras fingía solapadamente que la apoyaba. La verdadera cuestión era que ni Truman ni nadie del gobierno federal tenía derecho a inmiscuirse en asuntos educativos, ya que, como hemos dicho en otro lugar, la 10ª Enmienda de la Constitución de los Estados Unidos reserva las competencias educativas a los estados. El gobierno federal tiene prohibido interferir en la educación, que pertenece exclusivamente a los estados.

Una de las principales causas del terrible declive de la educación en nuestro país se encuentra en el histórico caso de Everson contra el Consejo de Educación, llevado ante el Tribunal Supremo de Nueva Jersey el 5 de octubre de 1943. El caso tiene su origen en las cuestiones planteadas por el representante Graham Barden en 1940 en relación con las escuelas religiosas que reciben subvenciones del gobierno. El caso Everson fue un resurgimiento del proyecto de ley fallido de Barden. Como he señalado antes, los socialistas son persistentes en sus esfuerzos por anular la Constitución de Estados Unidos, que consideran el principal escollo para su ardiente deseo de socializar a la población de esta nación.

El caso Everson implicaba que el Estado de Nueva Jersey permitía a la ciudad de Ewing pagar el coste del transporte (voluntario, no obligatorio) de los escolares a todas las escuelas, incluidas las religiosas. El demandante, Arch Everson, se había opuesto a la financiación del transporte de los niños que asisten a escuelas religiosas. Para ello contó con el apoyo de los masones y de la Unión Americana de Libertades Civiles (ACLU), aunque esta última se mantuvo al margen del proceso judicial estatal. Ostensiblemente, la objeción era sólo para el Sr. Everson en este procedimiento. Los socialistas necesitaban ganar el caso para utilizarlo como piedra angular para sentar un precedente para los futuros ataques previstos contra los casos de "cláusula religiosa" en la educación que pensaban presentar si Everson ganaba.

El caso fue tratado por el Tribunal Supremo de Nueva Jersey, que permitió a la ciudad de Ewing seguir financiando el transporte de los niños a todas las escuelas. Apoyado por la ACLU y los masones, Everson llevó su caso al Tribunal Supremo. Fue la oportunidad de su vida para que Black demostrara su ignorancia de la Constitución y sus prejuicios contra el cristianismo, al tiempo que daba un golpe al socialismo. El Tribunal Supremo falló en contra del Estado de Nueva Jersey, y la ACLU se presentó abiertamente como "amiga del tribunal". El escrito de la ACLU era prácticamente un calco de una cita de Mason de Elmer Rogers de hace varios años. Superpuesto a la cita de Mason, el escrito de la ACLU encajaba casi a la perfección.

La decisión mayoritaria del Tribunal fue escrita por el juez Hugo Black. Lleno de socialistas y masones, el Tribunal difícilmente podría haber fallado en contra de los prejuicios de sus miembros, odiadores que se oponen violentamente a la enseñanza de las creencias cristianas en las escuelas que reciben las llamadas ayudas "federales".

Antes de 1946, el "muro entre la Iglesia y el Estado" apenas se había utilizado en un argumento jurídico. Al fin y al cabo, eran sólo palabras de Thomas Jefferson, una simple frase, que no se encuentra en la Constitución. Pero después del caso Everson, en el que el juez Hugo Black fue elevado al Tribunal Supremo específicamente para fallar a favor del demandante Everson, los tribunales desataron un torrente de insultos contra el cristianismo en particular, y contra la instrucción religiosa en las escuelas en general.

Los tribunales han proscrito las oraciones en las escuelas, han prohibido las lecturas orales de la Biblia, han declarado que el ateísmo y el humanismo secular son religiones protegidas por la Primera Enmienda y han anulado la costumbre de permitir que los niños asistan a los servicios de oración en los recintos escolares, todo ello en contra de tradiciones y costumbres muy arraigadas, como cantar villancicos, han prohibido la instrucción religiosa por parte de los profesores y, como veremos en los capítulos dedicados al derecho, han ido más allá de la Constitución. El Tribunal Supremo tomó una frase pronunciada por Jefferson, "el muro de separación entre la Iglesia y el Estado", que no tiene ningún valor constitucional, y la insertó en la Constitución, transformando así a los Estados Unidos de América en una sociedad en la que la religión cristiana no puede desempeñar ningún papel en los asuntos del Estado, lo que ciertamente no era la intención de los Padres Fundadores.

Black tenía unos prejuicios tan evidentes que sus compañeros jueces tuvieron ocasión de escribir sobre él en términos poco halagüeños. En una entrada del diario del 9 de marzo de 1948, Frankfurter escribió que el juez Harold O. Burton "no tiene idea de la malignidad de hombres como Black y Douglas que no sólo pueden ser, sino que son, perversos". Esto fue evidente en el caso Everson, donde Black demostró su determinación prejuiciosa, que odia a Cristo, de que la religión no debe jugar ningún papel en la vida de nuestra nación. La podredumbre comenzó con Everson, continuó con Brown vs. Board of Education e, inevitablemente, con Roe vs. Wade, que sigue siendo hasta hoy la mayor victoria y el mayor triunfo sobre la Constitución de los Estados Unidos y el pueblo estadounidense jamás logrado por los socialistas fabianos. El Tribunal Supremo se corrompió con la llegada de Black y ha seguido así desde entonces.

Nunca ha habido un caso más claro de violación de la 9ª Enmienda que la decisión de Everson. La Novena Enmienda prohíbe a los jueces incorporar sus propias ideas en cuestiones de derecho que no estén establecidas en la Constitución. A esto se le llama preemption, y eso es precisamente lo que hicieron Black y sus compañeros en Everson. Retorcieron y comprimieron la Constitución para adaptarla a sus propios y apestosos prejuicios y se pusieron del lado de la masonería socialista, mancillando totalmente la Constitución.

Los socialistas están a punto de llevar el caso Brown contra el Consejo Escolar de Topeka, Kansas, al Tribunal Supremo. El juez Vinson le había dicho a Truman que el caso Brown vs. Consejo Escolar se resolvería y que la educación "separada pero igual" seguiría vigente. Vinson lo hizo sabiendo perfectamente que eso no era cierto. Por eso, cuando el presidente del Tribunal Supremo, Earl Warren, socialista y masón de grado 33, leyó la decisión sobre el caso Brown contra el Consejo Escolar, el público gritó sorprendido, algunos de ellos bien informados, ya que habían acudido a escuchar cómo el Tribunal confirmaba el caso Plessey contra Ferguson.

Pocos de los presentes en la sala de vistas en aquel fatídico día podían darse cuenta del enorme golpe que se había asestado a la educación "normalizada" y "socializada", en la más flagrante violación de la Constitución hasta la fecha. Es cierto que en el pasado se habían hecho varios intentos de eludir la Constitución a través de la "acción legislativa", como propuso la socialista Florence Kelley (Weschnewetsky). En 1924 se presentó un proyecto de ley, con la intención y el propósito de violar la 10ª Enmienda de la Constitución de los Estados Unidos, ya que el proyecto de ley pretendía crear un Departamento de Educación, que tomó su título del Departamento de Educación comunista en la Rusia bolchevique. La idea era "nacionalizar", "estandarizar" y "federalizar" la educación en los Estados Unidos como en la URSS.

El proyecto de ley pretendía obligar a todos los niños estadounidenses a leer los mismos libros de texto "estandarizados", que incluirían una saludable dosis de libros de texto marxistas, socialistas y leninistas, para que los niños salieran del sistema escolar como pequeños y buenos socialistas listos para marchar hacia el gobierno de un solo mundo, el nuevo orden mundial. Los principales socialistas de la Sociedad Fabiana siempre han dicho que la estandarización de la educación es la forma más rápida de romper las barreras naturales al socialismo en Estados Unidos, debido al tamaño de la tierra, la geografía, el clima, las costumbres locales, las juntas escolares locales. Webb se había dado cuenta de que la diversidad era un problema para el socialismo, y la diversidad existía en Estados Unidos en abundancia, lo que hacía que el país fuera difícil de penetrar con el marxismo, el comunismo, el socialismo.

Por eso, nuestros Padres Fundadores, en su previsión y sabiduría, se aseguraron de que las competencias en materia de educación quedaran en manos de los estados y fueran ajenas al gobierno federal. Este sistema educativo estatal era una salvaguarda contra la anarquía y el nihilismo en la nación. Aunque fracasaron en este caso, los socialistas nunca renunciaron a su intento de tomar el control de la educación, y su oportunidad llegó con la conducta traicionera del presidente Jimmy Carter y los sediciosos de la Cámara de Representantes y el Senado, que impulsaron un proyecto de ley que federalizaba la educación, violando la 10ª Enmienda. Como resultado, se creó el ilegal Departamento de Educación de los Estados Unidos.

Carter pasará a la historia como un presidente que cometió traición y sedición a gran escala. "No les voy a mentir", dijo Carter, y a continuación se dedicó a implantar una legislación socialista que impedía a los estados tomar sus propias decisiones en materia de educación y privaba al pueblo de la nación del Canal de Panamá. Las enmiendas 13ª, 14ª y 15ª de la Constitución de EE.UU. nunca fueron ratificadas, por lo que cualquier legislación aprobada por el Congreso en virtud de estas enmiendas está fuera del control y del alcance de la Constitución. Al Dr. William H. Owen le habría encantado Carter. Owen fue el presidente del Chicago Normal College, en Chicago, Illinois, y presidente de la NEA, que fue elegido para representar a la NEA en la Conferencia Mundial de Educación el 23 de junio de 1923 en San Francisco. En su discurso dijo, entre otras cosas:

> " ... A pesar de lo que escribimos y decimos, el mundo no cree que la educación, como forma de control social, sea comparable a los ejércitos, las armadas y los estadistas... Debemos dedicar nuestro tiempo y esfuerzo a compartir un programa educativo constructivo que demuestre lo que la educación puede hacer como forma de control social comparable a los ejércitos...".

Lo anterior demuestra por qué es tan peligroso dejar la educación a merced del gobierno federal, especialmente con el advenimiento del socialista Woodrow Wilson, cuya administración reunió a los socialistas a pasos agigantados, hasta que hoy tenemos a la administración Clinton plagada de socialistas, de hecho, se diferencia poco de los gobiernos socialistas del Partido Laborista en Inglaterra. Nuestros Padres Fundadores fueron lo suficientemente sabios como para prever el momento en que agentes socialistas como Wilson, Kennedy, Johnson, Carter, Bush y Clinton, y socialistas como Owen, disfrazados de "educadores", tratarían de dirigir nuestra nación hacia la izquierda a través de sus sediciosos programas de "educación", y por eso se aseguraron de que los poderes de la educación estuvieran fuera de los límites del gobierno federal.

Sin embargo, utilizar el Tribunal Supremo para eludir la Constitución fue un hecho peligroso que los Padres Fundadores no pudieron prever. Sabían que los traidores existían en su época, pero no podían saber que un hombre como el presidente del Tribunal Supremo, Earl Warren, llegaría y se burlaría de la Constitución. Se dice que Warren ha hecho que la 14ª Enmienda de la Constitución de EE.UU. signifique "todo y cualquier cosa". Fue a través de este horrible subterfugio, de enmiendas no ratificadas y de un Tribunal Supremo ahogado por jueces con sedición en sus mentes, que la odiosa decisión de Brown v. Board of Education se convirtió en una "ley", que no es, pero que sin embargo los estados están obligados a obedecer.

Otro feo subterfugio y engaño descarado fue el uso por parte de Warren de datos sociológicos totalmente perjudiciales desenterrados por el Dr. Gunnar Myrdal, un réprobo socialista cuyas teorías económicas han costado a Suecia miles de millones de dólares, y volveremos a hablar de este mentiroso a su debido tiempo.

El Departamento de Educación fue creado para arrebatar el control de la educación a los estados y sustituir la educación estadounidense por un sistema que garantice que los niños crezcan en el formato socialista y se conviertan en líderes políticos, a la manera socialista de promover un nuevo orden político basado en el sistema soviético, que conducirá a un único gobierno mundial: el Nuevo Orden Mundial.

Lo que el Tribunal de Warren trató de hacer en el caso Brown v. Board of Education, y lo que otros jueces del Tribunal Supremo han tratado de hacer también, es separar la 1ª sección de la 14ª Enmienda de toda la Constitución, para que pudiera significar lo que ellos quisieran leer en ella - una predilección clásica prohibida por la 9ª Enmienda. Cualquier parte de la Constitución DEBE ser interpretada a la luz de toda la Constitución, que no puede ser fragmentada. Las decisiones del caso Slaughterhouse se convirtieron en una burla para Warren en el caso Brown v. Board of Education, que, de haberlo observado, habría mostrado a Warren el error de sus métodos.

El juez Warren decidió no leer la decisión del matadero, por lo que decidió el caso Brown contra el Consejo de Educación basándose en la Ley de Derechos Civiles de 1964. En los capítulos dedicados a la Constitución se habla de ello con más detalle. En el caso Brown v. Board of Education, tenemos la comunización de la educación en Estados Unidos. ¿Qué diferencia hay entre el transporte forzado de niños fuera de su localidad y el transporte de presos políticos a los gulags de Siberia, o el transporte de colonos a Inglaterra para ser juzgados, contra los que Thomas lanzó su furia?

No hay ninguna diferencia. Los niños, blancos y negros, son transportados contra su voluntad a otros lugares. Esto es una violación de la vida, la libertad y la propiedad, así como del debido proceso, que Brown vs. Board of Education negó a los niños y a los padres. Sólo en esto, Brown vs. Board of Education es 100% inconstitucional. ¿Por qué los padres y los niños deben sufrir una violación de sus derechos de la 5ª Enmienda para cumplir los designios socialistas de los educadores socialistas y sus amigos en los tribunales? Nuestros niños sufren "castigos crueles e inusuales" al ser transportados fuera de su área a escuelas magnet, escuelas paring y similares, debido a su raza. No reciben ningún juicio con jurado, ni el debido proceso, sino que simplemente son arreados a los autobuses bajo "leyes" totalitarias, al estilo comunista.

Los hijos y sus padres son ciudadanos de los Estados, PRIMERO: Artículo IV sección 2, parte 1. Los ciudadanos de cada estado tendrán derecho a todos los privilegios e inmunidades de los ciudadanos de los distintos estados y de los ciudadanos estadounidenses, segundo. La 14ª Enmienda sigue siendo una restricción para el gobierno federal, aunque no haya sido ratificada, por lo que los estados conservan su soberanía y no pueden ser gravados por el gobierno federal en materia de educación.

Existe una enorme presión sobre los jueces para que fallen a favor de la Unión Americana de Libertades Civiles (ACLU) en los casos relacionados con la religión en las escuelas. La ACLU presenta 23 de estos escritos, y en los casos que conoce el juez Felix Frankfurter, éste siempre falla a favor de la ACLU. Uno de los aliados de la ACLU es el pastor Davies de la Iglesia Unitaria a la que pertenece el juez Hugo Black. Esto es lo que Davies tenía que decir sobre los casos escolares de la "cláusula religiosa":

> "Al igual que la libertad de San Pablo, la libertad religiosa debe comprarse a un alto precio. Y para los que la ejercen más plenamente, insistiendo en la educación religiosa de sus hijos, mezclada con el laicismo en los términos de nuestra Constitución, el precio es mayor que el de otros... Las religiones de credo son obsoletas, la base de sus reivindicaciones caducó con el ayer".

El juez Hugo Black estaba 100% a favor de llenar el Tribunal Supremo de EE.UU. con jueces socialistas, lo que Roosevelt y Truman ciertamente hicieron.

El juez Hugo Black era un francmasón comprometido, y hay que suponer que era partidario de las tiendas masónicas en la educación:

> "Además de esto, la forma de una sociedad literaria erudita es la más adecuada para nuestros propósitos, y si la masonería no hubiera existido, se habría empleado esta cubierta, y puede ser mucho más que una cubierta, puede ser un poderoso motor en nuestras manos. Creando sociedades de lectura y bibliotecas de suscripción, poniéndolas bajo nuestra dirección y alimentándolas con nuestro trabajo, podemos mover la mente del público en la dirección que queremos... Debemos ganarnos a la gente común en todos los rincones. Lo lograremos principalmente por medio de las escuelas, y por medio de un comportamiento abierto y cálido, de la popularidad y la tolerancia de sus prejuicios, que a la vez los extirpan y disipan... Debemos adquirir el liderazgo de la educación y la gestión de la iglesia, del púlpito profesional y del altar".

Lo verdaderamente sorprendente es que si tomamos los escritos de

Beatrice y Sydney Webb y los superponemos a los puntos de vista masónicos sobre la educación, ¡encontramos que son casi siempre idénticos! El asalto a la educación estadounidense fue dirigido por el Instituto Tavistock de Relaciones Humanas, el principal establecimiento de lavado de cerebro del mundo, y sus "educadores", Kurt Lewin, Margaret Meade, H.V. Dicks, Richard Crossman y W.R. Bion. Estos enemigos de la República Americana se desataron sobre un público inocente y desprevenido, con consecuencias desastrosas para la educación.

Sus proyectos de "nueva ciencia" para las escuelas estadounidenses incluían el estudio de la masturbación, la homosexualidad, el travestismo, el lesbianismo, la prostitución, las religiones exóticas, las sectas y el fundamentalismo religioso.

La llamada "Ley de Derechos Civiles" de 1870, que supuestamente debía hacer cumplir la 15ª Enmienda, que nunca fue ratificada adecuadamente, se aplicaba específicamente a los chinos traídos por los contrabandistas de opio y los magnates del ferrocarril como los Hariman, y no debería tener ningún impacto hoy en día, ya que la 15ª Enmienda nunca fue ratificada adecuadamente. Insinuar que la "igualdad de protección de las leyes" en la Sección 1 de la 14ª Enmienda significa que todas las personas tienen el mismo nivel de inteligencia - ¡eso es más de lo que incluso el peor liberal con ojos de estrella podría sostener! Pero eso es exacta y precisamente lo que intentó hacer Brown vs. Board of Education: nivelar todas las mentes a un nivel medio o promedio. Este es el corazón de Brown vs. Board of Education y es el igualitarismo en acción.

La sedición en la educación es una realidad tan grande como el "control de armas", como la sedición practicada por el senador Meztenbaum y el representante Schumer. Al pervertir la educación, primero a través del establecimiento de un departamento de educación del gobierno federal y luego a través de una acción de la Corte Suprema por orden de Brown vs. Board of Education, se está produciendo una traición y una sedición. Destruir el sistema educativo estadounidense y sustituirlo por un sistema marxista/leninista/socialista tendrá como resultado la putrefacción de la nación desde dentro. El juez Warren, un humanista secular, fue culpable de traición cuando permitió que Brown v. Board of Education se convirtiera en "ley".

La Asociación Nacional de Educación (NEA) es una organización 100% socialista-marxista. Su primera tarea fue eliminar de las escuelas la enseñanza adecuada de la historia, la geografía y la educación cívica y poner en su lugar estudios sociales procomunistas. La NEA es una organización socialista que se dedica activamente a socavar la educación en Estados Unidos desde la década de 1920. Sin duda, estaban en la vanguardia de los que llevaron el caso Brown v. Board Education en 1954, "arreglado" por el juez Earl Warren, a la manera de Abe Fortas.

Con la toma de posesión socialista de las escuelas estadounidenses, se introdujeron nuevos planes de estudio, en los que se acreditaron a los niños cursos como los de telenovelas y "cuestiones medioambientales" sin sentido. "En total, el Instituto Tavistock reclutó a 4.000 nuevos científicos sociales para trabajar en alejar la educación estadounidense de los valores tradicionales. El resultado de sus esfuerzos puede verse en el enorme aumento de la delincuencia violenta entre los adolescentes, la delincuencia escolar y las violaciones. Estas estadísticas reflejan el éxito de los métodos del Instituto Tavistock.

Entre los "educadores" reclutados por los socialistas estaba el socialista Gunnar Myrdal y su esposa, de Suecia. Los Myrdals tienen un largo historial de lealtad a las ideas socialistas/marxistas. El Dr. Myrdal había trabajado como asistente del socialista declarado Walt Whitman Rostow en la Comisión Económica para Europa de las Naciones Unidas en Ginebra. Las actividades de traición de Rostow se relatan en otros capítulos de este libro. Antes de unirse a Rostow, Myrdal había trabajado en Suecia como Ministro de Comercio, cargo en el que causó un daño casi irreparable a la economía sueca al más puro estilo socialista del gasto.

Myrdal fue elegido por la Fundación socialista Carnegie para realizar un estudio sobre las relaciones raciales en Estados Unidos con una subvención de 250.000 dólares. Se pensó que como Myrdal no tenía experiencia con los negros, ya que no había ninguno en Suecia, su estudio sería imparcial. Lo que no se sabía entonces era que todo era un montaje: Myrdal iba a elaborar una serie de conclusiones que se utilizarían en el famoso caso Brown contra el Consejo de Educación. Myrdal elaboró un informe repleto de conclusiones sociopolíticas totalmente fraudulentas en las que se afirmaba, en esencia, que los negros estaban siendo perjudicados en la educación. Las conclusiones de Myrdal estaban plagadas de agujeros.

Además, lejos de ser un científico desinteresado, Myrdal era un enemigo declarado de la Constitución de los Estados Unidos, a la que describió como

> "un culto casi fetichista... una Constitución de hace 150 años (que es) en muchos aspectos poco práctica y mal adaptada a las condiciones modernas... Los estudios históricos modernos revelan que la Convención Constitucional no fue más que un complot contra el pueblo... Hasta hace poco, la Constitución ha sido utilizada para bloquear la voluntad popular".

Myrdal y su esposa realizaron una gira por Estados Unidos bajo los auspicios del socialista Benjamin Malzberger. Entre los muchos comentarios despectivos que hizo Myrdal figura uno en el que describía al pueblo estadounidense como "blancos de mente estrecha, dominados por la religión evangélica", y a los blancos del Sur como "pobres, incultos, groseros y sucios". Fue este hombre quien escribió el informe sociológico "imparcial" que se dice que permitió al presidente del Tribunal Supremo, Earl Warren, decidir el caso Brown contra la Junta de Educación.

¿Qué hay detrás de la gran campaña socialista de los años 20 y 50 para destruir el sistema educativo estadounidense? Se puede resumir en pocas palabras: La idea central era "fabricar nuevas mentes", porque sólo a través de nuevas mentes podría la humanidad rehacerse a sí misma - esto según uno de los sumos sacerdotes de la educación socialista, Eric Trist, quien añadió que la nueva mente excluiría la creencia en la religión cristiana. Y como dijo Myrdal, "¿Qué mejor lugar para empezar que la escuela? ".

Para llevar el caso Brown v. School Board al Tribunal Supremo, la NAACP recibió 10 millones de dólares de diversas fuentes, entre ellas el Political Action Group, una organización de fachada socialista, y la masonería. Los abogados de la NAACP recibieron instrucciones detalladas de Florence Kelley y Mary White Ovington. Kelley fue el creador de los "Breves de Brandeis", que consistían en cientos de opiniones sociológicas y que a menudo estaban cubiertas por no más de dos páginas de referencias legales.

El método de los Breves de Brandeis era la forma en que el Tribunal Supremo iba a decidir todos los casos futuros relacionados con cuestiones constitucionales.

Los programas escolares socialmente corrompidos de Estados Unidos no enseñan la Constitución, ya que si se enseñara a los niños sobre ella, habría que enseñarles que la Constitución está ahí como primera defensa contra el gobierno federal y los presidentes como George Bush y Bill Clinton, que aspirarían a convertirse en tiranos, si no se someten a sus restricciones. El objetivo de los educadores socialistas es erosionar gradualmente las salvaguardias constitucionales que garantizan la vida, la libertad y la propiedad de todos los ciudadanos y sustituirlas por el socialismo totalitario.

Sólo un sistema educativo basado en la Biblia es bueno. Todos los demás sistemas han sido diseñados por el hombre y, por tanto, deben ser necesariamente imperfectos. Nuestras escuelas han caído en manos de personas profundamente influyentes cuyo principal objetivo en la vida es convertirlas en un baluarte socialista. Para ello cuentan con el apoyo del poder judicial. El objetivo es avanzar, lentamente, al más puro estilo socialista, hacia un gobierno socialista/marxista, cambiando el enfoque y la dirección de lo que se enseña en las escuelas. Si los socialistas siguen avanzando como lo han hecho en las últimas tres décadas, en 2010 tendremos una nación de adultos jóvenes y ciudadanos de mediana edad que no tendrán ningún problema con la agenda secreta del poder centralizado en una dictadura socialista, respaldada por una fuerza policial nacional.

Está claro que uno de los objetivos ya conseguidos por los socialistas es la falta de interés por la lectura. Los niños estadounidenses estarían totalmente perdidos si se encontraran, por ejemplo, en la biblioteca del Museo Británico de Londres o en el Louvre de París. Los grandes escritores y artistas tendrían poco que decirles. Los libros no son los amigos de los niños como lo fueron al principio de nuestra historia. Nuestro sistema educativo se ha encargado de ello. Incluso Dickens es un desconocido para la mayoría de los estudiantes estadounidenses.

La falta de una verdadera educación lleva a los niños y a los jóvenes a buscar inspiración en las películas, en la música rock, que era lo que se pretendía. La única manera de combatir esta parálisis insidiosa y progresiva es intervenir de forma regular y enérgica. La llamada "lucha contra los prejuicios raciales" de los años 60 ha afectado enormemente a las mentes y actitudes de nuestros jóvenes. La llamada democratización de nuestras escuelas y universidades en las últimas tres décadas ha supuesto un ataque directo a sus estructuras internas, con la consiguiente pérdida de dirección y enfoque.

El llamado movimiento "feminista" es un producto directo del manifiesto comunista de 1848 y del pensamiento retorcido de Gunnar Myrdal y los científicos de la Nueva Ciencia del Instituto Tavistock. El resultado es que los alumnos cuestionan el sexo biológico que Dios les ha dado. Del mismo modo, la distorsión de la "historia" está muy presente en los años 90. Se preguntó a un grupo de escolares quién era el hombre más malvado del mundo; sin dudarlo, respondieron: "Hitler". El mismo grupo no sabía nada en absoluto sobre Stalin, ciertamente no que era el mayor carnicero de la humanidad de todos los tiempos, que mató a diez veces más personas de las que habría asesinado Hitler. Esta afirmación les hizo mirar con perplejidad.

Los héroes de los escolares y estudiantes no son las grandes figuras de la historia; sus "ídolos" son más bien las "estrellas del pop" decadentes, malvadas, sucias y drogadas. Beethoven y Brahms no significan nada para ellos, pero enseguida muestran verdadero interés cuando los horribles sonidos de la música "rock" llenan el aire. Por otro lado, Marx es conocido por la mayoría de los estudiantes, pero no saben realmente lo que representa. Hemos llegado a un punto en la educación en nuestras escuelas en el que la "reforma" se sitúa por encima del aprendizaje. En la década de los 90, casi todos los temas educativos están relacionados con la palabra "reforma".

En ningún lugar ha habido una mayor transformación debido a las "reformas" que en la educación sexual. Los comunistas estaban decididos a que incluso los alumnos más jóvenes fueran obligados a aprender sobre sexo. Madame Zinoviev fue la responsable del proyecto en la Rusia bolchevique, que intentó trasladar a Estados Unidos, pero que fue bloqueado en los años 20 por un Tribunal Supremo que aún no estaba lleno de jueces socialistas, y por la vigilancia de las Hijas de la Revolución estadounidenses. Los productos de los "tribunales feministas" consideran ahora el matrimonio como un mero contrato. El sexo ya no es místico, por lo que el estudiante de hoy no quiere tomarse el tiempo de formar una relación emocional antes de entregarse al "amor libre". Sabemos que estas ideas fueron preparadas en la Rusia bolchevique por Madame Kollontay y luego trasplantadas a los Estados Unidos.

Nuestro defectuoso sistema educativo produce niñas que no son aptas para la sociedad, y las estadísticas de delincuencia que afectan a las adolescentes confirman la verdad de esta afirmación. La cultura de la droga está muy arraigada en la juventud de los años 90. Los temas espirituales han sido expulsados de nuestras escuelas. Hoy en día, nuestros jóvenes estudiantes están al borde de la "iluminación socialista", donde todo vale si se siente bien.

De todas las ciencias, la ciencia política es la más antigua, ya que se remonta a la antigua Grecia. La ciencia política engloba el amor a la justicia, y explica por qué los hombres quieren gobernar. Pero la ciencia política no se enseña correctamente en nuestras instituciones educativas, que ahora enseñan una forma pervertida conocida como socialismo. Si la ciencia política se hubiera enseñado correctamente en nuestras escuelas y universidades, el juez Warren no habría tenido tanta facilidad para hacernos tragar el caso Brown contra la Junta de Educación. Así, mediante la astucia, el sigilo y el engaño, los socialistas se abrieron paso en la fatídica decisión de Brown vs. Board Education, que reorientó la educación en Estados Unidos hacia los canales socialistas/marxistas/comunistas.

Las fundaciones Rockefeller y Carnegie financiaron un grupo de estudio formado por Margaret Meade, antropóloga de la nueva ciencia, y Rensis Likert, para proponer una revisión de todas las políticas educativas regidas por la ley bíblica. La Sra. Meade utilizó la técnica de psicología inversa del Instituto Tavistock para superar lo que el informe describe como un "problema de enseñanza". El informe, que ha tenido un impacto devastador en la educación en los Estados Unidos, sigue siendo clasificado hasta el día de hoy. Uno de los resultados del estudio Meade-Likert fue la aparición de los Laboratorios Nacionales de Formación (NTL), que cuentan con más de cuatro millones de miembros. Una de sus filiales era la Asociación Nacional de Educación (NEA), la mayor organización de profesores del mundo.

Gracias a los esfuerzos de esta organización y de cientos de miles de profesores socialistas, la educación laica y humanista ha cerrado el círculo desde sus lentos comienzos en 1940. En los años 90, los socialistas obtuvieron tantas victorias impresionantes en el Tribunal Supremo que ya no ocultan su intención de secularizar completamente la educación. Este nuevo proyecto, aunque no es realmente nuevo salvo por la elección del título, dejará a la educación estadounidense por los suelos y a nuestros hijos entre los más incultos del mundo.

Antes hemos mencionado el Instituto Tavistock de Relaciones Humanas de la Universidad de Sussex, en Inglaterra, y el papel crucial que desempeñó en la vida económica, política, religiosa y educativa de la nación. Esta organización era desconocida en Estados Unidos hasta que publiqué mi trabajo sobre ella en los años 70. Tavistock está bajo el control directo de las figuras socialistas más poderosas de Gran Bretaña y está estrechamente aliada con la masonería británica. Tiene los contactos más estrechos con la Asociación Nacional de Educación, cuyos altos cargos se formaron en los Laboratorios Nacionales de Formación. Es en este nivel donde la "geopolítica" ha entrado en la educación de los profesores.

El "nuevo" sistema se llama "educación basada en los resultados" (OBE). Lo que hará la EFC es enseñar a nuestros hijos que no es necesario aprender a leer y escribir correctamente, que no es necesario destacar en la educación; lo que importa es cómo se comportan entre ellos y con los niños de otras razas.

¿Qué es la EFC? Es un sistema que castiga la excelencia y premia la mediocridad. La EFC pretende convertir a nuestros hijos en estudiantes de un solo nivel, donde la norma dominante es la mediocridad. ¿Por qué sería esto tan deseable? La respuesta obvia es que una nación en la que la gran mayoría de la población está educada al nivel del mínimo común denominador será fácil de conducir hacia una dictadura socialista. La base de la EFC se estableció con el caso Brown v Board of Education, que en un sentido muy real "fijó" los niveles de educación en el mínimo común denominador.

Lo que hará la EFC es convertir a los niños cristianos estadounidenses en paganos, sin respeto por sus padres y sin amor por su país, niños que despreciarán la identidad nacional y el patriotismo. El amor a la patria se convierte en algo feo, que hay que evitar a toda costa. La EFC enseña el concepto marxista de que la vida familiar tradicional está anticuada. Esto es precisamente lo que Madame Kollontay trató de imponer en los Estados Unidos en la década de 1920; es lo que los socialistas Bebel y Engels trataron de introducir en la educación tradicional en América. Hoy, sus expectativas más descabelladas se hacen realidad gracias a la EFC.

Es extraño, incluso inquietante, cómo la EFC reproduce los escritos de Bebel, Engels, Kollontay y Marx, casi un calco de los enemigos de la vida familiar y de la santidad del matrimonio. Es inquietante observar que el sistema propuesto por la EFC se encuentra casi palabra por palabra en el Manifiesto Comunista de 1848. Sólo podemos decir que después de los asombrosos éxitos de Evers y de Brown vs. Board Education, la socialización de la educación en Estados Unidos despegó como un huracán y, aparentemente, hoy nada puede detenerla.

Los jueces Black y Douglas se habrían alegrado de seguir con nosotros, al igual que Brandeis, Frankfurter y Earl Warren. La EFC se ha hecho cargo de las escuelas. Ahora, en lugar de profesores, tenemos agentes de cambio que obligan a aceptar los puntos de vista del grupo, que ellos, los facilitadores, lavan de la mente de los alumnos. Las "reformas" dirigidas por los facilitadores ponen a los niños en contra de sus padres y de los valores familiares. El jefe de grupo de la clase ocupa el lugar de los padres. Siempre existe la noción de "reforma interna" o "necesidades internas" que deben ser satisfechas, y estas "necesidades" significan lo que el líder del grupo diga que significan.

La vieja técnica socialista de la "educación sexual" se lleva mucho más allá de lo que se ha hecho antes. En la EFC hay parejas de grupo con entrenamiento explícito de sensualidad y se fomenta activamente la promiscuidad. No hay ningún intento de fomentar el sentido de la historia. No se enseña nada sobre los grandes líderes del pasado que trajeron la civilización al mundo. El énfasis está en el presente, "hazlo ahora" y "hazlo si te sientes bien". La EFC es responsable del enorme aumento de la delincuencia juvenil. La generación actual y futura de jóvenes a los que se les enseñan los métodos de la EFC se convertirán en las turbas callejeras de la actual "Revolución Francesa", que se utilizarán para el mismo fin, en un futuro no muy lejano.

No cabe duda de que el proyecto de la EFC surgió del Plan de Estudios Mundial de 1986 y del libro de Aldous Huxley "Un mundo feliz", en el que sostenía que un mundo perfecto sería uno sin familias, sin hijos sin padres, en el que las palabras "padre" y "madre" serían odiadas y repudiadas, y en el que los niños serían cuidados por instituciones sociales estatales, niños cuya lealtad sería únicamente para el Estado. La búsqueda de una sociedad así se remonta a mucho tiempo atrás, antes del "Plan de estudios del mundo" y de Huxley. El comunista Bebel escribió su versión de cómo se debe considerar a los niños: como pupilos del Estado. Marx, Engels y, en particular, Madame Kollontay, cuyo libro "El comunismo y la familia" fue la fuente de gran parte de "Un mundo feliz" de Huxley.

Los niños vendrían a través del tubo de ensayo, y los laboratorios emparejarían los espermatozoides para dar un nivel de mentalidad superior, una inteligencia media y una inteligencia inferior. En su vida adulta, a estos seres se les asignarían diversas funciones en un mundo de esclavos, como describo en mi libro "El Comité de los 300".[7] Si esto parece demasiado difícil de aceptar para el lector, recuerde que los bebés probeta ya están entre nosotros. Han sido aceptados por la sociedad, sin darse cuenta del siniestro propósito que hay detrás de este impío desarrollo. El socialismo necesita una masa de imbéciles y un pequeño número de personas de inteligencia superior. Las masas de imbéciles harán el trabajo en el mundo socialista esclavista, porque la clase inteligente tiene el poder. En un mundo así tendremos un "apartheid" tal que la versión sudafricana parecería una edad de oro de la buena voluntad.

La reacción de los lectores ante esta información será, como es de esperar, de escepticismo. Sin embargo, hay que ver las realidades, así que veamos hasta dónde ha llegado la EFC para igualar a Huxley, Kollontay, Engels y Bebel. El proyecto de ley HR 485 de la Cámara de Representantes forma parte del programa socialista de "reforma"

[7] Véase, *The Hierarchy of Conspirators - A History of the Committee of 300*, John Coleman, Omnia Veritas Ltd, www.omnia-veritas.com.

de la educación. El Presidente Clinton ha sido elegido para llevar a cabo una amplia batería de reformas, y lo está haciendo con gran rapidez y eficacia, sabiendo que será un presidente de un solo mandato. El plan socialista Padres como Profesores (PAT) ya está en marcha en 40 estados. El llamado "programa de coparentalidad" (COP) comenzó con un programa piloto en San Luis, Missouri, en 1981. La verdadera intención del COP es sustituir la patria potestad por trabajadores sociales del COP, preferentemente en el periodo prenatal.

Inspirándose en Aldous Huxley, Laura Rogers escribió un libro titulado "La nueva familia valiente en Missouri" en el que afirma que sólo se necesitaron cuatro años para que la legislatura del estado de Missouri aceptara el TAP y que el concepto de TAP se ha extendido a Europa y se está aplicando en 40 estados de Estados Unidos. ¿Es esta la realidad? ¿Es comparable a lo que hemos esbozado en este capítulo sobre las "reformas" educativas? Los socialistas pretenden "reformar" la educación hasta tal punto que se produzca el mismo clima que predijo El mundo feliz de Huxley. Y lo están haciendo ahora, ante nuestros ojos.

En el marco del TAP, un supuesto "educador" se vincula a una familia -literalmente- y comienza el proceso de cambiar las actitudes de los padres y del niño o niños para que se ajusten a los ideales socialistas. Cómo se hace esto lo explica Rogers en su artículo "The Brave New Family in Missouri".

Primer paso. El "educador de padres" va a las escuelas y a los hogares para "vincularse" con la familia, con el pretexto de promover la educación del niño.

Segundo paso. El niño o los niños reciben un número de identificación informática que será permanente.

Tercer paso. El "agente de cambio" trabajará para cambiar la relación entre el niño y los padres mediante un "programa de tutoría", como se hace en la Universidad Socialista de Oxford.

Cuarto paso. Los "padres educadores" están obligados a denunciar cualquier cosa que consideren un "comportamiento hostil" o un maltrato llamando a una "línea directa" especial creada a tal efecto.

Paso 5. Los jueces deciden sobre los "casos de línea" y si se considera que el niño o los niños están en peligro, se les puede retirar la custodia.

Paso 6. Si las recomendaciones del "educador de padres" sobre los servicios de salud mental son rechazadas por los padres, por ejemplo, en lo que respecta a la medicación, el Estado puede retirar al niño o niños del cuidado de los padres. El niño o los niños pueden ser ingresados en un centro de tratamiento residencial y los tribunales pueden ordenar a los padres que se sometan a "asesoramiento psicológico" durante el tiempo que el "educador de padres" considere necesario.

Lo que hace la PAT es erigirse en juez y jurado para decidir quiénes son padres aptos y no aptos. Para ello, el TAP utiliza lo que Rogers denomina "definiciones de factores de riesgo", que se han convertido en la norma para medir la aptitud o incapacidad de los padres para criar a sus hijos, y recuerda que estos criterios se utilizan actualmente en 40 estados:

> "Incapacidad de los padres para hacer frente a (lo que no se define) un comportamiento inadecuado del niño (por ejemplo, mordeduras graves, comportamiento destructivo, apatía)".
>
> "Padres de familia de bajo funcionamiento. Se consideran padres potencialmente abusivos. En esta categoría, el padre-profesor tiene un amplio abanico de opciones. Prácticamente todos los padres pueden entrar en la categoría de "padres de bajo funcionamiento".
>
> "Estrés excesivo que afecta negativamente a las funciones familiares". Esto da al padre educador un número prácticamente ilimitado de opciones para citar señales de peligro "abusivas", incluyendo los bajos ingresos.
>
> "Otros... Puede tratarse de una gran variedad de afecciones, como alergias, fumar mucho en casa (¿lo sabe R.J. Reynolds?), antecedentes familiares de pérdida de audición..."

De lo anterior se desprende que el socialismo en la educación ha alcanzado la mayoría de edad en Estados Unidos. Lo que Madame Kollontay, Engels, Bebel y Huxley pensaban que era lo más deseable se ha hecho realidad. La educación es el medio con el que se puede derrotar al socialismo, como dejaron claro muchos de nuestros estadistas en el siglo XIX, pero en las manos equivocadas es un arma poderosa que el socialismo esgrimirá sin piedad para conseguir el estado esclavista del tan deseado Nuevo Orden Mundial. Nada de esto habría sido posible sin la traición y la perfidia del Tribunal Supremo y, especialmente, la venenosa actitud de los jueces Douglas y Black, que deberían pasar a la historia como dos de los más viles traidores de la historia de esta nación.

Capítulo 4

LA TRANSFORMACIÓN DE LAS MUJERES

A lo largo de la historia, las mujeres han desempeñado un papel decisivo. Antes del siglo XX, solían estar en un segundo plano, observando, dando consejos y ánimos, nunca de forma ostentosa y rara vez, o nunca, en público. Pero esto cambió a finales del siglo XIX, y el vehículo del cambio fue la Sociedad Fabiana y el socialismo internacional.

Cuando el barbudo Sydney Webb conoce a la escultural Martha Beatrice Potter, empiezan a saltar chispas. (Ambos reconocen en el otro un genio particular para la organización y el manejo de los asuntos cotidianos. Antonio y Cleopatra eran más glamurosos, la Reina de Saba y Salomón más majestuosos, Hitler y Eva Braun más dramáticos, pero en comparación con los Webb, su impacto en el mundo fue menor. El daño causado por los Webb aún resuena en todo el mundo, mucho después de que los otros dos se hayan convertido en meras figuras históricas.

Sydney Webb conoció a Beatrice Potter en 1890. Estaba bien dotada, tanto física como económicamente. Él, en cambio, era pequeño, bajito y no tenía dinero. Beatrice procedía de una familia de magnates ferroviarios canadienses y contaba con los ingresos propios de su padre. Quizás lo que unió a Sydney y Beatrice fue su vanidad, que nunca se molestaron en ocultar. El rechazo de su oferta de amor a Joseph Chamberlain, un hombre de clase alta, había despertado la ira y la amargura de Beatrice, que parece ser el combustible que impulsa su "odio de clase". Webb trabajó como empleado en la Oficina Colonial Británica, lo que se consideraba un puesto bastante bajo en la vida inglesa victoriana.

En 1898, Beatrice y su marido dirigieron su atención a los Estados

Unidos, realizando una "gran gira" de tres semanas. Durante este tiempo, los Webbs no se reunieron con los miembros de base del sindicato ni con las trabajadoras del distrito de la confección de Nueva York. En cambio, buscaron y fueron recibidas por la élite del socialismo neoyorquino, entre ellas la señorita Jane Addams y Prestonia Martin, ambas del Social Register.

Fue un modelo que seguirían todos los líderes socialistas/bolcheviques en los años siguientes. En 1900, gracias en gran parte a los trabajos de Beatrice, la Comisión Real de la Universidad de Londres decretó que la economía sería en adelante elevada a la categoría de ciencia. Beatrice no perdió tiempo en impresionar a Granville Barker, un conocido hombre de teatro, y al representante personal del presidente Wilson, Ray Stannard Baker, con este gran logro en un almuerzo organizado por Beatrice y su marido.

La asociación Webb-Potter se convirtió en un matrimonio y comenzó la moda de un equipo de marido y mujer más devoto del socialismo que del otro en privado, pero en la superficie, una pareja muy devota. Esto demostró ser una baza importante para atraer a las mujeres a las filas de las causas sociales y la política, y puede decirse que fue el nacimiento del feminismo radical. Clements Inn, sede de la Sociedad Fabiana, fue la fuente de las Noticias Fabianas, publicadas por primera vez en 1891. Beatrice fue coautora y con su dinero se pagó el coste de la impresión.

Para Beatrice, era natural que la mejor manera de promover su ideal fuera a través de la élite del país. Si la gente corriente es buena en los "mítines" tipo Billy Graham, es la élite la que puede hacer las cosas. En este sentido, Beatrice nunca perdió su esnobismo. Para ella, primero había que convertir a la élite, el resto vendría después. Este fue el modelo que los líderes bolcheviques adoptarían más tarde. Cuando Jruschov visitó Inglaterra y otros países de Europa Occidental, nunca se le vio alojarse en una casa de campo de los estibadores o reunirse con las bases de los sindicatos. Siempre fue la élite a la que Jruschov prestó mucha atención -Agnelli en Italia, Rockefeller en EEUU- y lo mismo ocurrió con todos los líderes socialistas.

No es de extrañar que Beatrice empezara a fijarse en los hijos de los ricos y famosos de la Universidad de Oxford. La calidad de su trabajo puede juzgarse por el número de traidores de la alta sociedad, productos de Oxford y Cambridge, que traicionaron voluntariamente a Occidente para promover su objetivo de una revolución mundial socialista, de los cuales Burgess, Mclean, Philby, Anthony Blunt, Roger Hollis son los más conocidos, pero ciertamente no los únicos. Bajo el manto de la "reforma" social se escondía un cáncer mortal y peligroso que corroía los ideales del Occidente cristiano, llamado socialismo fabiano. Uno de sus primeros conversos notables fue Walter Lippmann, a quien Beatrice Webb "indujo" a unirse a la Sociedad Fabiana.

En 1910, Beatrice y su dinero habían establecido varios centros desde los que se difundía la propaganda fabiana. Escritores, teatreros y políticos de la época comenzaron a gravitar hacia su círculo. Según el New Statesman, la opinión general era que Beatrice lideraba un movimiento cultural liberal y simpático. La millonaria Charlotte Payne-Townshend se convirtió en amiga de Beatrice, a quien le pidió que le presentara a George Bernard Shaw, tras lo cual Charlotte lo convirtió en un hombre honesto. Ahora los dos líderes masculinos pueden permitirse dedicar todo su tiempo a promover el socialismo, gracias al dinero de sus respectivas esposas.

Lo que se ha observado a menudo es que ambas mujeres pasaron su vida atacando al mismo sistema que les proporcionaba el dinero para sus actividades. Beatrice Webb fue la fuerza impulsora de la toma de posesión del Partido Laborista, al igual que otra socialista, Pamela Harriman, tomó más tarde el control del Partido Demócrata en Estados Unidos y puso en el poder a un presidente cuyo programa socialista era llevar al país a un gobierno socialista mundial: el Nuevo Orden Mundial.

Ciertamente, Beatrice Webb trabajó incansablemente para destruir las políticas económicas y desmantelar el orden social y económico de una Inglaterra ordenada. Lo que me sorprende es que los Webb no hayan sido detenidos por sedición y traición, como lo fue el profesor "rojo" Harold Laski. Si eso hubiera ocurrido, podría haber salvado a los Estados Unidos de las convulsiones de orientación socialista que continúan hasta hoy. Entre los amigos de Beatrice de aquella época se encontraban una condesa y muchas damas famosas de la sociedad londinense de la época, entre ellas la esposa de Sir Stafford Cripps. Estas feministas radicales abrieron sus casas para celebrar fiestas de té y retiros de fin de semana por causas socialistas.

A lo largo de su largo reinado, Beatrice Webb nunca vaciló en su apoyo a los bolcheviques, lo que no pareció perturbar su larga lista de contactos de la alta sociedad, entre ellos Sir William Beveridge, que tendría una enorme repercusión en la política de Inglaterra y Estados Unidos (el plan Beveridge se convirtió en el modelo de seguridad social en Estados Unidos). Cuando Beatrice murió en 1943, sus servicios al socialismo fueron reconocidos de una forma extraña: las cenizas de Martha Beatrice Webb fueron enterradas en la catedral de Westminster, un lugar extraño para una atea declarada.

La tigresa del movimiento feminista radical, antimatrimonial y antifamiliar, introducido en el mundo por los socialistas fabianos, fue Madame Alexandra Kollontay. No se sabe si Beatrice Webb conoció a Kollontay en sus frecuentes viajes a Moscú. ¿Quién era Madame Kollontay? En la página 9972 de los folios 9962-9977, Registro del Congreso, Senado del 31 de mayo de 1924, encontramos lo siguiente:

> "La Sra. Kollontay es ahora ministra soviética en Noruega, después de una agitada carrera que ha incluido ocho maridos, dos puestos de comisario del pueblo, el primero como comisario de bienestar, dos visitas a los Estados Unidos (1915 y 1916), agitador socialista alemán, después de haber sido deportado de tres países europeos en 1914 como revolucionario peligroso..."

Luego hay otra presentación de esta feminista radical revolucionaria mundial de línea dura en la página 4599 de las páginas 4582-4604:

> "... Recientemente, la embajadora de la Unión Soviética, Alexandra Kollontay, vino a México. Se dice que ha sido una líder del movimiento revolucionario mundial durante 28 años; que fue arrestada en tres países diferentes por sus esfuerzos en 1916 y que en 1917 visitó los Estados Unidos hablando por todo el país. Estaba bajo la dirección de Ludwig Lore, actualmente un destacado comunista en Estados Unidos. El objeto y el propósito de la visita de Kollontay a los Estados Unidos en 1916 y 1917 era incitar a los socialistas de este país y obstaculizar nuestras actividades si los Estados Unidos entraban en un sistema de resistencia por lo ocurrido. Alexandra Kollontay es la mayor exponente mundial del "amor libre" y de la nacionalización de

> los niños. Está en México con este propósito y no augura nada bueno para el pueblo de Estados Unidos".

El libro de Kollontay, "El comunismo y la familia", es el ataque más violento y salvaje contra el matrimonio y la familia jamás escrito, superando la maldad decadente de "El origen de la familia" de Fredric Engels. Los seguidores radicales del "amor libre" de Kollontay se autodenominaban "Liga Internacional por la Paz y la Libertad". Pero han sufrido varios cambios de nombre para disimular que su agenda sigue siendo la misma que la de Alexandra Kollontay: hoy se hacen llamar "Liga Nacional de Mujeres Votantes" y "Liga Nacional por el Derecho al Aborto" (NARL). También tienen la audacia de llamarse "pro-choice", lo que significa que tienen la opción de asesinar o no a los niños no nacidos.

Los objetivos de las "feministas liberales" marxistas/socialistas - más conocidas como feministas radicales- se definieron en los años 1920-1930 y no han cambiado. La reivindicación de los "derechos de la mujer" es sinónimo de amor sin responsabilidad, es decir, de aborto a la carta. Ellos y sus socialistas incendiarios en la Cámara y el Senado forman una alianza impía con los chacales de los medios de comunicación que comenzó en los días de Florence Kelley.

Kollontay fue la abanderada de las feministas radicales con las que hoy cuenta este país. El Comité Overman sobre el bolchevismo en los Estados Unidos informó lo siguiente:

> El objetivo aparente del gobierno bolchevique de Rusia es hacer que los ciudadanos rusos, especialmente las mujeres y los niños, dependan de ese gobierno... Ha destruido la ambición natural y ha hecho imposible el cumplimiento de la obligación moral de cuidar al niño y de protegerlo adecuadamente contra las desgracias de la orfandad y la viudez... Promulgó decretos relativos al matrimonio y al divorcio que prácticamente establecían el "amor libre"". Documento del Senado página 61, 1ª sesión, páginas 36-37 Registro del Congreso.

Lo anterior corresponde perfectamente a los fines y objetivos del socialismo fabiano. El feminismo radical, que hoy en día está desenfrenado y desatado en Estados Unidos, es una enseñanza socialista. El modelo socialista de la Sociedad Fabiana permitía, e incluso fomentaba, el feminismo radical al tiempo que lo ocultaba bajo un velo de domesticidad. Si bien Beatrice Webb y sus asociados no lograron establecer clínicas de aborto abiertas, vale la pena repetir que la señora Harold Laski, esposa del profesor Laski, uno de los grandes nombres de los círculos socialistas, fue la primera en impulsar la idea de los centros de asesoramiento sobre control de la natalidad en Inglaterra.

La Dra. Annie Besant era bien conocida por Beatrice Webb a través de los círculos del Partido Liberal en Londres. Besant era la sucesora de Madame Blavatsky y había heredado su Sociedad Teosófica, cuyos adherentes se encontraban entre los ricos y famosos de los círculos de poder de la Inglaterra victoriana. Besant desempeñó un papel importante en la instigación de la agitación a través del salón, siendo su primera aventura un ataque a la industria en Lancashire, un importante centro industrial de Inglaterra.

Como jefa de la Co-Masonería aliada con el KKK "Clarte" (sin conexión con el KKK de los Estados Unidos) y la Logia Nueve Hermanas del Gran Oriente de París, Besant fue muy activa en la promoción de lo que ella llamaba "democracia social", pero en todo momento estuvo bajo el control de la Logia del Gran Oriente de París, de la que recibió el título de Vicepresidenta del Consejo Supremo y Gran Maestra del Consejo Supremo para Gran Bretaña. Es aquí donde se reconoce claramente la convergencia de la masonería, la teosofía y la Alianza de Religiones.

H.G. Wells creía en las nociones de Besant, probablemente porque, como él, era miembro del KKK 'Clarte', al igual que Inez Milholland. Ambas damas socialistas trabajaron con ahínco por la causa del sufragio femenino, que Sydney Webb vio con perspicacia como la ola del futuro a la hora de conseguir votos para los partidos laborista y liberal.

Lo que Besant llegó a ser, se lo debe a Madame Petrova Blavatsky, quien a su vez debe su rápido ascenso en la escala social a Herbert Burrows, quien promovió sus "talentos" a través de la Sociedad para la Investigación Física, un club selecto para los ricos, aristócratas y políticamente poderosos en los círculos londinenses victorianos. Estos círculos eran frecuentados por H.G. Wells y Conan Doyle (posteriormente Sir Arthur Conan Doyle). Wells describió a Blavatsky como "una de las impostoras más consumadas, ingeniosas e interesantes del mundo".

Blavatsky fue iniciada en la masonería carbonaria por el líder indiscutible de esa logia en Italia, el gran Mazzini. También fue cercana a Garibaldi, y estuvo con él en las batallas de Viterbro y Mentana. Dos hombres que influyeron mucho en su vida fueron Victor Migal y Riavli, ambos masones revolucionarios de la Logia del Gran Oriente. Murió en 1891, como socialista empedernida y confirmada.

Susan Lawrence fue una de las tres primeras candidatas del Partido Laborista elegidas al Parlamento gracias al trabajo del movimiento sufragista, liderado por las guerreras de la Sociedad Fabiana Ellen Wilkinson y Emily Pankhurst. Lawrence se hizo famosa por su declaración: "Yo no predico la guerra de clases, la vivo". Margaret Cole desarrolló su instinto de feminismo radical mientras trabajaba como investigadora para la Sociedad Fabiana. Luego pudo poner en práctica lo que había aprendido cuando trabajó en el Ministerio de Trabajo británico, mientras su marido, G.D.H. Cole, ascendía a la fama en una sucesión de gobiernos laboristas. Al igual que los Webb, los Cole mantenían una apariencia de felicidad doméstica, pero su matrimonio era de conveniencia socialista.

Una de las alumnas estrella de Beatrice Webb fue Margaret Cole, que escribió "La historia del socialismo fabiano", en la que se endulzan los objetivos del feminismo radical para atraer a las moscas. Cole es responsable de gran parte de la penetración y permeabilidad del socialismo fabiano en América. Los estudiosos del socialismo fabiano creen que la anulación del Informe Lusk por el veto del gobernador de Nueva York, Al Smith, encaja perfectamente con el dictado socialista fabiano: "Pide a un socialista que te haga el trabajo sucio". Cole fue miembro de la delegación de la Confederación Internacional de Sindicatos Libres en las Naciones Unidas.

En Estados Unidos, una de las mujeres socialistas más importantes fue Florence Kelley. Su verdadero nombre era Weschenewtsky. Nadie parecía saber mucho de ella, salvo que Kelley había estudiado a Lenin y Marx en Suiza, el refugio internacional de los revolucionarios. Le gustaba llamarse a sí misma "marxista cuáquera". Una cosa que los socialistas fabianos sabían era que Kelley estaba liderando la carga de la "reforma" en los Estados Unidos. En ocasiones eclipsó a su amiga más famosa, Eleanor

Roosevelt, al convencerla de que se uniera a la socialista Liga Nacional de Consumidores (NCL), de la que fue miembro fundador.

La NCL, una institución socialista dedicada, era una organización decidida a llevar al gobierno federal a las áreas de salud, educación y poderes policiales que pertenecían a los estados en virtud de la 10ª Enmienda de la Constitución de los Estados Unidos. Kelley demostró ser un genio en este sentido. Se le atribuye la formulación de la llamada estrategia del "Informe Brandeis", que consistía en ahogar un caso jurídico poco convincente en masas de documentos irrelevantes, de modo que el caso se decidiera finalmente no sobre la base del derecho, sino sobre la base de la "opinión jurídica" sociológica y económica de tendencia socialista. Como los jueces no estaban formados en sociología, no eran las personas indicadas para juzgar los méritos de la SOCIOLOGÍA del caso que se les presentaba, por lo que estos casos solían decidirse a favor de los socialistas.

Elizabeth Glendower, una mujer de la alta sociedad, a menudo recibía a Kelley en su casa, junto con Brandeis y los principales escritores socialistas de la época. Se sabe que Kelley entabló una estrecha amistad con Upton Sinclair, cuyas primeras obras literarias consistían en paquetes de "documentos de posición" socialistas fabianos enviados a estudiantes universitarios socialistas para su distribución en los campus de todo el país. A pesar de sus negativas, Kelley era un implacable buscador de oportunidades para promover la causa de la revolución mundial.

La señora Robert Lovett, cuyo marido era profesor de inglés en la Universidad de Chicago, era una estrecha aliada de Kelley. Los Lovetts, Kelley y Jane Addams dirigieron un centro de trabajo socialista llamado Hull House, al que asistieron Eleanor Roosevelt y Frances Perkins. Muchos miembros de Hull House viajaron a Inglaterra para asistir al programa de escuelas de verano de la Sociedad Fabiana. Kelley era bueno para hacer conversos al socialismo y fue un incansable misionero del socialismo estadounidense.

Las mujeres socialistas entraron en escena en Estados Unidos al final de la Guerra Civil. Las comunistas fueron muy activas en el período previo a la guerra y en el período inmediatamente posterior, un hecho que no se menciona en los libros de historia del establishment, y estas "feministas" socialistas tuvieron mucho éxito en penetrar y permeabilizar las organizaciones legítimas de mujeres preocupadas por el bienestar de sus familias.

Esto era relativamente fácil para los socialistas fabianos formados, dada la costumbre de la época de colocar a las mujeres en un pedestal de respeto, merecedoras de la protección de los hombres. Algunos de los líderes de los carpeteros eran socialistas o comunistas profundamente comprometidos. Cuando la cuestión del sufragio femenino fue planteada por las socialistas, los hombres consideraron que no era prudente exponer a las mujeres a la rudeza de la política, pero no conocían a sus rudos socialistas.

Otros eran muy conscientes de cómo los socialistas y los comunistas reclutaban a mujeres militantes y agresivas y las entrenaban para ir en contra del feminismo dominante. La actitud de la época está bien expresada en las páginas 165-170 del apéndice del Congressional Globe, "Suffrage Constitutional Amendment". El honorable J.A. Bayard dijo del socialismo en 1869:

> "La siguiente excepción es la del sexo. No discutiré esta posición con los comunistas o los socialistas, ni con el Partido de los Derechos de la Mujer, porque la locura de esta especie de naticismo, aunque ha hecho grandes progresos últimamente, no está tan extendida como para necesitar elaboración o refutación. La vanidad desmedida y el amor a la notoriedad pueden haber tentado a algunas mujeres a desexualizarse, tanto en la vestimenta como en la ocupación; pero el corazón de las mujeres y el instinto de la maternidad las mantendrán fieles al más alto de sus deberes en la vida, la cultura y la formación del carácter de su descendencia..."

En la página 169 del apéndice de los Globos del Congreso (el discurso del senador Bayard) se encuentra el hecho de que ésta era la época de la caballerosidad, que ha sido completamente destruida por Hillary Rodham Clinton, Bella Abzug, Eleanor Smeal, Elizabeth Holtzman, Pat Schroeder, Barbara Boxer, Dianne Feinstein y sus parientes:

> "Estoy orgulloso y feliz de que en este país, nuestra América, haya una devoción caballeresca por el sexo que no ha sido igualada en ningún otro país. No cedo ante nadie en mi deferencia al sexo y en mi deseo de asegurar y proteger a las

mujeres en todos sus derechos; pero el sufragio no es un derecho...".

Es interesante ver hasta qué punto los socialistas han utilizado las legítimas preocupaciones que siente la sociedad femenina y las han convertido en un vehículo para las causas socialistas, con efectos perjudiciales. Es la consecuencia natural de esta penetración y permeabilidad por parte de los astutos socialistas fabianos que el Congreso de los Estados Unidos se ha convertido en el patio de recreo de un cuadro de mujeres endurecidas y poco femeninas que han anulado el espíritu de la caballería en su feroz deseo de que el socialismo fabiano se apodere de los Estados Unidos.

Algunos de los llamados frentes socialistas de "derechos de la mujer" fueron los siguientes:

- Federación General de Clubes Femeninos.
- Congreso Nacional de Madres y Asociación de Padres y Maestros.
- Liga Nacional de Mujeres Votantes.
- Federación Nacional de Mujeres de Negocios y Profesionales.
- Unión Cristiana de la Templanza.
- Asociación de Mujeres Universitarias.
- Consejo Nacional de Mujeres Judías.
- Liga de Mujeres Votantes.
- Liga Nacional de Consumidores.
- Liga Sindical de Mujeres.
- Liga Internacional de Mujeres.
- Sociedad Amistosa de Chicas Americanas.

Estas organizaciones formaban parte de una demanda presentada por la Sra. Florence Kelley y varias destacadas "feministas" (socialistas) en julio de 1926. Intentaban aprobar una ley, la Ley de Maternidad e Infancia, que violaba la 10ª Enmienda de la Constitución de los Estados Unidos, pero el Tribunal Supremo, libre del control que se ejerce sobre él hoy en día (que comenzó con la era Roosevelt) salvó a la nación de un intento socialista de hacerse con el control total de los Estados Unidos. El presidente Carter tomó gran parte del material del libro de la Sra. Kollontay, "Communism and the Family", para su proyecto de ley de educación.

Los socialistas siempre han pretendido nacionalizar a los niños de América. La socialista Shirley Hufstedler, que en su momento dirigió el inconstitucional Departamento de Educación de Estados Unidos, se inspiró en Madame Lelina Zinoviev, esposa de Gregory Zinoviev. Hufstedler pretendía "nacionalizar" e "internacionalizar" a los niños estadounidenses para prepararlos para su futuro papel de mezcladores de razas en un gobierno mundial.

Esta era también la intención de Frances Perkins, una trabajadora social de formación que lideró el llamado "movimiento feminista" en Estados Unidos durante muchos años. Perkins fue el Comisionado Laboral del Estado de Nueva York del Gobernador Franklin D. Roosevelt. Contaba con Eleanor Roosevelt entre sus mejores amigos, y Kelley estuvo cerca de Roosevelt durante los tres mandatos de ésta en la Casa Blanca. Una de las primeras tareas de Perkins fue fundar la Asociación Internacional para la Legislación Laboral con Eleanor Roosevelt y su protegido, Harry L. Hopkins, con quien Perkins colaboró estrechamente en la creación del workfare para los desempleados del estado de Nueva York.

El plan original procedía de un grupo socialista conocido como Asociación para la Mejora de los Pobres. Perkins y sus amigos pulsaron todos los botones correctos e hicieron lo que fuera necesario para que sus "reformas" fueran aprobadas por la legislatura del Estado de Nueva York. Se distribuyeron cientos de panfletos y folletos en escuelas y universidades para conseguir apoyo a estos "cambios beneficiosos", mientras que los redactores de alto nivel escribieron artículos que fueron recogidos por la prensa sensacionalista. Se realizaron decenas de "encuestas" para crear un "sentimiento popular" a favor de las "reformas" laborales que sólo podían "beneficiar a todo el país".

Perkins desempeñó muchas funciones y destacó por su incansable energía y dedicación al movimiento socialista fabiano en Estados Unidos. Cuando Roosevelt dejó Albany para ir a Washington, Perkins le siguió. Fue la primera mujer en ser nombrada para un puesto del gabinete en la historia de Estados Unidos. Su influencia con Roosevelt fue sólo un poco menor que la de Eleanor Roosevelt.

Perkins permaneció al lado de Roosevelt desde el primer hasta el último día de sus tres mandatos, tiempo durante el cual introdujo en el gobierno federal una verdadera avalancha de abogados, economistas, estadísticos y analistas socialistas. Cuando John Maynard Keynes visitó a Roosevelt e intentó explicar sus teorías económicas sin mucho éxito, fue Perkins quien se las vendió a Roosevelt. Perkins se tragó la teoría del "multiplicador", haciendo la observación casi inmortal de que "con el sistema (de Keynes), con un dólar se han creado cuatro dólares".

Perkins ideó el plan para amañar la convención demócrata de 1940, que hizo que Roosevelt obtuviera su tercer mandato, aunque el "mérito" suele corresponder a Harry Hopkins. Durante los primeros días de Roosevelt como gobernador de Nueva York, Perkins fue el cabildero de la Liga Nacional de Consumidores y del Consejo de Comercio Femenino en Albany, Nueva York.

Se dice que sus contactos con los principales intelectuales socialistas de la época se cuentan por centenares y que era la favorita de Felix Frankfurter. Otro de sus partidarios masculinos fue Harry Hopkins, que llegaría a la fama en la época de Roosevelt y haría un daño considerable a los Estados Unidos. Perkins llevó consigo a Washington a una serie de economistas socialistas y profesores de trabajo, de los que se desprendió un verdadero torrente de material socialista, gran parte del cual aún se enseña en las universidades. Más que ninguna otra mujer -incluida Eleanor Roosevelt- Perkins influyó en Roosevelt para que Estados Unidos entrara en la Segunda Guerra Mundial.

A Perkins se le atribuye la redacción de la legislación nacional sobre el seguro de desempleo y las pensiones de jubilación. A petición del presidente Roosevelt, Perkins trabajó entre bastidores para hacer realidad estos dos sueños socialistas, utilizando como guía la obra Prohibir la pobreza, de Prestonia Martin. Perkins recibió mucha ayuda de John Maynard Keynes, que visitó Estados Unidos en 1934 como embajador de buena voluntad del socialismo fabiano. Keynes y Perkins estaban de acuerdo en que el socialismo tenía una oportunidad inestimable de hacer grandes avances durante el mandato de Roosevelt.

Como casi todo el New Deal, que fue tomado casi textualmente del libro de Graham Wallas del mismo nombre, "Prohibir la pobreza" fue utilizado ampliamente para formular un sistema de seguro social obligatorio (Seguridad Social). Perkins buscó y obtuvo una importante contribución de Sydney y Beatrice Webb, quienes señalaron a Perkins y a Roosevelt que la Sociedad Fabiana había redactado el plan electoral del Partido Laborista de 1918 y había influido en la elaboración del plan Beveridge, que se convirtió en la base del bienestar social británico.

Así, el New Deal de Graham Wallas, el Plan Beveridge y las propuestas de Sydney Webb escritas para el Partido Laborista en 1918, y los principios económicos de "impuestos y gastos" de John Maynard Keynes de la Sociedad Fabiana, formaron, con pequeñas adaptaciones y ajustes, la base del New Deal de Roosevelt. El papel de Frances Perkins en la consecución de este objetivo no puede ser exagerado. La gente me pregunta a menudo, con profundas dudas en la voz, "¿Cómo podrían los británicos influir, y más aún dirigir, un país como Estados Unidos como usted cree que deberían hacerlo? "La Ley de Seguridad Social de 1936 fue obra de Sir William Beveridge, el profesor Graham Wallas y el director de la Sociedad Fabiana, Sydney Webb, retocada y completada por Frances Perkins. Un estudio de cómo se hizo esto y el papel que jugó Frances Perkins responde a la pregunta de todos los tomistas dudosos mucho mejor que cualquier palabra que yo pueda usar.

La Ley de Seguridad Social de 1936 era puro socialismo fabiano en acción. Fue algo sin precedentes en la historia de los Estados Unidos y también 100% inconstitucional. Pasé mucho tiempo buscando en el Registro del Congreso desde 1935 hasta 1940 y más allá para ver si podía encontrar algo que hubiera hecho que esta pieza de legislación socialista fuera pura y simplemente constitucional, pero fue en vano.

La forma en que se llevó a cabo este atraco socialista al pueblo estadounidense muestra cómo los socialistas están dispuestos a llegar a extremos extraordinarios para que sus leyes patentemente absurdas sean sancionadas por el Tribunal Supremo. Perkins, ante este dilema, no vio ninguna salida. Roosevelt necesitaba que la Ley de Seguridad Social se convirtiera en ley para poder utilizarla para ganar la reelección. Gracias a la intercesión de Harry Hopkins,

Brandeis y Cardoza, Perkins se encontró sentado junto al juez socialista Harlan Stone, un destacado liberal, en una cena en Washington en el momento álgido de la crisis.

La secretaria Perkins le dijo al juez Harlan Stone que estaba infringiendo la Constitución y que necesitaba una solución para financiar la Seguridad Social que fuera aceptada por el Tribunal Supremo. Violando toda la etiqueta judicial, si no violando directamente la ley, el juez Stone susurró al oído de Perkins:

> "El poder tributario del gobierno federal, querida, el poder tributario del gobierno federal es suficiente para todo lo que quieres y necesitas.

Perkins siguió el consejo del juez Harlan Stones, y así hoy tenemos una seguridad social socialista en una República Confederada. No hay duda de que el juez Stone debería haber sido impugnado, pero nunca se presentaron cargos contra él.

Perkins mantuvo la confianza del juez, sin decírselo a nadie más que a Roosevelt, quien inmediatamente utilizó este esquema groseramente ilegal para financiar cada uno de sus programas del New Deal socialista. Más tarde, Harry Hopkins entró en el secreto, y se permitió atribuirse el mérito de la frase "tax and spend, tax and spend".

Perkins era confidente y amigo de Henry Morgenthau, del juez Hugo Black y de Susan Lawrence, la formidable congresista y alta ejecutiva de la Sociedad Fabiana. Perkins fue una de las figuras clave en el intento de toma de posesión socialista de los Estados Unidos en la década de 1920, un plan mortal basado en el libro "Philip Dru-Administrador", escrito por el coronel Edward Mandel House.

Según lo que Susan Lawrence le dijo a Jane Addams, es por

> "En uno de los fenómenos más extraños de la historia, el elaborado sistema de controles y equilibrios ideado en la Constitución estadounidense ha dado lugar, al menos por el momento, al completo ascenso personal de Franklin Roosevelt.

Sin embargo, un rápido vistazo a "Philip Dru-Administrator" muestra que, más que una cuestión de azar, fue una elaborada planificación y una cuidadosa atención a la técnica del Coronel

House lo que puso a Roosevelt a la cabeza, listo para tomar el control del Partido Demócrata.

Cuando llegó el momento, Frances Perkins se puso al lado de su antiguo empleador. Producto de Hull House, trabajador social profesional, Perkins ha sido descrito como el oportunista socialista por excelencia. Perkins se movía con facilidad en los círculos "aristocráticos" de la Sociedad Fabiana británica y aprendió bien sus lecciones de la mano de Lilian Wald, Jane Addams y Eleanor Roosevelt. Cuando llegó el momento de construirla, estaba preparada. Si hubiera dos conspiradoras principales en los años 20, serían Kelley y Perkins. La devoción de este último por el socialismo atrajo la atención de Mary Rumsey, la hermana socialista de Averill Harriman.

Mary Harriman Rumsey fue la primera de un grupo de entusiastas partidarios del New Deal que abogaron por la adopción del plan de la Sociedad Fabiana, adaptado a las condiciones estadounidenses. Rumsey procedía de una de las familias más elitistas de Estados Unidos en los años 30. Su estrecha relación con Eleanor Roosevelt contribuyó a agudizar su ya profundo activismo socialista. Rumsey era un lector incansable de los escritos de Sydney Webb, Shaw, Haldane, Muggeridge y Graham Wallas.

Su amistad de toda la vida con Frances Perkins se desarrolló después de que se conocieran a través de Eleanor Roosevelt y pronto descubrieron su pasión compartida por las causas socialistas, que Rumsey no tardó en insistir en que fueran seguidas por su ilustre hermano, Averill Harriman, que se convirtió en un ferviente socialista e íntimo de una sucesión de líderes bolcheviques. Las actividades socialistas de Rumsey la llevaron por Estados Unidos y Europa, y en Inglaterra fue agasajada por los Webb y la aristocracia de sangre azul de la Sociedad Fabiana.

Lo que se comentaba a menudo en aquella época era cómo esta mujer, cuyos buenos modales la marcaban claramente como procedente del cajón más alto de la sociedad, llegó a incitar a las dirigentes sindicales y a trabajar entre la base sindical femenina, donde aparentemente se encontraba en casa. Evidentemente, el socialismo fabiano había dejado una huella indeleble en la vida de Mary Rumsey, reputada como una de las cinco mujeres más ricas de Estados Unidos.

La larga amistad de Mary Rumsey con la elegante Miss Jane Addams, "femenina hasta la punta de los dedos", como escribió una vez un columnista social de un periódico neoyorquino, era otro de esos anacronismos que parecían burlar la clasificación convencional de los socialistas a ambos lados del Atlántico. Addams fue la impulsora de Hull House, el "think tank" socialista fabiano en el que se introdujo a la élite femenina de la época en las creencias socialistas. Cuando Beatrice y Sydney Webb visitaron los Estados Unidos en abril de 1898, fueron huéspedes de la señorita Addams. Se dice que el antiguo "empleado de la Oficina Colonial" quedó fascinado por el dominio de la lengua inglesa de Addams y por "sus hermosos ojos oscuros".

Soltero de toda la vida, Addams se ganó el respeto de hombres como el coronel Edward Mandel House y H.G. Wells. Arthur Conan Doyle y Sir Arthur Willert, un gran periodista fabiano británico.

Addams estuvo muy involucrada en la fundación de la Iglesia del Gobierno Mundial, un compromiso socialista con la religión, que estaba destinada a convertirse en la "religión" oficial del Gobierno Mundial Único, cuya historia detallamos en otra parte de este libro.

Addams fue una verdadera "pacifista" socialista que ganó el Premio Nobel por sus esfuerzos para promover la "paz internacional". Addams fundó la Liga Internacional de Mujeres junto con la señora Pethwick Lawrence, miembro de la "alta sociedad" británica y figura destacada de la sociedad londinense de principios de siglo. Al igual que Addams, fue miembro del KKK - "Clarte" y de la masonería. Obsérvese los nombres de la alta sociedad, que no son los que asociamos a los anarquistas y a los revolucionarios con bombas. Sin embargo, el daño causado en Estados Unidos por estas notables mujeres socialistas ha trascendido en muchos casos el impacto de las radicales.

Addams fue recibida por dos presidentes estadounidenses y fue una entusiasta partidaria de los banqueros de Wall Street que habían invertido en Lenin y Trotsky, y accionista de la Corporación Industrial Ruso-Americana de Lenin y de la Prensa de la Federación Comunista. Addams estaba vinculada a la Sociedad Americana para las Relaciones Culturales con Rusia, que distribuía las publicaciones de la Alianza de la Fe, principalmente a las librerías especializadas en literatura socialista/comunista.

Su estrecha amistad con Rosika Schwimmer era importante, porque Schwimmer tenía el oído del conde Karloyi, el hombre que entregó Hungría en bandeja sangrienta a la bestia asquerosa, Bela Kuhn (de nombre real Cohen) que asesinó a cientos de miles de cristianos en Hungría, antes de que pudiera ser expulsado. Addams es la socialista que organizó una gira de conferencias para el sangriento y malvado Conde Karloyi.

Las seguidoras del socialismo fabiano eran ricas, poderosas y tenían las conexiones familiares adecuadas para asegurar que sus ideas fuertemente socialistas tuvieran una audiencia considerable. El impacto de las mujeres socialistas como Webb, Perkins, Rumsey y la señora Pethwick Lawrence, Addams, Besant, en una serie de acontecimientos clave en los Estados Unidos y Gran Bretaña nunca se ha descrito por completo ni se ha entendido adecuadamente hoy en día. Estas damas de aspecto y lenguaje aristocráticos habrían contrastado fuertemente con las Boxers, Feinsteins, Abzugs y Schroeders del movimiento por los "derechos de la mujer" en los Estados Unidos. De todas las mujeres que se dedicaban a la política en las décadas de 1980 y 1990, sólo Margaret Thatcher se habría sentido cómoda con Jane Addams, cuyas frecuentes visitas a Londres, aunque no le valieron una invitación al número 10 de Downing Street, la convirtieron en la favorita de la Sociedad Fabiana y de sus dirigentes, Beatrice y Sydney Webb.

Los modales y el discurso refinado de Addams escondían un interior tan duro como las uñas y un espíritu que se negaba a retroceder, incluso contra las adversidades. Aunque nunca lo admitiría, Addams fue quien influyó profundamente en Robert Mors Lovett, el hombre elegido para liderar el impulso socialista fabiano en Estados Unidos. Era imposible encontrar un líder más improbable para las causas socialistas. Reservada y distante, Lovett se volvió incendiaria tras conocer a Addams en Hull House. En muchos sentidos, la campaña de Lovett a favor de la socialización de Estados Unidos fue una de las batallas más importantes libradas por los "grandes" socialistas. Harry Hopkins, el hombre que encendió más incendios forestales para el socialismo fabiano en Estados Unidos que cualquier otro individuo en las filas socialistas, debía su posición a Addams, que lo había recomendado encarecidamente a Roosevelt en 1932.

Addams encabezó la lista de mujeres socialistas y fue galardonada con el Premio Nobel de la Paz por sus actividades pacifistas en nombre del programa socialista para Estados Unidos. Continuó su cruzada socialista bajo la égida de la Liga Internacional de Mujeres por la Paz, que fundó en Chicago, y que se convirtió en un frente comunista para la "paz" que deseaban los líderes bolcheviques. Addams estudió con detalle las publicaciones de la Sociedad Fabiana, especialmente las que destilaban los libros de la señora Kollontay que atacaban el matrimonio y la familia, y dedicó gran parte de su tiempo a las causas socialistas antifamiliares en Estados Unidos.

Aunque nunca estuvieron cerca, Dorothy Whitney Straight (la señora de Leonard Elmhurst) era una admiradora de Addams. Los Whitney-Straight, al igual que Addams, procedían directamente de la alta sociedad estadounidense. El hermano de Dorothy Whitney-Straight era socio de J.P. Morgan, lo que dio a los Whitney-Straight carta blanca para entrar en las altas esferas de los círculos socialistas fabianos de Londres, Nueva York y Washington. Los Whitney-Straight financiaron la publicación socialista fabiana estadounidense "New Republic" (Dorothy era su principal accionista), en la que Walter Lippmann era un colaborador habitual, así como destacados profesores socialistas de Oxford y Harvard. El profesor Harold Laski era uno de los autores favoritos de la New Republic. Dorothy Whitney Straight fue una entusiasta partidaria del presidente Woodrow Wilson.

Tras su matrimonio con Leonard K. Elmhurst, Dorothy se trasladó de su finca de Long Island a Dartinton Hall en Totnes, Devonshire, Inglaterra, "donde está su corazón", como decía a sus amigos, para estar más cerca del centro del poder socialista fabiano. Allí se codeó con los "grandes" del socialismo británico, como Lord Eustis Perry, Sir Oswald Mosely y Grahame Haldane. En 1931, Dorothy y los Webb estaban ocupados con sus planes para introducir el New Deal en Estados Unidos, en previsión de la llegada de Franklin Roosevelt. Para no despertar sospechas, a sugerencia de Dorothy, el plan se llamó "Planificación Política y Económica" (PEP), aunque Moses Sieff, uno de los miembros originales, tuvo la imprudencia de referirse al PEP como "nuestro New Deal" en un discurso ante los socialistas fabianos en Londres en 1934.

Desde el principio, el PEP fue una organización subversiva decidida a socavar la Constitución de la República de Estados Unidos, y ningún miembro trabajó más incansablemente con ese fin que Dorothy Whitney Straight. El congresista Louis T. McFadden dijo lo siguiente sobre sus esfuerzos:

> "¿Puedo señalar que se trata de una organización secreta con un enorme poder? La definición de su organización es: un grupo de personas que participan activamente en la producción y distribución de servicios sociales, la planificación del uso del suelo, las finanzas, la educación, la investigación, la persuasión y varias otras funciones clave en el Reino Unido".

El Sr. McFadden describió al grupo como un "grupo de cerebros", del que dijo

> "se supone que influye en la política actual de EE.UU. sobre los aranceles comerciales. Ni a usted ni a mí nos interesa especialmente lo que ocurre en Inglaterra, pero lo que debería interesarnos a ambos es que existe una gran posibilidad de que algunos miembros del grupo de cerebros que rodean a nuestro presidente estén en contacto con esta organización británica, trabajando para introducir un plan similar en los Estados Unidos, según me han asegurado personas serias, que están en condiciones de saber que esta organización controla prácticamente el Gobierno británico y que este movimiento, altamente organizado y bien financiado, está diseñado para prácticamente sovietizar la raza de habla inglesa."

El enorme daño causado a las barreras comerciales que tan sabiamente erigieron los anteriores presidentes de este país para proteger el bienestar de sus ciudadanos se relata en otra parte de este libro. McFadden acusó a la contraparte estadounidense del "grupo de cerebros" inglés de Dorothy Whitney Straight de estar compuesto por los profesores Frankfurter, Tugwell y William C. Bullit (el hombre que saboteó la casi segura derrota del ejército ruso blanco ante el ejército rojo bolchevique). De ellos, dijo McFadden:

> "Creo que no hay duda de que estos hombres pertenecen a esta organización particular con tendencias claramente bolcheviques, y que este plan se desarrollará en los Estados Unidos".

En este caso, Dorothy Whitney Straight podía contar con el consejo siempre disponible de Felix Frankfurter, que había sido un visitante frecuente de su finca de Long Island antes de trasladarse a

Devonshire. La fabulosa riqueza de la familia Whitney-Straight financió no sólo el New Statesman, sino también el PEP y muchas otras organizaciones de fachada de la Sociedad Fabiana y sus actividades.

Dorothy mantuvo su corte en su fastuosa finca de Devonshire, como la realeza de la que soñaba formar parte. Además de Frankfurter, entre los visitantes frecuentes se encontraban J.B. Priestly, un escritor notable, Israel Moses Sieff, Richard Bailey y Sir Julian Huxley, Lord Melchett y Malcolm McDonald, hijo de Ramsay McDonald. Aunque estos nombres pueden no ser familiares para los estadounidenses, son los nombres de hombres que estaban en la cima de la escala socialista fabiana. Pero un estadounidense que reconoció estos nombres fue el congresista Louis T. McFadden, presidente del Comité Bancario de la Cámara de Representantes.

McFadden sospecha desde hace tiempo que Dorothy Whitney-Straight es una traidora a su país. Durante un discurso en la Cámara, McFadden quiere saber qué planean Dorothy y su séquito y cómo afectará a los Estados Unidos. Se pregunta por qué un tal Moses Sieff se refiere al New Deal como "nuestro New Deal". McFadden reveló los estrechos vínculos entre los socialistas fabianos británicos y los socialistas y comunistas estadounidenses, que sabía que estaban trabajando activamente para la caída de la República de los Estados Unidos: "El Plan Económico Político (PEP) está operando ahora secretamente en Inglaterra". ¿Cuál era el objetivo del PEP de Dorothy Whitney Straight? Según McFadden, era algo que sus publicaciones secretas habían revelado a sus "iniciados":

> "El método de trabajo consiste en reunir en un grupo a una serie de personas preocupadas profesionalmente por uno u otro aspecto del problema (cómo romper la Constitución de los Estados Unidos) que se está debatiendo, así como a unos cuantos no especialistas que puedan plantear las preguntas fundamentales que a veces se les escapan a los expertos.
>
> Esta técnica permite al PEP aportar a un problema la experiencia combinada de hombres y mujeres que trabajan en distintos ámbitos, como la empresa, la política, el gobierno y los departamentos de las autoridades locales y las universidades..."
>
> "... Los nombres de quienes forman los grupos no se revelan... Esta norma se adoptó deliberadamente desde el principio y ha

> resultado muy útil. Permite que presten servicio personas que de otro modo no podrían hacerlo; garantiza que los miembros puedan contribuir libremente al debate sin estar vinculados a las opiniones oficiales de una organización con la que puedan ser identificados... El anonimato es una condición estricta para que se le envíe esta hoja. Es esencial que el grupo sea eficaz como organización no partidista que hace contribuciones fuera del ámbito de las polémicas personales y partidistas... "

Los contactos de inteligencia me han mostrado que el 90% del personal del Congreso (Cámara y Senado) trabaja de esta manera. Las audiencias del Comité del Senado sobre el juez Clarence Thomas fueron una sorprendente revelación de cómo esta táctica socialista de "penetración e impregnación" sigue siendo ampliamente utilizada en todas las ramas del gobierno de los Estados Unidos, en la Iglesia, en la educación y en lugares donde se toman decisiones de vital importancia para el futuro de los Estados Unidos de América.

La regla del secreto socialista fabiano consiguió ocultar las actividades, a menudo traicioneras, del PEP a los ojos del público estadounidense. Fue a través del PEP y de muchas otras organizaciones socialistas fabianas altamente secretas que el socialismo casi logró apoderarse de Estados Unidos en las décadas de 1920 y 1930. Siguiendo el modelo del PEP de la Sociedad Fabiana británica, la versión estadounidense se llamó Asociación Nacional de Planificación (NPA) y Felix Frankfurter fue el hombre elegido por Dorothy Whitney Straight Elmhurst para crearla y dirigirla en Estados Unidos. Gracias a un Tribunal Supremo atento y aún sin tocar, muchos de los programas del NPA fueron rechazados. Dorothy Whitney-Straight no se inmutó e instó a sus compañeros socialistas a no renunciar nunca a su objetivo: el derrocamiento de Estados Unidos. Era realmente la más peligrosa de las feministas de la Sociedad Fabiana.

Aunque no es amiga personal de ninguna de las damas socialistas fabianas de la alta sociedad, el nombre de Laura Spellman debe mencionarse aquí, aunque sólo sea para subrayar la extraordinaria suerte que el socialismo parece tener siempre al obtener un acceso ilimitado a fondos muy cuantiosos. El Fondo Laura Spellman comenzó con un capital de 10.000.000 de dólares, pero en la práctica no había ningún fondo en el pozo Spellman cuando se trataba de promover programas socialistas en los Estados Unidos. Estos programas se denominaron generalmente "reformas", al más puro estilo socialista fabiano.

Una de estas "reformas" fue socavar la Constitución de los Estados Unidos. Cuando el senador Joseph McCarthy estuvo tan cerca de destapar la penetración socialista y comunista en el gobierno de Estados Unidos, el Fondo Laura Spellman concedió subvenciones ilimitadas a quienes investigaran los antecedentes de Martin Dies y del senador McCarthy, y que fueran capaces de encontrar cualquier cosa que los desacreditara. Así, el Fondo Spellman era responsable indirecto del peligroso ataque a la Constitución de los Estados Unidos que había alcanzado niveles aterradores y que Dies y McCarthy amenazaban con denunciar.

El prostituto político, el senador William B. Benton, que lideró la carga contra McCarthy, recibió todo el apoyo que el dinero de Spellman podía comprar cuando exigió que el senador McCarthy fuera expulsado del Senado. El nombre de Benton será para siempre sinónimo de Aaron Burr y de traición y sedición gratuita. Benton estaba estrechamente asociado al New Deal socialista fabiano y su empresa, Benton and Bowles, obtuvo lucrativos contratos del gobierno laborista británico. Benton también estaba estrechamente relacionado con la Oficina Nacional de Investigación Económica de Rockefeller (que se dedicaba a promover el estado de bienestar económico de Laski) y con Owen Lattimore, uno de los peores traidores jamás descubiertos en este país. Fue este Benton quien, incrédulo, preguntó a McCarthy si no se avergonzaba de su investigación sobre los militares, cuyo objetivo era esencialmente descubrir a los traidores socialistas en el gobierno estadounidense.

Más tarde, cuando se fusionó con el Rockefeller Brothers Fund, Spellman donó 3 millones de dólares a la London School of Economics de Harold Laski, lo que abrió las puertas para que el socialismo entrara en las más altas esferas del gobierno estadounidense. El dinero de Laura Spellman se invirtió en una intensa campaña para introducir programas "educativos" y "económicos" marxistas en las escuelas y universidades estadounidenses. Se invirtieron millones de dólares en estos programas socialistas, cuyas consecuencias probablemente nunca podremos medir, y que han cambiado para siempre la forma y la dirección de la educación en este país.

La principal obsesión de estas mujeres socialistas era la destrucción de la tradición familiar estadounidense. Como dijo Sir Paul Dukes, uno de los principales estudiosos del bolchevismo en la década de 1920:

> "La tragedia central del régimen bolchevique en Rusia es un esfuerzo organizado para subvertir y corromper la mente de los niños... Siempre ha sido un principio bolchevique luchar contra la institución de la familia.

Los escritos de la Sra. Kollontay no dejan lugar a dudas, incluso para los escépticos. La idea era retirar a los niños a una edad muy temprana del cuidado de sus padres y criarlos en guarderías estatales.

El daño causado por Eleanor Roosevelt ha sido relatado muchas veces y no es necesario repetirlo aquí. Baste decir que el llamado movimiento feminista al que tanto tiempo dedicó en los años 20 y 30 está floreciendo y nunca ha sido más fuerte que en Estados Unidos en 1994. Eleanor fue la primera en sancionar abiertamente el lesbianismo a través de su relación ilícita con Lorena Hicock, cuyas cartas de amor se encuentran en la casa de Roosevelt en Hyde Park. Quizás el acontecimiento que nos mostró lo militante y poderoso que se había vuelto este grupo de activistas socialistas fue la pelea Anita Hill-Clarence Thomas ante una audiencia de millones de personas. Lo que sí es digno de mención es la cantidad de organizaciones llamadas "de derechos de la mujer" y "feministas" que han surgido y se han multiplicado desde la época de Eleanor Roosevelt.

Los nombres de líderes socialistas individuales y sus organizaciones "feministas" son legión, como los demonios mencionados en la Biblia. No pretendo hacer una mención especial de cada uno de ellos, ya que eso está fuera del alcance de este libro. Por lo tanto, me veo obligado a llamar la atención sólo sobre las más altas de la jerarquía socialista femenina, que han seguido la regla socialista, penetran y permean. El asombroso éxito de los socialistas masculinos en la penetración de todas las ramas del gobierno estadounidense, los gobiernos locales y estatales, las instituciones y organizaciones privadas, habría sido elogiado con orgullo por Perkins, Kelley y Dorothy Whitney-Straight.

Les habría encantado Barbara Streisand, una "artista" de voz ronca cuyos consejos llegan hasta la Casa Blanca de Clinton. El hecho de que Streisand "duerma en la Casa Blanca" cuando está de visita muestra cómo los Estados Unidos han sido arrastrados a niveles nunca imaginados por los grandes estadistas del pasado -Washington, Jefferson, Jackson-. Streisand y Bella Abzug son como dos guisantes en una vaina. Estridentes, combativos, profundamente comprometidos con los ideales socialistas/marxistas, ambos viven en el lujo mientras dicen hablar en nombre de los pobres.

Abzug consiguió ser nominada a la Cámara de Representantes, principalmente gracias al voto del bloque judío, y una vez allí empezó a hacer oír su chirriante voz, especialmente en el tema del llamado "derecho al aborto", que, debo señalar de paso, no tiene ninguna base legal, ya que está fuera del ámbito de la Constitución y es, por tanto, nulo.

Abzug recorrió los pasillos del Congreso gritando literalmente a todo aquel que se opusiera al feminismo radical del "amor libre". Para ello contó con la ayuda de uno de los peores fraudes del feminismo, Norma McCorvey, la "Jane Roe" del caso Roe contra Wade. McCorvey ni siquiera estaba embarazada cuando se planteó la cuestión. La gente de Abzug la promocionó como una "gran erudita", cuando en realidad su título provenía de la no acreditada New College Law School de San Francisco, ¡la misma organización feminista que le dio a Anita Hill su título de abogada!

Algunas de las organizaciones feministas radicales, aunque no todas, son las siguientes:

- La Asociación de Abogados Margaret Bent
- La Unión Americana de Libertades Civiles
- Centro Nacional de Derecho de la Mujer
- Escuela de Derecho del New College
- Comité ad hoc para la educación pública sobre el acoso sexual
- Alianza por la Justicia

- Centro de Derecho y Política Especial
- Organización Nacional de Mujeres (NOW)
- Organización para la Promoción de la Mujer
- Planned Parenthood
- Liga Nacional de Acción por el Derecho al Aborto (NARL)
- Fondo de Defensa Legal de la Mujer

La mayoría de estas organizaciones radicales de derechos de la mujer quieren utilizar la Constitución para proteger a las mujeres mientras se dedican a socializar a los Estados Unidos, un legado que les transmitió Felix Frankfurter. De vez en cuando pronuncian piadosos tópicos sobre la protección de los derechos individuales, el noventa y nueve por ciento de los cuales no se encuentran en la Constitución, mientras abogan por el derrocamiento de la propia Constitución que los protege.

La Ley de Maternidad e Infancia socialista introducida por Florence Kelley, antecesora de Bella Abzug, está tomada directamente del sistema bolchevique que describió Madame Zinoviev para la nacionalización mundial de los niños. Lo que Bella Abzug y Pat Schroeder llaman "derechos de la mujer" no es más que anarquía femenina y no está en la Constitución de los Estados Unidos. Gran parte de lo que aspiran estas mujeres socialistas proviene de "El comunismo y la familia" de Alexandra Kollontay, "La mujer y el socialismo" de Bebel y "El origen de la familia" de Engel. El llamado "derecho al aborto" proviene de esta literatura bolchevique.

El Comité Overman sobre el bolchevismo en 1919 llegó a la siguiente conclusión:

> El objetivo aparente del gobierno bolchevique es hacer que el ciudadano ruso, y especialmente las mujeres y los niños, dependan de este gobierno... Han emitido decretos sobre el matrimonio y el divorcio que prácticamente establecen un estado de "amor libre" (aborto). Su efecto ha sido proporcionar un vehículo para la legalización de la prostitución al permitir la anulación de los vínculos matrimoniales a voluntad de las partes. Documento del Senado nº 61, 1ª Sesión, páginas 36-37, Registro del Congreso.

En el caso Roe vs. Wade, los jueces del Tribunal Supremo de EE.UU. violaron la Constitución con su imaginación hiperactiva. Los llamados "activistas de los derechos de la mujer" no han dejado piedra sobre piedra en las últimas dos décadas en un intento de consagrar en la Constitución "derechos" que simplemente no existen.

El caso Anita Hill-Clarence Thomas fue una notable demostración del enorme poder que estos grupos de defensa de los derechos de la mujer han adquirido desde los días de la administración Roosevelt. El Senado está lleno de la peor clase de socialistas, con Kennedy, Metzenbaum y Biden como abanderados. Hay una percepción pública que debe corregirse: El Senado no tiene poder judicial: no puede demandar a nadie. Sus poderes se limitan a una función de investigación. No tiene una función fiscal. Al examinar el caso Anita Hill-Clarence Thomas, rápidamente quedó claro que el Senado obviamente había olvidado por completo esta restricción de sus poderes.

La principal instigadora del enfrentamiento no fue la propia Hill, sino un grupo de mujeres abrasivas y agresivas que vieron la oportunidad de sacar provecho del exagerado tema del "acoso sexual" que se había convertido en su causa célebre.[8] El hecho de que este grupo fuera capaz de convencer a la comisión del Senado y a un gran número de legisladores de que Hill era víctima de "acoso sexual", a pesar de que había esperado diez años antes de presentar una denuncia, demuestra lo poderosos que se han vuelto los defensores de los "derechos de la mujer".

Si se pudiera señalar a una mujer por este deplorable estado de cosas, sería Nan Aaron. Si se pudiera señalar a un hombre, sería el juez Warren Burger, el sueño socialista de un juez con el que siempre se podía contar para retorcer y exprimir la constitución y añadir sus propias predilecciones, en total desprecio de la 9ª Enmienda de la Constitución estadounidense.

Vale la pena mencionar que ninguno de los jueces socialistas que

---

[8] En francés enel original.

hicieron el mayor daño a la Constitución tenía experiencia como juez antes de ser nombrado al Tribunal Supremo. Louis Brandeis, John Marshall, Earl Warren, Byron White y William Rehnquist no eran jueces antes de que sus credenciales socialistas los elevaran al Tribunal Supremo, desde donde pasaron a servir a los principales socialistas que infestan todos los niveles del gobierno.

Se tardó unos días en reunir a las formidables mujeres socialistas para un ataque, pero después, Kate Michelman, defensora del derecho al aborto y del asesinato de bebés, Nan Aaron, Judith Lichtman, Molly Yard, Eleanor Smeal, Patricia Schroeder, Barbara Boxer, Susan Hoerchner, Gail Lasiter, Dianne Feinstein, Susan Deller Ross y Nina Totenberg, una muckraker fumadora de marihuana en la mejor tradición de las muckrakers socialistas fabianas de los años 20, estaban en acción. De ellos, quizás el más despiadado fue Totenberg, que ya había sido despedido por plagio. Acostumbrada a utilizar un lenguaje soez, Totenberg representa lo peor de las llamadas "feministas". En esto es apoyada hábilmente por el senador Howard Metzenbaum, el mejor ejemplo de lo que está mal en el Senado.

El primer asalto a Thomas vino de una filtración orquestada por Aaron, Hoerchner y Lichtman, que convencieron a Hill para que pusiera por escrito su denuncia de acoso sexual y la enviara al FBI. Hoerchner había sido el primero en llamar a Hill en Oklahoma, a pesar de que ambos no habían tenido contacto durante más de siete años. Hoerchner era como George Bernard Shaw en el sentido de que no temía acercarse a nadie, incluso a los desconocidos que creía que podían serle útiles.

Lo que estas agresivas "feministas" temían era que Hill no se presentara voluntariamente para enfrentarse al juez Thomas. En ese caso, como dice el refrán, "habrá que sacarla" utilizando las técnicas aprendidas del lobby homosexual cada vez que uno de los suyos se resiste a admitir que es gay.

Para entonces, Thomas ya había soportado cinco días de interrogatorios, en los que Metzenbaum hizo su habitual maniobra de retrasar la confirmación para ver si sus escuadrones de desprestigio daban algún resultado. Finalmente, bajo la terrible presión de Catherine McKinnon, activista feminista y "estudiosa" del derecho, y principalmente a través de Lichtman, Hill se derrumbó y se vio obligada a hacer las acusaciones que querían las mujeres radicales, que fueron inmediatamente reveladas.

El resto es historia, una fascinante historia del salvajismo de las feministas socialistas, dispuestas a todo para "matar", aunque en este caso su presa, el juez Clarence Thomas, puede haberlas superado. Toda la operación, desde que Hoerchner se puso en contacto con Hill hasta que Thomas fue confirmado, se llevó a cabo según los principios de la psicopolítica, la estrategia que tan bien había servido al socialismo en Inglaterra.

Por desgracia, el "feminismo" socialista radical ha llegado para quedarse. Las actividades de amazonas como Patricia Schroeder y los pesos pesados Boxer y Feinstein no van a cesar. Veremos a estas legisladoras feministas radicales introducir todo tipo de leyes que no se ajustan a la Constitución. Ya hemos visto cómo Feinstein consiguió que el Senado aceptara una prohibición de los llamados "rifles de asalto". El hecho de que el proyecto de ley de Feinstein violara la Constitución en no menos de tres lugares importantes no molestó a este gladiador. Lo que tenemos que hacer es formar a los legisladores en la Constitución, conseguir que sean elegidos, y luego enseñarles a contrarrestar y deshacer cualquier otra infracción de nuestras libertades, utilizando la Constitución como su principal arma. Para ello necesitamos una fundación similar a la Sociedad Socialista Fabiana.

Capítulo 5

SUBVERTIR LA CONSTITUCIÓN A TRAVÉS DE LA LEGISLACIÓN

Fue Florence Kelley (Weschenewsky)[9] quien declaró que la Constitución de EE.UU. debía ser subvertida por lo que ella llamó "la vía legislativa" y desde su declaración. Los socialistas se han apresurado a aplicar su directiva. Este secuestro de la Constitución ha llegado tan lejos que en 1994 no pasa un día sin que un juez en algún lugar lea sus predicciones en la Constitución y tome decisiones que están fuera del marco y el alcance de la Constitución.

A finales de la década de 1920 y principios de la de 1930, los grupos socialistas estadounidenses declararon que la función interpretativa del poder judicial debía utilizarse para eludir las restricciones de la Constitución. Los socialistas también idearon "órdenes ejecutivas" como medio de legislación directa cuando no era posible promulgar una legislación favorable a las causas socialistas.

Aunque la Novena Enmienda de la Constitución de EE.UU. se redactó con el propósito expreso de impedir que los jueces conviertan sus predicciones en leyes, los jueces de todos los niveles han ignorado, en general, esta restricción que se les impone y, cada vez más, están aprobando leyes que son claramente inconstitucionales. Las llamadas leyes de "control de armas" y las

---

[9] El lector habrá notado que la mayoría de los activistas mencionados que trabajan para subvertir la Constitución de Estados Unidos -Feinstein, Schroeder, Metzenbaum, Totenberg, Lichtman, etc.- son de origen judío. - son de origen judío. Nde

restricciones a los grupos de protesta contra el aborto son ejemplos.

Kelley saltó a la fama cuando tradujo al inglés la "Condición de la clase obrera en Inglaterra en 1844" del rabioso socialista Engels.[10] Este fue el habitual ataque socialista al capitalismo. Engels escribió varios libros, entre ellos un virulento ataque a la religión y otro, "El origen de la familia", una diatriba contra la santidad del matrimonio. Engels realizó una gira por Estados Unidos en 1884, y no hizo ningún intento por atender la advertencia de Edward Bellamy de evitar enfrentamientos que proyectaran una imagen del socialismo como hogar de desviados sexuales, revolucionarios y anarquistas. Al parecer, los estadounidenses del siglo XIX estaban mucho mejor informados sobre el socialismo que los de la década de 1990.

No es una coincidencia que Kelley eligiera recibir su educación socialista en Suiza, un antiguo hogar de revolucionarios, anarquistas y desviados sexuales. Danton y Marat vinieron de Suiza para lanzar la Revolución Francesa. Lenin pasó un tiempo considerable en este país antes de aventurarse en Londres. Kelley comenzó su cruzada para subvertir la Constitución de EE.UU. al unirse al Club Nacionalista de Nueva York, desde donde lanzó su cruzada para conseguir que el gobierno federal aprobara leyes que controlaran los salarios y las condiciones en las fábricas.

En pos de este objetivo, Kelley creó sus propias fachadas o se unió a las ya existentes, como la Liga Nacional de Consumidores, a la que intentó dar tintes marxistas. Kelley se autodenominaba "marxista-cuáquera" y también era una socialista americana fabiana. Aprenderemos más sobre Kelley en los siguientes capítulos. Se hizo muy amiga del profesor Brandeis de Harvard, de quien aprendió mucho sobre la metodología para burlar la Constitución, a través de "medios legislativos".

Kelley trabajó enérgicamente para allanar el camino del "Informe Brandeis", que se convertiría en el sello de los jueces socialistas. El "Brandeis Brief" era esencialmente una o dos hojas de opiniones legales adjuntas a enormes paquetes de propaganda socialista

---

[10] *La condición de la clase obrera en Inglaterra en 1844.*

cuidadosamente seleccionada sobre cuestiones económicas y sociales. Ni que decir tiene que ni Brandeis ni sus colegas jueces estaban en absoluto cualificados para interpretar estas doctrinas socialistas sesgadas, que por tanto fueron simplemente aceptadas como un hecho y escritas en las decisiones de los jueces. Alrededor de 1915, los investigadores de Kelley viajaron por todo el mundo para recopilar información pro-socialista, que constituyó el grueso de los documentos que formaron el "archivo Brandeis". Fue una tarea descomunal, hábilmente realizada, que cambiaría el funcionamiento de la jurisprudencia estadounidense.

"Breves de Brandeis" fue un gran triunfo para Kelley y su "vía legislativa" para enmendar y burlar la Constitución. Siguiendo las instrucciones de Mandel House, el presidente Woodrow Wilson, designado por ambas partes, debía asegurarse el apoyo del "republicano progresista" Brandeis para la próxima participación de Estados Unidos en la Segunda Guerra Mundial. Vale la pena repetir lo que ya se ha dicho, que los republicanos "progresistas" y "moderados" significan que la persona que utiliza estas etiquetas es un ardiente socialista.

Las leyes Lusk de Nueva York son otro hito en la historia de los triunfos socialistas sobre el sistema jurídico estadounidense. Los llamados "inmigrantes" de Europa del Este llegaron en masa a Nueva York en el siglo XIX, trayendo consigo actitudes combativas y mucha experiencia revolucionaria. Muchos de estos recién llegados trabajaban en el sector de la confección. Para investigar el comportamiento anarquista revolucionario de este numeroso grupo procedente de Europa del Este, la legislatura del Estado de Nueva York nombró en 1919 al senador Clayton R. Lusk para que dirigiera una investigación especial sobre este problema. Lusk dirigirá una comisión de investigación.

Uno de los centros más poderosos de apoyo a los "inmigrantes" fue la Escuela Rand. Bastión de los socialistas fabianos estadounidenses, la Rand prestó apoyo jurídico al sindicato de trabajadores de la confección y a otros muchos sindicatos que la Rand había ayudado a fundar. Los profesores e instructores de la Escuela Rand parecen un Quién es Quién socialista fabiano. Lusk acudió al Rand, armado con órdenes de registro y escoltado por la policía estatal, y confiscó archivos y registros.

La reacción de la fraternidad jurídica socialista no se hizo esperar. Un destacado abogado, Samuel Untermeyer -que en 1933 había declarado la guerra a Hitler- y que tenía gran influencia en los círculos internos de la Casa Blanca, solicitó y obtuvo una orden judicial contra Lusk, que fue obligado a devolver los archivos y documentos que había incautado. Esta fue una temprana demostración del impresionante poder del socialismo en los Estados Unidos. Sin embargo, tras el informe del senador Lusk, la legislatura de Nueva York aprobó lo que se conoció como las Leyes Lusk, que exigían que todas las escuelas del Estado de Nueva York tuvieran licencia. El objetivo del ejercicio era cerrar la Escuela Rand.

Pero los legisladores del estado de Nueva York no iban a tener éxito. En las décadas de 1920 y 1930, poca gente conocía el socialismo como una enfermedad virulenta que podía atacar cuando y donde quisiera. El destacado abogado socialista Morris Hillquit suscitó una agitación tan violenta contra la Ley Lusk entre los poderosos trabajadores de la confección y otros sindicatos dominados por los socialistas que el gobernador Al Smith la vetó. De este comienzo surgió una poderosa alianza política que pondría al socialista Franklin Delano Roosevelt en la Casa Blanca.

Una vez más, los socialistas demostraron que su política sigilosa, siniestra y escurridiza de infiltrar a sus seguidores elegidos como asesores de los gobernantes era el camino a seguir. Años más tarde se descubrió que el gobernador Smith, un católico acérrimo, había sido "asesorado en cuestiones de justicia social" por el padre John Augustin Ryan, un socialista declarado, que había sido infiltrado en la oficina de Smith por el National Catholic Welfare Council, dominado por los socialistas. Fue por consejo de Ryan que Smith vetó el proyecto de ley de Lusk.

Ávido seguidor de Sydney Webb, Ryan llegó a ser conocido como "el padre del New Deal". En 1939, los jueces William O. Douglas, Felix Frankfurter y Henry A. Morgenthau asistieron a una cena en su honor (ninguno de los miembros de las bases de los trabajadores de la confección y otros sindicatos fue invitado). La Escuela Rand siguió funcionando sin interrupción, aunque no tenía licencia.

Lo que molestaba a los socialistas en los años 20, cuando intentaban hacerse prácticamente con el control de Estados Unidos, era que el gobierno federal no tuviera un poder absoluto. Sólo los reyes tienen poder absoluto y emiten proclamas. El presidente Lincoln no liberó a los esclavos en su Proclamación de Emancipación. Sabía que era inconstitucional. El libro "Blackstone's Commentaries With Notes" del gran erudito constitucional St. George Tucker, profesor de derecho de la Universidad de William y Mary que sirvió en la Revolución Americana, expone la posición muy claramente:

> "El derecho a emitir proclamas es una de las prerrogativas de la Corona de Inglaterra. No existiendo tal poder expresamente concedido en la constitución federal, se ha cuestionado en una ocasión particular si el Presidente posee tal autoridad bajo ella..."

Los socialistas decidieron que, en el futuro, las proclamaciones se llamarían "órdenes ejecutivas", pero siguen siendo leyes por decreto, prohibidas por la Constitución estadounidense.

Las diez primeras enmiendas de la Constitución de EE.UU. son una restricción para el gobierno federal, con una pequeña excepción quizás contenida en la 5ª enmienda. El artículo 1, sección 9 de la Constitución no permite al gobierno federal legislar fuera de sus poderes delegados contenidos en los poderes primarios del Congreso.

Frustrados por las restricciones de la Carta de Derechos a los poderes del gobierno federal, los socialistas pasaron a la ofensiva "mediante la legislación". Lo que no pudieron conseguir a través de la Cámara y el Senado, lo consiguieron a través de los tribunales, y por eso tenemos tantas leyes inconstitucionales en los libros. No cabe duda de que si los socialistas no hubieran sido bloqueados por la Constitución, habrían arrasado el país entre 1920 y 1930.

Lamentablemente, desde los años 70, el Congreso y el Presidente han optado por poner en marcha más programas sociales cada año. Un ejemplo es el proyecto de ley "A Bill to Establish National Voter Registration" propuesto por el senador Robert Dole, líder de la minoría del Senado. El proyecto de ley de Dole es 100% inconstitucional y es un día triste para los Estados Unidos ver al líder de la minoría del Senado de los Estados Unidos actuar de forma tan irresponsable. Los detalles del proyecto de ley de Dole pueden encontrarse en las páginas S5012 - D5018, Congressional Record, 24 de abril de 1991, nº 61, Vol. 137.

El proyecto de ley de Dole es malo porque viola el Artículo 1,

Sección 4, Parte 1 de la Constitución de los Estados Unidos, que establece:

> "El tiempo, el lugar y la forma de celebrar las elecciones para senadores y representantes serán prescritos en cada Estado por los legisladores del mismo; pero el Congreso podrá en cualquier momento, por ley, hacer o modificar tales reglamentos, excepto en lo que se refiere a los lugares donde se elegirán los senadores."

Los debates sobre esta cuestión se remontan a los primeros días de nuestra República Confederada.

La palabra "puede" no significa "debe". La palabra "manera" se refiere simplemente al tipo de papeleta utilizada. Las palabras "alterar" y "regular" no significan que el gobierno federal controle las elecciones estatales, algo que Dole debería saber si ha leído los Globos del Congreso y los Anales del Congreso. Dole intenta involucrar al gobierno federal en asuntos que están reservados a los estados. Este es un recurso común de todos los socialistas.

Wilson inició este tipo de podredumbre, y su socavación ha sido retomada por Roosevelt, Kennedy, Johnson Eisenhower, Bush y ahora Clinton. Como si se tratara de un tándem, el Tribunal Supremo ha ido tan a la izquierda que uno se pregunta por qué no se llama Tribunal Supremo Socialista de los Estados Unidos. Uno de los principales proveedores de doctrinas socialistas fue el juez Harlan Stone, que asesoró al carnicero constitucional Roosevelt sobre la mejor manera de financiar los programas socialistas, a través de Frances Perkins.

En ese momento, los principales conspiradores que trabajaban para desmantelar la Constitución de Estados Unidos eran, sin duda, el coronel House, el juez Brandeis, el juez Felix Frankfurter, Bernard Baruch, Florence Kelley y Sidney Hillman.[11] Los informes Brandeis fueron los principales responsables de llevar al Tribunal Supremo en la dirección equivocada. Como se ha explicado en otro lugar, los Breves de Brandeis eran masas de pronunciamientos sociológicos

---

[11] De nuevo, todo judío. Nde.

muy favorables a las causas socialistas, cubiertos por la más endeble opinión jurídica. Así nació la "ley sociológica", que ha sido una maldición y una condena al cuello del pueblo estadounidense desde que se instituyó en 1915.

Además de atacar la Constitución a través de los tribunales, los socialistas han utilizado la estrategia de enviar a sus "asesores" para que actúen como portavoces de la política exterior de Estados Unidos, aunque no sean funcionarios del gobierno ni hayan sido elegidos por el pueblo. El coronel House y George Maynard Keynes son dos ejemplos clásicos de cómo los socialistas estadounidenses han burlado la Constitución con aparente impunidad ejerciendo "esferas de influencia".

House estaba abiertamente a favor de la destrucción total de la Constitución estadounidense y Brandeis expresó sus "reformas" socialistas de la Constitución en su libro "Wealth of the Commonwealth". Para que pudieran conspirar, conspirar y confabularse para derribar la Constitución, House vivía a dos manzanas de Roosevelt y ambos estaban al alcance del oído de Sir William Wiseman, jefe de la estación del Servicio Secreto Británico MI6 para América del Norte.

La ACLU ha sido la más activa de todas las organizaciones socialistas en atacar la Constitución. El crecimiento de su siniestra influencia puede verse por el número de capítulos sólo en California, y por el hecho de que fue capaz de desafiar la Ley de Seguridad Nacional McCarran.

Capítulo 6

LAS ESTRELLAS MÁS BRILLANTES DEL FIRMAMENTO SOCIALISTA AMERICANO

Como sugiere el título de este capítulo, nombraremos algunas de las estrellas más brillantes de la constelación socialista estadounidense de entre los miles y miles de líderes socialistas que componen el socialismo. Entre ellos se encuentran algunos de los subversivos más peligrosos conocidos en la historia de este país. Siempre se nos ha dicho que tengamos cuidado con los "comunistas" de Washington, y esto ha conseguido desviar nuestra atención del verdadero motivo de preocupación: los socialistas.

Las filas socialistas están repletas de destacados educadores, incluidos profesores y rectores de universidades. Están en el servicio diplomático, en el Departamento de Estado de Estados Unidos, en la Cámara de Representantes y en el Senado. El Departamento de Justicia está repleto de aquellos que harán cualquier cosa para promover el socialismo. Ocupan puestos clave en el sector bancario, controlan el dinero de la nación y otros miles ocupan puestos clave en el ejército. Algunas de las empresas internacionales más poderosas actúan como agentes de cambio del socialismo fabiano.

Los socialistas fabianos están en el negocio de la comunicación, ocupando puestos clave, y también en los medios de comunicación, tanto impresos como electrónicos. Moldean la opinión pública en función de los acontecimientos del día, seduciendo al público y creando opiniones que el público ha sido condicionado a aceptar como propias. En resumen, el socialismo está tan arraigado en los Estados Unidos de América que sería difícil desalojarlo a menos que primero obtenga el apoyo del pueblo en general. Los socialistas fabianos han penetrado y permeado de tal manera a la Iglesia cristiana que ahora es totalmente irreconocible de la intención de

Cristo. Los socialistas fabianos son jueces del Tribunal Supremo y utilizan sus predilecciones para burlar las garantías constitucionales; son masones. El sistema policial está plagado de socialistas, principalmente en la clase de oficiales superiores.

Quizás los más conocidos de los jueces del Tribunal Supremo que han ayudado mucho a las causas de los socialistas fabianos en el pasado son los jueces Harlan Stone, Felix Frankfurter, William O. Douglas, Hugo Black, Louis Brandeis, Abe Fortas, Warren Burger y Earl Warren, y volveremos a estas estrellas del firmamento socialista a su debido tiempo. En otras áreas igualmente importantes, una gran cantidad de profesores han actuado como asesores de los presidentes de Estados Unidos; otros han transformado el sistema estadounidense de economía política de lo que los Padres Fundadores pretendían que fuera en un sistema babilónico que ha puesto ilegalmente los hilos de la bolsa de la nación en manos de extranjeros socialistas.

Un grupo más selecto de socialistas fabianos se convirtieron en los controladores de cinco presidentes de los Estados Unidos; una situación no prevista por los Padres Fundadores y que, como resultado, creó una camarilla particularmente peligrosa que condujo gradualmente a la penetración y permeabilidad del más alto cargo político de la nación, con la consiguiente gran corrupción que ahora vemos en toda su extensión en la presidencia de Clinton.

El nombre que más fácilmente viene a la mente en este contexto, y que caracteriza al socialismo en América en la mente de los investigadores serios, es el del Coronel Edward Mandel House. "Coronel" era un título honorífico, que le concedió el "reformista" gobernador Hogg como recompensa por su elección como gobernador de Texas. House conoció a Woodrow Wilson, el primer futuro presidente de Estados Unidos abiertamente socialista, en 1911. Fue House quien se encargó de que Wilson ganara la nominación en la convención demócrata de Baltimore justo un año después.

Como ya se ha mencionado, existe una fuerte sospecha de que House era en realidad judío, de origen holandés. Su padre, Thomas William House, era el agente en Londres de los Rothschild. House padre fue el único en Texas que salió de la Guerra Civil con una gran fortuna, gracias, según algunos historiadores, a sus conexiones con los Rothschild y Kuhn, Loeb. El nombre "Mandel" -un nombre típico holandés- se le dio a Edward porque uno de los Kuhn se llamaba "Mandel".

El joven Edward fue enviado a la escuela en Inglaterra, donde recibió la influencia de los ricos pensadores liberales de la época, que a su vez estaban muy influenciados por los profesores de la Sociedad Fabiana británica. Uno de los que se hizo amigo del joven House fue el fabianista George Lansbury. A la muerte de su padre, House se encontró con una riqueza independiente, lo que le permitió dedicarse plenamente a los estudios socialistas, en particular al "gradualismo" o "apresuramiento lento".

Debido a la gran influencia de los ricos y poderosos en los círculos de la Sociedad Fabiana, House aprendió bien las lecciones y pasó a tomar el control del Partido Demócrata en Estados Unidos de arriba abajo. El ascenso de House como actor clave en los asuntos estadounidenses se debió sin duda a las recomendaciones de la élite de la Sociedad Fabiana y de Sir William Wiseman, jefe de la estación norteamericana del servicio de inteligencia británico MI6. A lo largo de la presidencia de Wilson, Wiseman y el Servicio Secreto Británico vigilaron cuidadosamente al presidente, de nuevo a través de los buenos oficios de House.

La comunicación codificada entre House y Wilson -conocida sólo por los dos hombres-, según confirmó el profesor Charles Seymour, presidente de Yale, fue proporcionada por cortesía del MI6. Según documentos confidenciales que he visto en varios lugares de Londres, Wiseman escucha constantemente las conversaciones entre House y Wilson, como corresponde a su condición de controlador último de Wilson.

Sabemos que el mismo "modelo" de gran éxito fue utilizado más tarde por Bruce Lockhart, el agente británico del MI6 elegido por Lord Milner para ser el controlador de Lenin y Trotsky en la supervisión de la revolución bolchevique en interés del libre comercio y los bancos británicos. La estrategia del MI6 para los Estados Unidos utilizó los principios hegelianos para convencer a los líderes de la Sociedad Fabiana de que ayudaran a conseguir el "libre comercio" con los Estados Unidos, que había sido prohibido, primero por el presidente George Washington en julio de 1789, y mantenido por los presidentes Lincoln, Garfield y McKinley.

William Jennings Bryan fue considerado en su momento por el MI6 como posible candidato al libre comercio, pero fue rechazado porque se percibió que sus declaraciones radicales no serían aceptadas por el electorado estadounidense como posible presidente, una valoración que resultó ser muy acertada. Wiseman había ofrecido a House un perfil detallado de la carrera de Wilson, primero como profesor en Princeton de 1902 a 1910, y luego como gobernador de Nueva Jersey. Wiseman consideraba que Wilson era exactamente el hombre que House necesitaba para llevar a cabo las políticas socialistas fabianas en Estados Unidos. Una vez realizadas todas las comprobaciones, House recibió la orden de reunirse con Wilson en el Hotel Gotham de Nueva York en noviembre de 1911.

A partir de ese momento, todo estaba listo para que House se instalara en un local alquilado sin pretensiones en una zona algo degradada de la calle Treinta y Cinco Este de Nueva York. La "oficina" de House empezó a parecerse a un centro de mando, con una centralita y una línea directa con Sir William Wiseman, que ocupaba un piso justo encima. Después de que Wilson fuera elegido para la Casa Blanca por una minoría de votos (6.286.000 frente a los 7.700.000 de Taft y Roosevelt), la centralita de la Casa-Wiseman tenía acceso directo al nuevo presidente a través de un enlace telefónico codificado.

Muchos visitantes socialistas prominentes acudieron a la oficina de la Cámara, incluido Bernard Baruch, a quien el MI6 entregó las cartas incriminatorias de Peck, que luego se utilizaron para chantajear a Wilson para que cambiara su posición contra la Primera Guerra Mundial. Wiseman era uno de los favoritos del presidente y se convirtió en uno de los mensajeros "confidenciales" de Wilson entre Londres, París y Washington, lo que hasta cierto punto demostraba que Wilson no entendía realmente hasta qué punto estaba bajo el control de agentes de un gobierno extranjero.

Wilson fue elegido por el MI6 para derribar las barreras estadounidenses al "libre comercio". Su mentor, el coronel House, había enseñado a Wilson a ver las barreras arancelarias como un obstáculo para los buenos negocios mundiales y una causa importante de los precios altos, junto con la llamada "inflación", que es mera propaganda socialista. House pasó interminables horas informando a Wilson sobre los "males inherentes a las barreras arancelarias que sólo benefician a los ricos y a los poderosos intereses especiales a expensas de los trabajadores". Entonces Wilson estaba listo para hacer sus falsas afirmaciones:

> "... Vivíamos bajo una tarifa que había sido deliberadamente diseñada para conferir favores privados a quienes cooperaban para mantener al partido que la sustentaba en el poder..."

La administración Clinton iba a utilizar los mismos argumentos espurios para derribar el último muro arancelario que había protegido a la joven nación durante tanto tiempo y había convertido su comercio e industria, su nivel de vida, en la envidia del mundo. Tras la toma de posesión de Wilson, en marzo de 1913, comenzó la batalla para derribar las barreras comerciales de Estados Unidos. Sin embargo, incluso uno de los principales profesores de economía de Harvard tachó de infundadas las presunciones de que las barreras comerciales eran malas para el ciudadano de a pie.

House había hecho bien su trabajo: no en vano sus amigos le llamaban "un pronunciado radical cuyo socialismo abrió la puerta al comunismo", esto en referencia al papel de House en la consecución de la liberación de Trotsky después de que Wiseman interviniera a favor del conspirador revolucionario pro-bolchevique, Lord Alfred Milner. House era, según su propio relato, un ferviente admirador de Karl Marx y un detractor de la Constitución estadounidense.

Uno de los encargos más difíciles que Wiseman encomendó a House se refería a la postura "neutral" adoptada por la administración Wilson ante la guerra que asolaba Europa. Supuestamente "pacifistas", los socialistas fabianos fueron utilizados por el MI6 para hacer cambiar de opinión a Wilson, mediante el chantaje (las cartas Peck) y se creó un clima de guerra mediante mentiras descaradas al pueblo estadounidense. En este empeño, el MI6 cooptó los servicios de Walter Lippmann, al que volveremos.

Cuando la Primera Guerra Mundial se acercaba a su fin, House fue elegido por su controlador del MI6 británico y del Partido Socialista Fabiano, Sydney Webb, para ser el portavoz de Wilson en la Conferencia de Paz de París, supuestamente sobre la base del magistral informe de House elaborado con prontitud tras sólo dos días "en reclusión" en Magnolia, su casa de verano en Massachusetts. Pero los hechos dicen lo contrario. Lo que se conocería como los "Catorce Puntos de Wilson", que debía establecer un gobierno mundial único, la Sociedad de Naciones, "para hacerse cargo de todas las naciones y anular su soberanía" (incluyendo a Estados Unidos), era en realidad un documento de la Sociedad Fabiana escrito en 1915 por el líder socialista británico Leonard Woolf.

Titulado "Gobierno Internacional", el tratado de la Sociedad Fabiana fue presentado al gobierno británico para su aceptación. El gobierno británico se lo pasó a Wilson, que no se molestó en abrirlo antes de pasarlo a House en Massachusetts. Se trata de los "Catorce Puntos" que House habría redactado con la ayuda del profesor David Miller. Este incidente pone de manifiesto la estrecha y controladora relación entre el gobierno británico, House y Wilson.

Wilson presentó su "Plan de Catorce Puntos" a la Conferencia de Paz de París, que lo rechazó rápidamente. Wilson, amargamente herido, regresó a Estados Unidos, y la larga amistad entre él y House comenzó a desmoronarse. Fue un triunfo para la Constitución: ni House ni Wilson la habían violado en París. A partir de entonces, los dos hombres se distanciaron cuando su amistad, aparentemente inquebrantable, se vino abajo por la Constitución de los Estados Unidos de América.

De acuerdo con las enseñanzas de la Sociedad Fabiana, House siempre fue un visionario. En 1915, le llamó la atención Franklin D. Roosevelt, subsecretario de Marina de Wilson. House organizó en círculos tranquilos que un ejemplar de "Philip Dru" llegara a manos del apuesto Roosevelt. Se dice que el libro tuvo un profundo efecto en el ya comprometido socialista Roosevelt, que estaba destinado a suceder a Wilson. En 1920, House dijo a sus amigos: "Estoy seguro de que (Roosevelt) será el próximo presidente de los Estados Unidos". El historial de Roosevelt como gobernador de Nueva York y los innovadores programas (socialistas) que introdujo no dejaban lugar a dudas sobre la dirección que tomaría Estados Unidos si era elegido para la Casa Blanca. En este sentido, la ex gobernadora de Arkansas Clinton es un calco de Roosevelt en cuanto a la metodología socialista.

Cuando Roosevelt fue elegido, el acontecimiento fue aclamado por los socialistas grandes y pequeños a ambos lados del Atlántico como un acto de "providencia". Como suele ocurrir, estos actos de "providencia" no resisten el escrutinio, y éste no es una excepción. Una vez más, las astutas observaciones políticas del coronel House estaban a punto de dar sus frutos. Roosevelt lanzaría e impulsaría el socialismo a nuevas alturas en Estados Unidos, un sucesor adecuado del presidente Wilson. Que Roosevelt debía su presidencia a House nunca se discutió; sólo se ocultó a la opinión pública, para que el oportuno acto de "providencia" no tuviera un rostro humano.

House, amigo de la madre de Roosevelt, se apresuró a señalar las buenas leyes socialistas aprobadas por el gobernador del estado de Nueva York. La amistad que surgió también fue en parte obra de Frances Perkins. House había recomendado a Roosevelt a Wilson para el puesto de Subsecretario de Marina en la administración Wilson, y le transmitió a Roosevelt el enfoque de la "charla junto al fuego" para ganarse al pueblo estadounidense y le enseñó a Roosevelt cómo crear "órdenes ejecutivas" inconstitucionales, es decir, proclamaciones que sólo los reyes y las reinas pueden emitir.

House pasará a la historia como el hombre que cambió la forma en que los presidentes toman decisiones y las llevan a cabo, al rodearse de asesores informales que, al no ser servidores públicos, son difíciles de controlar. El resbaladizo sistema socialista de asesores informales ha hecho más daño a la nación de lo que el pueblo podría imaginar. Este aspecto, más que cualquier otro de los logros de House, lo distingue como el principal guerrero del socialismo en el primer cuarto del siglo XX.

Roosevelt fue presentado a los estadounidenses como afable, simpático y muy competente, con una "maravillosa sonrisa", etc. ¿Cuánto de cierto había en esta propaganda? Aparentemente no mucho. En 1926, cuando House pensó que Roosevelt sería el próximo presidente, el hombre de la "maravillosa sonrisa" ni siquiera era capaz de ganar lo suficiente para mantener a su familia. Roosevelt se presentó al Senado en Nueva York por el Ku Klux Klan. Su tan publicitada "polio" era en realidad una encefalomielitis, que se ocultó al público. Los especialistas en propaganda utilizan su "parálisis infantil" como una ventaja al presentar a Roosevelt como un hombre de gran valor, decidido a no dejar que la "polio" detenga su carrera. ¿El único problema? Todo era completamente falso.

Quizá nada se identifique más con Roosevelt que el New Deal y Harry Hopkins. El programa socialista del New Deal se presentó hábilmente como un "programa de ayuda a los trabajadores afectados por la depresión". De hecho, el New Deal fue el libro A New Deal, escrito por Stuart Chase, un miembro británico de la Sociedad Fabiana, que no llamó mucho la atención, aunque Florence Kelley, a quien le gustaba Chase y sus ideales socialistas, lo consideró un libro importante.

Chase propuso que los socialistas de Estados Unidos dieran tres pasos importantes:

1. Para evitar la inflación y la deflación accidentales, había que "gestionar" el dólar.

2. La renta nacional debe ser redistribuida a la fuerza mediante el aumento de los impuestos sobre la renta y la herencia,

3. Se va a poner en marcha un amplio programa de obras públicas, que incluye la electrificación (según el modelo soviético) y proyectos de vivienda a gran escala.

Roosevelt adoptó el plan in-toto y se convirtió en el "New Deal" que fue adoptado como plan electoral de los demócratas en 1932. El New Deal fue concebido en la oscuridad, y un público en pánico, viéndolo como su salvación, dio a los demócratas una victoria electoral aplastante en 1932.

Roosevelt pronto se hizo vulnerable a asesores no elegidos, como los Rockefeller, cuya controvertida presencia solía ser ocultada por personas como Drew Pearson y Walter Winchell, entre otros. Más tarde, cuando los Rockefeller se volvieron más audaces, Roosevelt nombró a Nelson Rockefeller coordinador de asuntos interamericanos. Durante su mandato, Nelson despilfarró más de 6 millones de dólares del dinero de los contribuyentes en lo que eran empresas estrictamente Rockefeller en América Latina.

Cuando Roosevelt fue a la Casa Blanca, se llevó consigo a toda una serie de asesores anónimos, entre los que había más profesores de los que se había rodeado Wilson. El razonamiento detrás de esto era que el público estadounidense era menos propenso a sospechar de los "socialistas" que se escondían detrás de las fachadas académicas que los funcionarios designados, lo que demostró ser el caso en los primeros años del mandato de Roosevelt. Para ello, y teniendo en cuenta que la planificación a largo plazo era un elemento clave entre los socialistas fabianos, Harold Stassen se plantó en la Universidad de Pensilvania, Edward Stettinus en la Universidad de Virginia y el general Dwight Eisenhower en la Universidad de Columbia.

Los "asesores" secretos también fueron los responsables de que Roosevelt recuperara los activos de la Standard Oil incautados por los japoneses utilizando para ello tropas estadounidenses, la llamada Doctrina Stimson. Esta doctrina fue retomada por el presidente George Bush en la Guerra del Golfo, cuyo objetivo era recuperar los activos de British Petroleum incautados por Irak. La forma en que Alger Hiss fue introducido en la administración Roosevelt es un ejemplo clásico de libro de texto socialista fabiano. En 1936, Hiss fue invitado a trabajar en el Departamento de Estado por el profesor Francis Sayre, yerno de Wilson. Sayre había sido reconocido durante mucho tiempo como un valioso socialista.

Sayre ayudó a preparar los documentos legales para la defensa de Sacco y Vanzetti, dos destacados socialistas acusados de asesinato. Con Sayre colaboraron el profesor Arthur M. Schlesinger, el profesor Felix J. Frankfurter, Roscoe Pound, decano de la Facultad de Derecho de Harvard y Louis Brandeis. Arthur Schlesinger Jr. asistió a la Universidad de Cambridge en 1938, donde fue recibido con calidez y brazos abiertos por la Sociedad Fabiana. Esto ocurrió en un momento en el que todos los esfuerzos de las fuerzas del orden y del Congreso por detener y expulsar a una oleada de anarquistas que habían llegado a Estados Unidos en la década de 1890 fueron calificados burlonamente como "una reacción exagerada al Miedo Rojo".

Sayre fue uno de los que defendió a Hiss, mucho después de que quedara claro que Hiss estaba profundamente implicado en el espionaje contra su país. Cuando Adolph Berle, del Departamento de Estado, intentó advertir a Roosevelt sobre las actividades de Hiss, se le dijo bruscamente que se ocupara de sus propios asuntos. Del mismo modo, Roosevelt se negó a escuchar los informes de inteligencia sobre las actividades de Owen Lattimore e insistió en nombrarlo asesor personal de Chiang Kai Shek, lo que dejó a Lattimore en la envidiable posición de poder traicionar fácilmente a los nacionalistas a los comunistas. Las fuerzas nacionalistas chinas también fueron traicionadas por Lauchlin Currie, designado por Roosevelt, quien ordenó que los suministros militares para las fuerzas nacionalistas de Chiang Kai Shek fueran arrojados al Océano Índico.

Harry Hopkins se convirtió para Roosevelt en lo que Edward Mandel House había sido para Wilson. Protegido por Frances Perkins, Hopkins comenzó su carrera como trabajador social. Se hizo cercano a Roosevelt a través de su esposa, Eleanor, y se le atribuye erróneamente el lema del New Deal "tax and spend, tax and spend". Hopkins se distinguió durante la Depresión al ser designado por Roosevelt para distribuir la llamada ayuda "federal", es decir, el bienestar. Hopkins, un espantapájaros con la ropa colgando de la nariz y totalmente falto de elegancia social, habría parecido bastante fuera de lugar en una habitación con John Maynard Keynes. Lo que sí sabía Hopkins era el maíz. Su mejor baza era elegir a personas "influyentes" e insinuarse en sus círculos.

Gracias a este talento, Roosevelt puso a Hopkins al frente de la convención demócrata de 1940. Hopkins, a pesar de su desafortunado aspecto, supo ganarse el apoyo de los políticos más poderosos de la época. Se sabe que Roosevelt apoyó personalmente un artículo de Arthur M. Schlesinger Jr. publicado en la Partisan Review en el que Schlesinger atacaba a quienes investigaban las verdaderas causas de la Guerra Civil. Esto no debería sorprender a los bien informados. Como ya hemos mencionado, el comunismo y el socialismo estaban mucho más extendidos en el periodo anterior a esa guerra, y aún más durante e inmediatamente después de la Guerra Civil, de lo que la historia ortodoxa permite. Este hecho fue considerado indeseable por Schlesinger y sus colegas socialistas, que querían que el público creyera el relato de los historiadores establecidos sobre las causas de la guerra, que, sin excepción, no mencionaban el papel desempeñado por el comunismo y el socialismo.

Fue Arthur J. Schlesinger Jr. que llamó a los anarquistas Sacco y Vanzetti "dos oscuros inmigrantes que no le importaban a nadie". Arthur Schlesinger Jr. trabajó mucho para la ACLU en favor de estos dos anarquistas. Schlesinger llegó a escribir numerosos artículos para el Fabian News, en los que defendía las ideas socialistas. En uno de estos artículos, publicado en la Fabian International Review, Schlesinger afirma abiertamente que los socialistas estadounidenses pretenden hacerse con el control total de la política militar y exterior de Estados Unidos.

Los jueces que retorcieron y comprimieron la Constitución para adaptarla a sus predilecciones a los objetivos deseados por los socialistas y que vieron sus planes bloqueados por la inmutable Constitución son las estrellas más brillantes del firmamento socialista, ya que sin su voluntad de corromperse y violar sus juramentos, ninguna de las "reformas" socialistas "populares" de gran alcance que han sido tan importantes para cambiar el curso y la dirección de los poderosos Estados Unidos habría tenido éxito.

El proceso de elección de buenos e incondicionales jueces socialistas fabianos para el Tribunal Supremo de Estados Unidos comenzó en serio con la administración Wilson y el nombramiento del juez Louis D. Brandeis como uno de los miembros más importantes de los socialistas fabianos. Tal y como revela un examen del historial de Brandeis, la jerarquía socialista fabiana, dentro y fuera del país, hizo una sabia elección. Brandeis hizo más por socavar la Constitución y aprobar una dura legislación socialista a su alrededor de lo que la propia Florence Kelley podría haber esperado.

El profesor Louis Dembitz Brandeis (1856-1941) encajaba perfectamente en la idea socialista de un juez que acogiera una "nueva constitución", tal como la definía Edward Bellamy. Fue Bellamy quien propuso una "nueva declaración de independencia" basada en una interpretación evolutiva de la Constitución estadounidense con un poder judicial que instituyera "cambios radicales" y acabara con el obstáculo de la separación de poderes de las tres ramas del gobierno. Bellamy calificó la Constitución, la diseñada por los bienintencionados Padres Fundadores, de tristemente obsoleta.

El propio presidente Wilson era muy partidario de desmantelar la Constitución de los Estados Unidos que había jurado defender fielmente, y en Brandeis había encontrado un espíritu afín. Brandeis se había sentado a los pies del filósofo de la Sociedad Fabiana John Atkins Hobson, considerado el autor del "Breve de Brandeis", aunque Kelley siempre se atribuyó el mérito. Hopkins fue sin duda el creador de la futura estrategia de rodear a los futuros presidentes de EE.UU. con asesores socialistas, una estrategia que funcionó notablemente bien en la guerra socialista contra la Constitución iniciada por Felix Frankfurter, Louis Brandeis, Harold Laski y John Maynard Keynes. Estos cuatro socialistas fabianos cambiaron el curso y la dirección de los Estados Unidos en completo detrimento de Nosotros el Pueblo de una manera que supera con creces lo que Hitler, Stalin y Ho Chi Minh podrían haber logrado.

Al principio de su carrera jurídica, Brandeis se asoció con la formidable Florence Kelley, sin cuya ayuda no habría podido utilizar una estratagema ideada en los laboratorios de ideas de la Sociedad Fabiana de Londres y perfeccionada por el socialista británico Hobson, que más tarde se conoció como los "Breves de Brandeis". Kelley, con su devoción a la causa socialista de burlar la Constitución por lo que ella llamaba "la vía legislativa", fue la partera del recién nacido "bebé del Breve de Brandeis", que casi haría realidad su sueño de control socialista total de los Estados Unidos.

Brandeis tenía una sobrina llamada Josephine Goldmark que era la biógrafa de Kelley y explicó cómo se prepararon las memorias en 1907. No fue un proceso complicado, pero requirió mucho tiempo y energía para hacerlo. Se recogieron todo tipo de datos sociológicos y se adjuntaron a una página y media de argumentación jurídica. Como decían los sargentos de instrucción del ejército británico, "las tonterías desconciertan el cerebro" y eso es exactamente lo que hicieron los Escritos Brandeis cuando se presentaron ante el Tribunal Supremo en 1909.

Otro destacado socialista, Felix Frankfurter, calificó el nuevo sistema como "el concepto más majestuoso de todo nuestro sistema constitucional", que permitía a los jueces leer sus propias predilecciones en la Constitución en los casos que se les presentaban, es decir, predilecciones prohibidas por la 9ª Enmienda de la Constitución estadounidense. Sin embargo, este método se ha convertido en una práctica común, lo que ayuda a explicar por qué tantas decisiones del Tribunal Supremo han sido, en muchos casos, "errores sin nombre"[12]

[12] "Mentira" en el original.

Frankfurter asistió a la Conferencia de Paz de París, pero regresó a casa cuando se dio cuenta de que el nuevo orden mundial no se establecería inmediatamente. Compatriota del profesor Harold Laski en las conspiraciones de tipo socialista, Frankfurter esperó su momento, a la manera de los socialistas fabianos, y golpeó con fuerza cuando llegó el momento. De todos los socialistas estadounidenses que admiraban a Graham Wallas, el profesor socialista fabiano británico de la London School of Economics, Frankfurter era el primero de la lista.

El hecho de que el Nuevo Orden Mundial no se materializara en la Conferencia de Paz de París se debió en gran medida a la opinión pública estadounidense, disgustada por la ola de radicales que había surgido con la llegada de la administración Wilson. Hay que reconocer que el pueblo estadounidense tenía una buena dosis de sentido común en aquella época. Esto no quiere decir que las cosas sean tan diferentes hoy en día. Pero hay que tener en cuenta la composición de la población de la época, en gran parte de origen europeo occidental, unida por la lengua inglesa, la religión cristiana y su comprensión de la Revolución Americana y sus profundas consecuencias para la unidad nacional, que ha sido completamente desvirtuada por las políticas socialistas.

Además, en 1919 no se utilizaban ilimitadamente las encuestas de opinión para decidir por ellos lo que pensaba la gente. La América de los años 90 presenta un panorama totalmente diferente: un cambio radical en la composición de la población, que ha pasado de ser una abrumadora mayoría de cristianos europeos occidentales a una mezcla de todas las razas del mundo, chinos, indios del este, vietnamitas, europeos del este, hispanos, etc. En 1919, un pueblo unido exigió que se actuara contra los elementos subversivos en el panorama estadounidense, y lo consiguió en 1919-1920, cuando el fiscal general Mitchell Palmer ordenó una serie de redadas para erradicar los centros de sedición.

Brandeis mostró inmediatamente sus simpatías por los socialistas que intentaban derrocar la Constitución de los Estados Unidos, al unirse a un escrito presentado por Frankfurter y Walter Lippmann en el que se solicitaba una orden judicial contra los registros de cientos de centros socialistas subversivos. Los policías encargados de las redadas fueron agredidos verbalmente por Lippmann, que apareció en el lugar de algunas de las redadas con toda una pandilla de escritores socialistas.

Brandeis no lo tuvo fácil en el proceso de confirmación del Senado. Dado que los senadores de 1915 estaban mucho más familiarizados con la Constitución de EE.UU. que hoy, la elección de Wilson para el Tribunal Supremo fue muy discutida, pero sin éxito. La mayoría del Partido Demócrata se encargó de nombrar a este peligroso y apasionado revolucionario. Todavía se está calculando el daño hecho a la Constitución de los Estados Unidos por este ardiente y apasionado socialista. Ni Hitler ni Stalin podrían haber causado tales estragos.

Brandeis fue uno de los primeros jueces en involucrarse en la política del New Deal. Su amiga Florence Kelley le regaló un ejemplar de un libro de Stuart Chase, titulado simplemente "A New Deal", que Chase pensaba que sería bueno para el futuro de los planes socialistas británicos y estadounidenses, opinión con la que Sydney Webb y la jerarquía de la Sociedad Fabiana estaban de acuerdo. Ante la insistencia de Brandeis y Kelley, el "New Deal" pronto sustituyó a la forma plana de los demócratas de 1932 y en 1933 se convirtió en el "New Deal" de Franklin D. Roosevelt.

Es interesante observar las opiniones de Chase, que no se oponía a la anarquía violenta y a la acción revolucionaria socialista:

> "Puede que (la revolución) sea necesaria algún día. No estoy seriamente alarmado por los sufrimientos de la clase acreedora, los problemas que la iglesia seguramente encontrará, las restricciones de ciertas libertades que pueden resultar, ni siquiera por el derramamiento de sangre del período de transición. Un mejor orden económico vale un poco de derramamiento de sangre..."

Pero Stuart Chase finalmente cedió cuando vio que el pueblo estadounidense no podía, ni quería, ser engañado para participar en una revolución al estilo bolchevique, supuestamente por su propio bien. En su lugar, abogó por un tipo de gobierno colectivo mediante el control nacional por parte de un gobierno central, en la línea de "El trabajo y el nuevo orden social" de Webb. Chase era un radical apacible pero muy peligroso, cuyas ideas están incorporadas en gran medida a la estructura de un gobierno mundial -el Nuevo Orden

Mundial- que se está estableciendo.

Las organizaciones y personalidades que pagaron y patrocinaron el libro de Chase estaban vagamente relacionadas con el embajador de oficio de Moscú, Ludwig Martens. Martens era muy cercano a la revista socialista de extrema izquierda "The Nation" y a Edward A. Filene, de quien se dice que financió los costes de impresión del libro en Estados Unidos a través del Twentieth Century Fund, un ángel financiero socialista fabiano. Chase era buen amigo de Kelley y Brandeis, y en una ocasión describió la revolución bolchevique como "absolutamente necesaria". Cuando Franklin Delano Roosevelt llegó a la Casa Blanca, el "New Deal" se convirtió en el "New Deal", una de las piezas más ambiciosas de la legislación socialista fabiana que jamás haya adornado las páginas de la historia estadounidense.

El camino de Roosevelt hacia la Casa Blanca se vio considerablemente facilitado por Felix Frankfurter. Nacido en Viena (Austria), este niño casi enano de cabeza abombada fue llevado a Estados Unidos a los doce años. Frankfurter utilizó su evidente inteligencia para defender todas las causas socialistas que iban en contra de la concepción de los Padres Fundadores de los Estados Unidos. Una de las vías de acercamiento a la socialización de los Estados Unidos fue la Unión Americana de Libertades Civiles (ACLU), de la que Frankfurter, Rose Schneiderman y Roger Baldwin fueron fundadores, y que fue creada con el único propósito de hacer un uso malicioso de la Constitución para defender a los enemigos socialistas de la misma.

La ACLU se fundó con la intención declarada de "retorcer y exprimir" la Constitución para proteger a los enemigos de los Estados Unidos decididos a destruirla. No se puede discutir que la práctica pervertida de utilizar la Constitución en beneficio de los enemigos de la República salió de la mente de Frankfurter. De la mente de este "gnomo de la corte" surgió la creencia, propagada por gente como Lippmann, Schlesinger y una serie de profesores de derecho de Harvard, de que era de alguna manera antipatriótico defender a Estados Unidos contra sus enemigos socialistas declarados, de los cuales Frankfurter era el líder.

Líder de los enemigos socialistas de Estados Unidos como era, Frankfurter pensó que era públicamente aceptable proteger al pronto ungido en la Casa Blanca. A instancias de la Sociedad Fabiana, Frankfurter creó un grupo de reflexión formado por destacados socialistas para asesorar y ayudar a Roosevelt a superar los obstáculos y escollos en el camino socialista hacia la Casa Blanca. Preocupado por que el "New Deal de Roosevelt" hiciera lo correcto en el momento adecuado, Frankfurter se reunió con Roosevelt en un encuentro privado inmediatamente después de la toma de posesión de éste.

En este empeño, Frankfurter contó con la gran ayuda de Harold Ickes, que creó un gran grupo de espías para cubrir Washington y otras ciudades importantes. Este grupo llegó a ser conocido como la "Gestapo de Harold", aunque el término "Cheka" habría sido más apropiado, ya que fue capaz de ejercer una enorme presión sobre los funcionarios locales y nacionales para que votaran a favor de Roosevelt. Ickes siguió siendo un estrecho confidente de Roosevelt y fue el responsable de violar la ley no escrita establecida por el presidente George Washington de que los presidentes sólo debían cumplir dos mandatos.

También estaba presente el socialista fabiano Fred C. Howe, cuyo nombre se convertiría más tarde en una palabra familiar en los círculos socialistas de ambos lados del Atlántico. Juntos seleccionaron al personal para los puestos clave de la administración Roosevelt, incluido el Departamento de Estado. Establecieron un patrón que se convertiría en parte de la decoración, tanto si un republicano como un demócrata se sentaba en el Despacho Oval. Por ejemplo, en la administración Reagan, 3.000 puestos clave fueron ocupados por candidatos de la Fundación Heritage. Ostensiblemente un grupo de reflexión "conservador", la Heritage Foundation estaba dirigida entre bastidores por Sir Peter Vickers Hall, miembro destacado de la Sociedad Fabiana y socialista comprometido.

Aunque Cordell Hull era el Secretario de Estado nominal en la administración de Roosevelt, eran "Félix y sus muchachos", incluido el traidor Alger Hiss, quienes estaban al mando, una situación que Hull toleró durante 12 años. Como Frankfurter admitiría más tarde, su idea procedía del sistema británico de asesores del Primer Ministro, el Privy Council. En cualquier caso, dos años después de que Roosevelt entrara en el Despacho Oval,

Ickes, Wallace, Hopkins y Frankfurter eran los que movían los hilos detrás de la Escuela de Ciencias Sociales de Rand, la misma escuela que las autoridades de Nueva York habían intentado quebrar como centro de subversión socialista y comunista contra Estados Unidos.

Frankfurter, líder en el campo de la socialización estadounidense, demostró su valía al trasladar los servicios públicos a manos municipales, lo que dio lugar al proyecto de la Autoridad del Valle del Tennessee (TVA). Presentada como una medida antidepresiva, la TVA fue, de hecho, uno de los primeros pasos hacia proyectos de socialización de esta envergadura, una enorme victoria para los socialistas estadounidenses y sus controladores británicos. Como ha escrito Mark Starr:

> "A medida que el colectivismo socialista, la propiedad y el control públicos sean necesarios en los Estados Unidos, se adoptarán en casos e instancias específicas. Pueden recibir otros nombres, pero, como en el caso de la Tennessee Valley Authority, se aplicará la propiedad pública..."

Frankfurter siguió fomentando la penetración de la izquierda en el gobierno y una de las muchas organizaciones de fachada que patrocinó fue el Movimiento del Congreso Mundial de la Juventud. Varias personas asociadas a esta empresa socialista fabiana fueron calificadas como peligrosos subversivos comunistas por un subcomité del Senado sobre seguridad nacional. Pero quizás su movimiento más perjudicial fue el apoyo que dio a su protegido y amigo de toda la vida, Dean Acheson, a quien insinuó en el círculo íntimo de asesores de Johnson.

El Comité Dies que investigaba el comunismo en los Estados Unidos declaró que el profesor Harold Laski, John Maynard Keynes y Felix Frankfurter eran los terribles artífices del socialismo estadounidense, idea de la que se burló Roosevelt cuando se lo hicieron saber. Pero no hay duda de que el lenguaje jurídico de toda la legislación del New Deal fue escrito por Frankfurter. No hay que olvidar que fue Frankfurter quien recomendó a Dean Acheson y a Oliver Wendell Holmes a Roosevelt, y que habría sido imposible encontrar dos subversivos más traidores, uno en el Departamento de Estado y otro en el Tribunal Supremo.

Más que cualquier otro socialista, pasado o presente, ya sea en

Inglaterra o en los Estados Unidos, se está de acuerdo en que el más grande de todos los que allanaron el camino para la socialización de América fue, sin duda, el cuasi-nino con cabeza de cúpula, Felix Frankfurter. Se puede decir que hizo todo lo que estaba en su mano para derribar los aranceles protectores erigidos por Washington, para orientar la posición de la Reserva Federal y para empujar a Wilson a participar en la Primera Guerra Mundial de Inglaterra.

Estrecho colaborador de Walter Lippmann, Paul Warburg, Thomas W. Lamont y los principales líderes socialistas de la época, Frankfurter estaba bien situado para llevar a cabo su espantosa traición a Estados Unidos, que le había dado refugio a él y a su familia cuando fueron prácticamente expulsados de Europa. Si alguna vez hubo un candidato principal para cumplir el adagio "mordió la mano que le dio de comer", ese candidato fue el juez Felix Frankfurter, que casi sin ayuda pervirtió la Constitución y casi convirtió ese gran documento en una hoja de papel en blanco.

Frankfurter escribió la mayoría de las emisiones radiofónicas de Roosevelt, las "fireside chats", una de las herramientas de penetración e impregnación más eficaces jamás ideadas. Participó en la decisión de Roosevelt de enviar a Harry L. Hopkins a Inglaterra para sentar las bases del mayor atraco del planeta: la LendLease Act. Pero quizás el mayor daño que causaría Frankfurter fue su intrusión gradual (al más puro estilo fabiano) del Tribunal en el poder legislativo del gobierno, iniciando así la insidiosa práctica de disminuir gradualmente los poderes del Congreso y aumentar los del Tribunal Supremo y el Presidente. Frankfurter es el hombre que casi ha cumplido el sueño del profesor Laski de romper y destruir la separación de poderes.

El hecho de que esto fuera 100% inconstitucional no pareció molestar al pequeño gnomo del Tribunal. Así que, gracias a la traición y sedición de Frankfurter, que persiguió durante el resto de su vida, la Sociedad Fabiana británica empezaba por fin a ver algo de luz en el oscuro túnel que estaba construyendo bajo los muros de la separación de poderes, identificada por Laski como el obstáculo más serio para el progreso del socialismo en Estados Unidos. Frankfurter mantuvo un estrecho contacto con el demoledor de las economías occidentales, John Maynard Keynes, y organizó la publicación de "Las consecuencias económicas de la paz"[13] en la que Keynes predecía que el capitalismo en Europa estaba muriendo.

Mientras Frankfurter escribía enérgicos artículos expresando su desacuerdo y denunciando las redadas policiales del fiscal general Mitchell Palmer contra los movimientos sediciosos en Estados Unidos, fue Lippmann quien llevó a cabo los ataques "in situ". Lippmann fue uno de los principales miembros del grupo de "confianza en el cerebro" de Roosevelt que bombardeó al presidente con propuestas socialistas. El congresista McFadden acusa a Frankfurter de ser uno de los formuladores originales de la Ley de Recuperación Industrial Nacional. declaró McFadden:

> "Fueron necesarios 15 años de denodados esfuerzos por parte del Sr. Baruch y de sus asociados (uno de ellos era Frankfurter) para imponer esta ley al pueblo estadounidense, y sólo fue a través de los sufrimientos de un período de gran tensión..."
>
> "... Sin embargo, Baruch, Johnson, Tugwell, Frankfurter y todos los demás parecen ser los más descarados en sus esfuerzos (en nombre del socialismo) en este país. Frankfurter ha proporcionado la mayoría de los cerebros legales de este grupo... Han tratado de coaccionar e intimidar a los intereses empresariales de este país para que celebren contratos privados, de modo que tengan el poder de exigir que los intereses empresariales de la nación hagan lo que quieran sin tener en cuenta la Constitución. Los abogados del New Deal no dudan en acudir a los tribunales y argumentar que los ciudadanos pueden contratar sus derechos constitucionales. Este es el método con el que han derribado las fronteras estatales..."

Es un hecho conocido que Frankfurter prácticamente asumió la posición de agencia de empleo para la administración Roosevelt. Entre los socialistas más peligrosos recomendados a Roosevelt por Frankfurter estaban el notorio Rexford Tugwell y el gobernador Al Smith de Nueva York.

Los estrechos vínculos entre Frankfurter y Harold Laski despertaron un gran interés en los círculos socialistas de Londres y Washington.

---

[13] *Las consecuencias económicas de la paz,* Ndt.

Laski era un invitado habitual en la casa de Frankfurter en Boston y Washington. Como compañeros socialistas, los dos hombres tuvieron un profundo efecto mutuo y ambos trabajaron incansablemente para debilitar la separación de poderes impuesta por la Constitución. Sus cartas se titulaban "Querido Félix" y "Querido Harold". Al estar en el corazón del socialismo fabiano en Londres, Laski pudo mantener a su "Querido Félix" plenamente informado de las últimas ideas socialistas, que Frankfurter transmitió a Roosevelt, cuya puerta siempre estuvo abierta para él. Los dos "consejeros privados" se convirtieron en los arquitectos más influyentes de la política socialista de Roosevelt durante sus tres mandatos.

El factor decisivo del Tratado de la ONU vino de la mano de Frankfurter, Laski y Keynes, aunque redactado por otros, y representó otro ladrillo eliminado del muro que separa los poderes constitucionales. Los historiadores del periodo 1942-1946 sostienen que el tratado de la ONU fue el primero de una larga serie de cambios importantes del ejecutivo al legislativo, una tendencia impactante que sigue creciendo a pasos agigantados con la presidencia de Clinton. Keynes visitó a Roosevelt en 1934 y esbozó su ahora bien desacreditado "multiplicador", que suponía que cada dólar gastado por el gobierno federal en bienestar era un dólar dado al minorista, al carnicero, al panadero, al agricultor y al fabricante de velas, lo cual no es como funcionaba en la práctica.

> "Lenin tenía ciertamente razón. No hay forma más sutil y segura de derrocar las bases existentes de la sociedad que corromper la moneda. El proceso compromete a todas las demás fuerzas ocultas de la ley económica del lado de la destrucción y lo hace de una manera que ni un hombre entre un millón es capaz de diagnosticar..." John Maynard Keynes.

Aunque se atribuye a Keynes la teoría del "multiplicador", ésta pertenece a uno de sus alumnos, R.F. Kahn, que la inventó cuando era estudiante del Kings College. En el verano de 1934, los socialistas fabianos decidieron trasladar a su "genio económico" Keynes a Estados Unidos. Su libro, La teoría general del dinero, había sido leído por Roosevelt, pero no lo había entendido, como admitió Roosevelt a Frances Perkins, que se encargó de presentar a los dos hombres: "No entendí todo su galimatías con los números", dijo Roosevelt a Perkins. Endeudar al país para sacarlo de la recesión era la teoría subyacente de la filosofía económica keynesiana, lo que puede explicar su popularidad entre los sucesivos gobiernos socialistas de Inglaterra y el Partido Demócrata de Estados Unidos.

A Keynes se le miraba con admiración, más bien como si se concediera el mismo respeto a un místico cuyas predicciones sobre el futuro fueran siempre acertadas. Sin embargo, la verdad es que Keynes, si los deslumbrados hubieran investigado sus afirmaciones, se equivocó al menos el 85% de las veces. Keynes tenía los modales de un caballero inglés en su vestimenta, atuendo y forma de hablar. Se dice que era capaz de encantar a cualquier mujer para que se acostara con él, si así lo deseaba. Quizás fue su educación en Eton y su paso por el Kings College de Cambridge lo que le dio esos modales tan atractivos para ambos sexos.

Keynes obtuvo de R.F. Kahn su secreto de alquimista que permitiría que el papel moneda se multiplicara infinitamente; si se lo hubieran dejado a Kahn, nadie le habría dado la más mínima credibilidad. Pero en manos de un decano de Cambridge, alto, guapo y pulcro, con un asombroso conocimiento del arte, la comida y el vino, el descubrimiento del "multiplicador" se convirtió en una gran noticia. A pesar de ello, uno se pregunta cómo, a pesar de haber sido tutelado por los profesores Marshall y Pigou, Keynes sólo pudo ocupar el puesto 12, el último de su pequeña clase de economía. En 1911, Keynes se convirtió en editor del Economic Journal y un año más tarde en secretario de la Royal Economic Society de la Sociedad Fabiana. Cuando pienso en Keynes, no puedo evitar pensar en la filosofía realista, sabia y rústica de mi sargento instructor del ejército regular británico, que vale la pena repetir:

> "Las tonterías desconciertan al cerebro".

Esta es realmente la esencia de la economía keynesiana: el dinero simplemente se multiplicaría ad infinitum, como una especie de carta en cadena que promete una enorme recompensa por un pequeño esfuerzo. A los que se preguntaban qué pasaría al final de la cadena de cartas, Keynes respondió: "todos debemos morir algún día". Por increíble que parezca en retrospectiva, es el "sistema económico" de Keynes, que en realidad es un galimatías, el que ha sido aceptado por los banqueros internacionales y los principales políticos del mundo occidental.

¿Era Keynes una especie de Nostradamus, un Gregory Rasputin, o era realmente sincero en sus principios económicos? ¿Será que, además de lo que le dotó la naturaleza, su padre, Neville Keynes, un profesor de Cambridge cuyo fuerte era lanzar constantes ataques al sistema de libre empresa, también contribuyó al éxito arrollador de su hijo al convertir a John Maynard Keynes en millonario, con un puesto en la Cámara de los Lores?

John Maynard Keynes comenzó su carrera como funcionario, a la manera de Sydney Webb, pero mientras el gran Lord Bertrand Russell se refería a menudo a Webb como un "empleado de la Oficina Colonial", nunca aplicó esta observación a Keynes. Tal vez porque Keynes formaba parte del círculo encantado de Russell en la universidad, lo que demuestra que los socialistas son tan clasistas y snobs como cualquier otro grupo.

Desde sus primeros días con George Bernard Shaw y los socialistas fabianos, Keynes estaba bien considerado, especialmente porque fue quien "llamó al farol moral del capitalismo", según Sydney y Beatrice Webb, los fundadores del socialismo fabiano. Aunque era miembro del Partido Liberal, Keynes gozaba de un enorme respeto tanto en el Partido Conservador como en el Laborista porque era capaz de ver el futuro, financieramente hablando. "Un verdadero lector de oráculos", como escribió el Fabian News. Quizá fue su "capacidad de leer oráculos" lo que llevó a Keynes a promover la creación del Fondo Monetario Internacional (FMI), en el que desempeñó un importante papel.

Como tantas otras instituciones del Gobierno Mundial Único (Nuevo Orden Mundial), el FMI era simplemente un medio para drenar el dinero de la economía estadounidense y entregarlo a países que tenían excelentes recursos naturales como garantía. Lo que los incautos gobiernos no sabían, y de hecho no tenían forma de saberlo, era que el FMI no sólo se apoderaría de sus recursos naturales, sino que también controlaría y luego destruiría su soberanía nacional. Rodesia, Filipinas, Angola, Brasil son buenos ejemplos de lo que ocurre cuando se deja entrar al FMI.

En 1919, Keynes consiguió ganarse la confianza del coronel Mandel House, del general Pershing y de Walter Lippmann. Keynes habló con fuerza, declarando que "el capitalismo en Europa ha muerto". Estos contactos le harían ganar un puesto de cierta importancia con House, y más tarde con Harry Hopkins, una alianza que condujo a la fundación del Consejo de Relaciones Exteriores, (CFR) conocido primero como Instituto de Asuntos Internacionales, en realidad una rama de la Sociedad Fabiana. Según el Congressional Record, House, 12 de octubre de 1932 página 22120, Keynes presentó su libro "The Economic Consequences of Peace" a los Estados Unidos como un esfuerzo para desestabilizar y popularizar las teorías económicas marxistas.

Roosevelt acogió con agrado las ideas keynesianas, ya que le dieron una base para obtener 4.000 millones de dólares del Congreso para los llamados proyectos de "obras públicas", en realidad, trabajos de conveniencia que no "multiplicaban" los dólares federales como había prometido Keynes. Keynes se hizo amigo de Henry Cantwell Wallace, ambos partidarios de la eliminación del contenido de oro del dólar y de una "moneda administrada". Keynes siguió causando una fuerte impresión en Harvard, donde se encontraba frecuentemente en compañía de Frankfurter y Laski. Mientras que Frankfurter proporcionó la jerga legal para el New Deal socialista, Keynes proporcionó la base económica, como siempre, una quimera total que, llevada a su conclusión lógica, destrozaría la economía de cualquier nación.

Los "socialistas ingleses", al igual que los adivinos del sacerdocio faraónico, habían tejido la red de sus misterios en torno al presidente Roosevelt, que permaneció bajo su dominio hasta su muerte. Si hubiera que buscar al sumo sacerdote de la era del New Deal, John Maynard Keynes sería sin duda la elección natural. Su habilidad para manejar el idioma inglés era notable, ya que podía hacer creer incluso a los grandes votantes que dos y dos son cinco.

La llegada de Keynes al escenario de Washington fue precedida por un anuncio de página completa en el *New York Times* del 31 de diciembre de 1933, que tomó la forma de una carta abierta al presidente Roosevelt, llena de ideas totalmente ajenas a los economistas estadounidenses. Sin embargo, la propaganda de Madison Avenue tuvo su efecto y probablemente preparó el camino para su visita a los Estados Unidos en 1934. La larga amistad con Lippmann y otras grandes estrellas socialistas del firmamento estadounidense le abrió todas las puertas a Keynes.

Aunque Roosevelt no entendía las implicaciones de lo que estaba haciendo, siguiendo el consejo de Keynes su administración decidió retirar a Estados Unidos del patrón oro, en línea con una medida similar del gobierno británico. La teoría del "multiplicador" de Keynes fue adoptada por Roosevelt, después de que Keynes le dijera que no se molestara con "ese craso error económico conocido como la teoría cuantitativa del dinero". Esto fue música para los oídos de los New Dealers, que sintieron que el mayor economista del mundo les había dado luz verde para embarcarse en un programa de gasto imprudente, como si no hubiera que rendir cuentas para el mañana.

Así, con la publicación en 1936 de la "Teoría general del empleo", Keynes trató de garantizar la continuidad del gasto público sobre la base de la creencia de que el gobierno es responsable del pleno empleo y que, si no se alcanza el pleno empleo, el bienestar debe hacerse cargo. Keynes fue el principal defensor del gasto deficitario y Roosevelt estuvo encantado de complacerlo. A pesar de ello, Roosevelt no consiguió salir de la depresión mediante el gasto.

En cuanto al público norteamericano en general, todo se les fue de las manos. "Déjenlo en manos de los expertos", corearon los medios de comunicación, "es demasiado complicado para nosotros". Y así es exactamente como los socialistas se salieron con la suya con el gran fraude del gasto deficitario basado en el falso "multiplicador" que nunca funcionó. Todavía estamos midiendo el inestimable daño hecho en los Estados Unidos por este líder económico socialista fabiano. "Se conoce a las personas por la compañía que tienen" es una vieja y probada máxima. Entre sus amigos, Keynes contaba con algunos de los peores traidores de la historia de la nación; Lauchlin Currie, Felix Frankfurter, Walter Lippmann, Bernard Baruch, el coronel House, Dean Acheson, Walt Whitman Rostow, Fancis Perkins, Abe Fortiss, Eleanor Roosevelt, cuyas maldades son tan numerosas como las estrellas del cielo nocturno, demasiado numerosas para ser cubiertas completamente por este libro.

El gran congresista Louis T. McFadden hizo poco caso a la economía keynesiana cuando llamó a Marriner Eccles, presidente de la Reserva Federal, a declarar ante el Comité Bancario de la Cámara de Representantes del que era presidente.

McFadden, un viejo opositor al socialismo fabiano, atacó a Frankfurter y a Keynes por sus conexiones, especialmente a través de la Foreign Policy Association de Nueva York, señalando que Paul M. Warburg fue uno de sus fundadores. También reprendió con razón a Henry A. Wallas, nombrado por Roosevelt secretario de Agricultura por recomendación de Frances Perkins, por su pertenencia al sedicioso Freedom Planning Group, patrocinador fabianista de la New York Foreign Policy Association. McFadden identificó correctamente a Moses Israel Sieff con el grupo, citando el consejo de Sieff: "Tomémonos las cosas con calma durante un tiempo y esperemos a ver cómo se desarrolla nuestro plan en Estados Unidos". Sieff dirigía la cadena de tiendas británica Marks and Spencer y era un socialista multimillonario.

El "nuestro" plan al que se refería Sieff era un plan elaborado por los socialistas fabianos de Londres que pondría toda la tierra y la agricultura bajo el control del gobierno, algo que el profesor Rexford Tugwell ya había defendido. Tugwell era el tercer miembro del "trío terrible" formado por Stuart Chase y Raymond Moley, profesor de la notoria y sediciosa Escuela de Ciencias Sociales Rand. Los tres eran confidentes de Henry Wallace, quien, con la ayuda de Tugwell, destruyó la floreciente industria agrícola que empezaba a desarrollarse en 1936, mediante una política de arado de las cosechas y sacrificio del ganado.

Tugwell era un ferviente admirador de la revolución bolchevique, de la que decía que "se divertía rehaciendo el mundo". Formado en la Universidad de Columbia, Tugwell fue el primer socialista que aplicó las teorías socialistas fabianas a la práctica gubernamental. Tugwell metió el dedo en todos los pasteles del New Deal cocinados por la administración Roosevelt. Uno de sus principales compromisos fue anular la protección arancelaria contra las mercancías importadas.

El plan del New Deal fue acogido con entusiasmo por Roosevelt, que dijo:

> "Si miramos este asunto desde el punto de vista nacional amplio, lo convertiremos en una política nacional, aunque tardemos 50 años... Ha llegado el momento de planificar para evitar los errores del pasado en el futuro y llevar nuestras ideas sociales (socialistas) y económicas a la Nación".

Uno de los que se alegró de seguir este mandato fue Arthur Schlesinger Jr, cuya amplia gama de actividades socialistas, que incluía la dirección de Adlai Simpson, el primer presidente nacional de Americans for Democratic Action (ADA), una de las organizaciones socialistas anarquistas, sediciosas y subversivas más importantes de Estados Unidos, para la que escribió la mayor parte de su material de propaganda. Schlesinger se encargó de presentar a John F. Kennedy como un candidato socialista, lo que no era poca cosa, ya que había que convencer a los miembros puramente socialistas de la ADA de que votaran a alguien que representaba todo aquello a lo que se oponían.

El papel de Schlesinger en la subversión secreta y la promoción de las causas de la ADA por parte de Lyndon Johnson en la década de 1950 fue una gran estrella de la "penetración y la impregnación". La historia completa de cómo Schlesinger impidió que miembros clave de la ADA se presentaran después de que Kennedy anunciara a Johnson como su compañero de fórmula en la convención demócrata de 1960 podría llenar un libro. Uno puede imaginar la consternación del principal socialista de la ADA, David Dubinsky, cuando se enteró de que Johnson, a quien había odiado toda su vida política, iba a ser el compañero de fórmula de Kennedy.

Si Schlesinger no hubiera tenido éxito, es muy probable que Johnson hubiera rechazado la oferta de Kennedy. De hecho, era una cuestión de sentimiento, ya que Johnson prefería el puesto de líder de la mayoría del Senado. Al parecer, sólo después de que Schlesinger le revelara a Dubinsky cómo había convertido a Johnson en un socialista reprimido en la década de 1950, éste reunió el apoyo de la ADA para la candidatura. Los éxitos de Schlesinger continuaron durante la presidencia de Johnson, a pesar de que no formaba parte del "gabinete principal" de Johnson (asesores anónimos - asesores privados). Arthur Schlesinger fue uno de los enemigos invisibles más peligrosos que ha tenido este país.

El decano Acheson personificaba la práctica normativa astuta, penetrante y sediciosa de un socialista bien entrenado. Acheson procedía del bufete de abogados Covington, Burling y Rublee, que actúan como abogados de los grandes contables del Comité de los 300, Price, Waterhouse. También formaba parte del círculo íntimo de J.P. Morgan, Andrew Mellon, Tommy Lamont (el hombre que presionó para que EE.UU. reconociera el régimen bolchevique de carniceros sangrientos), la familia Kuhn Loeb y Felix Frankfurter. Acheson era el típico abogado socialista, sedicioso y con buenas conexiones en Wall Street que llegó a ser Subsecretario del Tesoro y Secretario de Estado con el Presidente Roosevelt.

Fue Frankfurter quien recomendó a Dean Acheson para un puesto en el Departamento de Estado estadounidense. Entre los actos más públicos de traición y sedición de Acheson contra su país al servicio del socialismo se encuentra su implacable lucha por conseguir toda la ayuda posible para el régimen bolchevique en un momento en que los ejércitos rusos blancos estaban derrotando y poniendo en fuga al Ejército Rojo bolchevique, lo que se describe detalladamente en mi libro "Diplomacy By Deception". Durante la Segunda Guerra Mundial, Acheson insistió en que no se tomara ninguna medida contra Stalin por la ocupación de los Estados bálticos. Su traición a la China nacionalista es ya bien conocida y no es necesario relatarla aquí. Para coronar su carrera de traidor y sedicioso, el apoyo de Acheson a las fuerzas norcoreanas y chinas durante la Guerra de Corea fue un acto abierto de traición. Pero en lugar de ser detenido, acusado de traición y ahorcado, recibió los más altos honores.

Los compatriotas del decano Acheson en el crimen socialista fueron Dean Rusk y Walt Whitman Rostow, que aprendieron su socialismo como becarios de Rhodes en Oxford, la "escuela de acabado" de los futuros líderes socialistas mundiales. El aspecto de Rusk era el opuesto al de Keynes: de cara redonda, regordete y calvo, se parecía más a un funcionario bolchevique de bajo nivel que al Secretario de Estado de las administraciones Kennedy/Johnson. Sin embargo, su apariencia oculta su carácter viciosamente socialista y sus incansables esfuerzos en favor de la China Roja y de Stalin a través del Instituto de Relaciones con el Pacífico (IPR) y, directamente, a través de muchas agencias del Departamento de Estado.

Fue Rusk quien estableció el "santuario privado", la zona de reunión de las tropas chinas rojas en Manchuria, en connivencia con el gobierno británico. Al general Douglas McArthur se le prohibió atacar el santuario, donde se concentraban las tropas chinas, antes de cruzar el río Yalu para atacar a las fuerzas estadounidenses. Cuando MacArthur presentó un plan elaborado por su personal y el general George E. Stratemeyer de la Fuerza Aérea estadounidense que habría destruido las capacidades de combate de China y la habría hecho retroceder décadas, fue la señal para que Rusk convocara apresuradamente al presidente Truman a una conferencia en Blair House en Washington.

El 6 de noviembre de 1950, las fuerzas chinas avanzaban rápidamente en el Yalu. Los aviones de Stratemeyer estaban bombardeados y listos para salir. Pero de vuelta en Washington, Rusk le dijo a Truman que no podía ordenar a MacArthur que atacara a las tropas chinas rojas. Según los documentos que he visto, Rusks dijo:

> "Nos hemos comprometido con los británicos a no emprender ninguna acción que implique ataques en el lado manchú del río contra los chinos SIN CONSULTARLOS".

Rusk también había solicitado una reunión de emergencia del Consejo de Seguridad de la ONU, aparentemente para conseguir una resolución de la ONU que ordenara a China la retirada de sus tropas. En realidad, se trataba de una estratagema traicionera y alevosa de Rusk para dar tiempo a las tropas chinas rojas a cruzar el río Yalu, mientras retrasaba los ataques cruciales planeados por MacArthur. Si alguna vez hubo un hombre sedicioso y traidor que no tuvo reparos en traicionar a su país, ese hombre fue el socialista Dean Rusk.

El tercer socio de este trío de sediciosos fue Walt Whitman Rostow, quien dijo una vez:

> "Es un objetivo nacional americano legítimo ver el fin de la nación tal y como se ha definido históricamente". (Rostow, "The United States in the World Arena").

A pesar de haber sido declarado un grave riesgo para la seguridad por la Agencia de Inteligencia del Departamento de Estado y la Agencia de Inteligencia de la Fuerza Aérea, Rostow permaneció en una posición de gran poder como representante no elegido de los socialistas estadounidenses, con una puerta abierta a Eisenhower, Kennedy y Johnson. Rostow había sido asignado al Instituto Tecnológico de Massachusetts por el Comité de los 300, desde donde desarrolló y planificó la estrategia que, según él, provocaría "el fin de la nación" para Estados Unidos.

El hecho de que este monstruoso traidor tuviera vía libre en Washington debería acallar para siempre a quienes creen que el socialismo es una mera institución benévola destinada a ayudar a los necesitados, los desempleados y los pobres. En diciembre de 1960, Rostow viajó a Moscú para reunirse con Vasily Kuznetsov, viceministro de Asuntos Exteriores de la URSS. Kuznetsov se había quejado ante Acheson y Rusk de que Estados Unidos estaba construyendo una capacidad de ataque dirigida a su país.

Rostow le dijo que no se preocupara, que la situación se corregiría. Y así fue. Gracias a la intervención de Robert Strange McNamara, entonces Secretario de Defensa, se redujo significativamente o se eliminó casi toda la producción de los misiles Skybolt, Pluto, X-20 Dynasoar, Bomarc-A, el sistema de defensa Nike Zeus y el bombardero nuclear B-70. No hubo una reducción correspondiente en el lado ruso. Aparte de todo lo demás, la traición de McNamara le costó a Estados Unidos 5.400 millones de dólares. Sería difícil encontrar un grado mayor de traición, y en una lista de traición y sedición socialista, McNamara estaría en el top 10.

Como recompensa a su perfidia, Rostow fue nombrado por el presidente Johnson miembro del Consejo de Seguridad Nacional en 1964. En el momento del nombramiento de Rostow, Johnson elogió al malvado sedicioso, declarando que "tiene el trabajo más importante en la Casa Blanca, fuera del Presidente". Este era el mismo Rostow que nunca había vacilado en su objetivo de acabar algún día con la nación de los Estados Unidos.

Rostow fue el responsable del envío de fuerzas terrestres estadounidenses a Vietnam, tras una intensa presión para que nuestras tropas fueran al Delta del Mekong. Pero el Estado Mayor Conjunto le dijo al Presidente que no debían enviarse tropas terrestres a Vietnam del Sur, ya que seguramente se empantanarían y finalmente no podrían salir de la zona. Como todos los miembros de la camarilla socialista de Washington, Rostow no renunció a su plan y siguió presionando para que se comprometieran las tropas.

Rostow utilizó al general Maxwell Taylor para tener acceso directo a John Kennedy. Por desgracia, un Kennedy verde e inexperto aceptó el guión de Rostow y en enero de 1960 se enviaron diez mil soldados estadounidenses a Vietnam. A través de la traición de Walt Whitman Rostow, el método socialista fabiano de penetración e impregnación había infectado el cargo más alto del país.

Nunca ha habido una guerra como la de Vietnam, en la que nuestros soldados intentaron luchar con las dos manos esposadas a la espalda, las llaves que tenían Robert Strange McNamara, Walt Whitman Rostow y Dean Rusk. Los militares de ninguna nación tuvieron que luchar según las reglas establecidas por un conocido traidor: Robert Strange McNamara. Este hombre debería ser juzgado por traición y colgado hace tiempo. Bajo las "reglas de enfrentamiento" de McNamara, nuestros soldados tenían que esperar a ser rodeados y disparados antes de poder reaccionar.

¿Hubo alguna vez una traición así? El senador Barry Goldwater calificó las reglas de enfrentamiento de McNamara como "capas de restricciones ilógicas e irracionales" que además impedían a nuestros pilotos de bombarderos atacar objetivos estratégicos claramente visibles. En cambio, nuestros bombarderos tuvieron que descargar toneladas y toneladas de bombas en "recorridos de abastecimiento" que ni siquiera podían ver, y que no hacían absolutamente ningún daño a los objetivos estratégicos, en la mayoría de los casos a cientos de kilómetros de distancia. Fue un ejercicio completamente inútil y un chocante despilfarro de dinero.

En su país, los socialistas que controlan los medios de comunicación están inmersos en una feroz batalla para ganarse a la opinión pública, del lado del régimen comunista norvietnamita. Los soldados estadounidenses eran los "malos", mientras que el Viet Cong no podía hacer nada malo. Espero y rezo fervientemente que estos tres enemigos de los Estados Unidos, Rostow, Rusk y McNamara, sean llevados de alguna manera ante la justicia por traición. La horca es demasiado buena para ellos.

Si me pidieran que diera mi opinión sobre las estrellas socialistas que más han dañado la Constitución y los conceptos de una gran república americana, tendría que pensarlo mucho, porque hay una verdadera multitud para elegir. Pero, al final, tendría que situar en la cima a Walter Lippmann, que ingresó en la Sociedad Fabiana de Londres en 1909, lo que le convierte en el socialista estadounidense más antiguo.

En 1917, Lippmann fue seleccionado por el servicio secreto británico MI6 para visitar la Casa del Coronel cada quince días y aconsejarle sobre cómo conseguir la reelección de Wilson y alejarle de la neutralidad; estas "opiniones" aparecían a menudo en la revista socialista "New Republic" de la que Lippmann era miembro del consejo. No era muy conocido que Lippmann era el jefe de un grupo informal que definía la política de guerra de Wilson y desarrollaba su estrategia de posguerra. Este grupo estaba dirigido por el Dr. Sydney Mezes.

Lippmann siguió activamente una política de obtención de donaciones privadas para promover los 14 puntos de Wilson, que se esperaba que condujeran a la fundación del Nuevo Orden Mundial a través de la Sociedad de Naciones. Lippmann consiguió los servicios de 150 profesores socialistas para que hicieran propaganda y recogieran dinero y datos para la próxima Conferencia de Paz de París, entre ellos el notorio socialista, el reverendo Norman Thomas. De hecho, gracias a estos profesores y a la astucia de Lippmann, sus ideas fueron expresadas con fervor por Woodrow Wilson, a quien no parecía importarle servir de portavoz del socialismo internacional.

Lippmann se asoció estrechamente con el "rojo radical" John Reed, cuyas ideas bolcheviques para América tuvieron que ser atenuadas, hasta que Reed acabó huyendo para unirse a los bolcheviques en Moscú, pero no antes de fundar el Club Socialista de Harvard con Lippmann. Reed fue objeto de una película muy imaginativa de Holly Wood en la que se glorifica el bolchevismo y se destaca el honor que supuso para Reed ser enterrado cerca del muro del Kremlin tras su largo servicio al comunismo.

Al igual que Felix Frankfurter y Louis Brandeis, Walter Lippmann creció en circunstancias acomodadas. Su carrera en Harvard ha sido descrita, con razón, como "brillante", pero, según admitió el propio Lippmann, su pertenencia a la Sociedad Fabiana en 1909 significó más que todo lo que había logrado en Harvard. Así que, como en tantos otros casos, está claro que los buenos socialistas no se hacen, nacen así. Los fabianos de Londres habían observado la carrera de Lippmann en Harvard y, en palabras de Harold Laski, "era un gran socialista",

> "era el candidato ideal para llevar a cabo nuestra política de penetración y permeabilidad en los Estados Unidos a todos los niveles".

De 1932 a 1939, dedicó su tiempo y energía a penetrar y calar en las principales empresas, despachos jurídicos y círculos bancarios de Estados Unidos. Fue Lippmann quien creó una nueva clase, los republicanos "moderados", que servirían a Clinton de manera decisiva para llevar a los Estados Unidos por el camino socialista hacia la esclavitud bajo un gobierno mundial único -el Nuevo Orden Mundial- la Nueva Edad Oscura.

El término "republicano moderado" ayudó a los que estaban dispuestos a cometer traición y sedición en la Cámara y el Senado para evitar ser etiquetados como socialistas, marxistas o comunistas. Entre los más eficaces de estos camaleones maquiavélicos estaban los senadores Roth, Cohen, Kassenbaum, Chaffee, Danforth, que hicieron posible la incorporación del Manifiesto Comunista de 1848, en forma de "proyecto de ley sobre el crimen", a la legislación estadounidense.

Lippmann fue el primer estadounidense que adoptó la psicología aplicada a las situaciones políticas, una táctica que aprendió en el Instituto Tavistock de Relaciones Humanas de Sussex (Inglaterra). Su inquebrantable apoyo al socialismo se caracterizó por su estrecha amistad con Thomas "Tommy" Lamont, el banquero de J. P. Morgan que fue decisivo para convencer al gobierno estadounidense de que reconociera y estableciera relaciones con los sanguinarios carniceros bolcheviques de Moscú. Lippman adquirió un inmenso poder gracias a sus columnas sindicadas en los periódicos, que fueron recogidas por todos los grandes diarios y revistas.

Lippmann se convirtió en un amigo cercano y confidente de los presidentes Kennedy y Johnson, y su socialización de ellos llevó a la adopción de programas socialistas, la Nueva Frontera y la Gran Sociedad, tomados directamente de libros escritos por socialistas, y adoptados casi en su totalidad por el Partido Demócrata. A Lippmann se le atribuye la aplicación de la política de "prisa y corriendo" de los socialistas fabianos en Estados Unidos:

> "En general, nuestro objetivo era convertir a los reaccionarios en conservadores, a los conservadores en liberales, a los liberales en radicales y a los radicales en socialistas. En otras palabras, intentamos que todos suban de nivel. Preferimos que toda la masa se mueva un poco, a que unos pocos estén completamente fuera de la vista". (Fuente, Congressional Record 12 de octubre

de 1962).

Esta visión tan esclarecedora del funcionamiento del "gradualismo" socialista debería ser estudiada por todos los que se preocupan por el futuro de los Estados Unidos, y necesitamos crear escuelas que enseñen cómo combatir esta amenaza creciente que, si no se detiene, acabará por paralizar nuestra nación. El éxito de estas tácticas puede verse durante la presidencia de Clinton, donde se impuso una importante legislación socialista tras otra, basándose en la conversión gradual de los oponentes de Clinton en creyentes de su programa.

El TLC socialista de Clinton, el proyecto de ley sobre el crimen y su proyecto de ley para imponer el mayor aumento de impuestos del mundo al pueblo estadounidense son ejemplos perfectos de cómo funciona esta parálisis progresiva, y también de lo importante que es tener traidores en las filas republicanas que están de todo corazón a favor del socialismo, pero que se etiquetan como "republicanos moderados". Mediante el método Lippmann, el enfoque psicológico de la política que aprendió en el Instituto Tavistock de Relaciones Humanas, el pueblo estadounidense está siendo conducido, lenta pero seguramente, un paso a la vez, como un paseo de ensueño, a aceptar sin un murmullo, los cambios más radicales y odiosos en la educación, la economía, la religión y la política de los Estados Unidos, sin que parezca ser consciente de los terribles cambios que se han hecho, y que se están haciendo.

La aplicación de la psicología social de Lippmann aceleró en gran medida la aceptación de la socialización de los Estados Unidos por el New Deal de Roosevelt, que fue continuado por la Nueva Frontera socialista y la Gran Sociedad de Kennedy y Johnson. Lippmann fue el más adepto de una larga línea de seguidores del socialismo que utilizó la palabra "democracia" siempre que pudo para presentarla, sin sugerir que en el lenguaje socialista "democracia" significaba realmente las crecientes incursiones del socialismo en la vida educativa, económica y política de la nación a través de la regulación gubernamental de los asuntos. La "democracia real", es decir, el socialismo desenfrenado, se introdujo sin que la población fuera consciente de ello. Vemos esta política en pleno apogeo en el gobierno de Clinton, con la mayoría de la gente aún sin saber que la "democracia" que Clinton tiene en mente es el socialismo duro.

La permanencia de Lippmann como presidente de la Sociedad Socialista Intercolegial creada en Harvard en 1909 fue la mejor base para su futuro en el socialismo que el dinero podía comprar, y le fue de gran ayuda cuando fundó la revista socialista "New Republic", en la que más tarde se expresarían sus opiniones sobre la guerra de Vietnam. Lippmann y otros escritores socialistas dijeron al pueblo estadounidense, a través de artículos periodísticos, que si Estados Unidos intentaba ganar Corea, nos toparíamos con China y seríamos derrotados.

Se trataba de una mentira calculada, ya que China no era en absoluto capaz de hacer la guerra a Estados Unidos, y si la guerra hubiera estallado entre las dos naciones, China habría sido derrotada de forma contundente, un hecho transmitido a Truman y al Pentágono por el general Douglas McArthur y el general Stratemeyer. Las mentiras sobre la invencibilidad de China continuaron con el conflicto de Vietnam, que Henry Kissinger y Dean Rusk mantuvieron durante al menos dos años más después de que los vietnamitas declararan que querían que terminara. Así se cumplió plenamente el objetivo socialista de vaciar el tesoro de Estados Unidos con 5 millones de dólares al día, por no hablar de las 50.000 bajas que sufrieron las fuerzas armadas estadounidenses.

El socialismo fue implementado por los asesores políticos que rodearon a Kennedy, Johnson y Nixon, asesores del tipo Dean Rusk - Robert McNamara que llevaron a Estados Unidos por el camino de la derrota en Corea y Vietnam, y cuyos sustitutos hoy, del tipo que rodea al presidente Clinton, no dudarán en hacer exactamente lo mismo si se trata de una guerra contra un futuro enemigo.

Una de las futuras estrellas del firmamento socialista estadounidense, a quien Lippmann conoció en la Universidad de Harvard, fue Robert Strange McNamara. Producto del método socialista de penetración y permeabilización de John Maynard Keynes, que instaló las doctrinas fabianas en el departamento de economía de Harvard, McNamara enseñó en la Escuela de Negocios como profesor adjunto de administración de empresas de 1940 a 1943. A continuación, fue destinado a las Fuerzas Aéreas y luego a la Ford Motor Company. Tras un mandato casi desastroso en Ford, fue ascendido a un puesto de nueva creación como jefe del Departamento de Defensa.

McNamara quedó impresionado por el nuevo evangelio socialista que recorría los campus de las universidades estadounidenses. La economía política estadounidense, las políticas económicas probadas y verdaderas definidas en el sistema económico estadounidense de protección arancelaria y dinero sólido basado en el bimetalismo, estaban siendo rápidamente eliminadas y sustituidas por las tonterías económicas de John Maynard Keynes y Harold Laski. Ningún líder socialista estaba más ansioso que McNamara por aplicar estas teorías socialistas antiamericanas de economía y economía política. Lo único que salió de esta loca carrera por suprimir el modelo económico estadounidense fue que el modelo keynesiano se acercaba peligrosamente a las teorías económicas de Karl Marx, una observación que nunca se permitió mencionar en la prensa, la radio o la televisión.

Más que eso. McNamara estaba ansioso por vender el ejército, y lo hizo utilizando la nefasta influencia que tenía sobre el presidente Johnson. Nunca hubo una época más peligrosa para la seguridad de Estados Unidos que cuando la estrella socialista Robert S. McNamara deambulaba por los pasillos del Pentágono, cancelando un programa tras otro hasta que Estados Unidos estuvo muy por debajo de la Unión Soviética. McNamara incluso consiguió que Johnson cancelara la producción de plutonio para el programa nuclear mediante una orden ejecutiva ilegal.

Ilegal, en el sentido de que sólo los reyes y las reinas pueden emitir proclamaciones, que es lo que es una orden ejecutiva. En un momento anterior de la historia de la nación, tanto McNamara como Johnson habrían sido juzgados y condenados por traición, como debería haber sido.

En 1964, en un momento crucial de la lucha por hacer que Stalin se alinee, McNamara canceló los planes de batalla nuclear de la OTAN, sin su permiso y sin consultar nunca a los aliados de la OTAN. Se dice de esta asombrosa hazaña de las fuerzas armadas soviéticas que los generales soviéticos bebieron vodka y estuvieron de fiesta toda la noche en el Kremlin, incrédulos por su buena fortuna. Los líderes de la derecha francesa reafirman la sabiduría de De Gaulle, que se retiró de la OTAN y estableció una disuasión nuclear independiente para la nación francesa. Los franceses han renovado su promesa de no dejarse engañar y desarmar por Estados

Unidos, como lo harían si Francia no hubiera abandonado la OTAN.

Es una maravilla que el pequeño Partido Comunista estadounidense y un Partido Socialista nominalmente inexistente fueran capaces de lograr una victoria tan masiva para el socialismo fabiano. Los historiadores del futuro seguramente se frotarán los ojos con asombro, preguntándose qué pasó con los antepasados de quienes arrojaron el té al puerto de Boston, y qué pasó con los descendientes de Andrew Jackson, un hombre que no sólo reconoció claramente la amenaza socialista, sino que la combatió activamente con uñas y dientes durante toda su vida.

¿Qué le ocurrió al pueblo estadounidense entre la fundación de esta nación y la llegada al poder de los socialistas? La verdadera respuesta está en la mezcla de la población, que ahora estaba tan adulterada que se parecía muy poco a los colonos originales. En una revolución silenciosa, los socialistas destrozaron el país de cabo a rabo y fueron desmoralizando a la nación hasta convertirla en presa fácil de las fuerzas que esperaban su caída desde la Guerra de 1812.

El Partido Demócrata, que se inspira constantemente en la Sociedad Fabiana británica para sus eslóganes y programas, se ha convertido en el partido socialista/marxista/comunista de Estados Unidos. La "guerra contra la pobreza" de Johnson, por ejemplo, fue escrita originalmente por el Primer Ministro del Partido Laborista, Harold Wilson. En su discurso ante la Internacional Socialista, Harold Wilson dejó claro que la intención de los socialistas de Gran Bretaña y Estados Unidos era desviar fondos para la defensa a fondos para la erradicación de la pobreza. El desarme, dijo Wilson, era lo que se pretendía, para que la "necesidad" pudiera ser desterrada de la tierra.

El destacado socialista Michael Harrington, miembro del Partido Socialista de América, retomó el panfleto de Wilson diez años más tarde y elaboró un libro titulado "The Other America: Poverty in the United States". El libro de Harrington tuvo un éxito inmediato, con cobertura de prensa, radio y televisión. A los socialistas les encanta. Nadie considera oportuno mencionar que Harrington se limitó a llevar las observaciones de Harold Wilson más allá y a aplicarlas a la escena estadounidense. John F. Kennedy recibió un ejemplar del libro y escribió a Harrington que estaba profundamente impresionado por él.

Son esas estrellas del firmamento socialista sobre los Estados Unidos las que han causado más estragos de los que cualquier ejército invasor podría esperar lograr. Son los socialistas los que han prostituido y desvirtuado nuestro sistema electoral, hasta el punto de que hoy es imposible saber cuánto fraude y engaño hay en el recuento final de votos. En este ámbito, el Partido Demócrata está muy por encima del Partido Republicano.

Se ha llegado a esto: lo que dicen los candidatos es casi irrelevante hoy en día; lo que importa es quién atrae a más votantes. Cuando un candidato republicano se enfrenta a un candidato demócrata, la prensa internacional empieza a seguir al candidato como si se presentara en Inglaterra, Italia, Francia, Alemania, Polonia y los países escandinavos. Sorprendentemente, la prensa socialista de estos países cierra filas detrás del candidato demócrata, casi sin excepción.

Peor aún, las presiones y amenazas que acompañan a unas elecciones hacen prácticamente imposible un resultado justo. Los demócratas son muy buenos en esto. Se intimida a las empresas, se amenazan los contratos, se retiran los fondos de los programas de los barrios; el proceso electoral actual no se centra tanto en el número de votantes que se registran y votan: se trata de quién puede tener más peso, quién puede intimidar y chantajear con más éxito, quién puede mentir más al pueblo estadounidense sin ser descubierto.

Para ello, se contrata a tipos de la Avenida Madison con grandes gastos. Si un presidente mete la pata y dice algo incorrecto, los arregladores intervienen y aseguran a los votantes que fueron ELLOS los que no escucharon bien. A finales del siglo XX, la honestidad ya no existe en la política. Como explicó Walter Lippmann en un raro momento de franqueza tras las elecciones de 1964:

> "Porque el verdadero negocio de la campaña no era trazar un curso para el futuro. Se trataba de derrotar y aplastar la rebelión contra la línea establecida de política interior y exterior que ha sido definida (por los socialistas) en la generación desde la Gran Depresión y la Segunda Guerra Mundial."

Hay muchas otras estrellas brillantes en el firmamento socialista, del pasado y del presente, y en la sección de Notas mencionamos sus nombres, pero no tan completamente como hubiéramos querido. Para retroceder en el tiempo hasta el presente, quizá la estrella más brillante de todo el firmamento socialista, al llegar al final del siglo XX, sea el presidente William Jefferson Clinton.

Como muchos de sus predecesores, Clinton fue empujado a la escena política estadounidense para penetrar e infiltrarse y sentar las bases de su presidencia. Pocos imaginaban que un político relativamente pequeño de un estado relativamente pequeño sería el mejor agente de cambio que el socialismo fabiano podía encontrar hasta ahora. Nos saltaremos los detalles formales y conocidos de Clinton, y en su lugar trataremos de ir más allá de la información convencional sobre él que apenas necesita repetirse.

En su lugar, trataremos de ofrecer a nuestros lectores parte de la información que se ha mantenido en secreto y que aún no ha visto la luz, a pesar de la multitud de poderosos detractores de Clinton que no querrían otra cosa que echarle de Washington.

Con la excepción de una estancia en Londres, donde actuó como líder de la agitación socialista contra la guerra de Vietnam, y un período en la escuela de acabado socialista (Universidad de Oxford), Clinton tenía poca experiencia en política fuera de Arkansas. No obstante, consiguió mantener un notable dominio en el estado de Arkansas.

En esta tarea le ayudaron hábilmente sus amigos Tyson y Stephens, dos de los hombres más ricos del estado. Clinton fue recomendado para el ascenso y recomendado a Jay Rockefeller y Pamela Harriman por "King" Stevens. Harriman y Rockefeller son los líderes del Partido Socialista de Estados Unidos, más conocido como Partido Demócrata. La Sra. Harriman vio en Clinton un hombre con potencial, y Clinton fue enviado a ser entrenado por los Bilderbergers como futuro líder socialista mundial. Harriman y Rockefeller no se sintieron defraudados, ya que Clinton tuvo una actuación impresionante y, a su regreso a Estados Unidos, fue designado por el Partido Demócrata como su candidato preferido para las elecciones presidenciales de 1992.

Hubo preocupación por los esqueletos en el armario de Clinton, pero se pensó que su buen aspecto juvenil y su rápido ingenio eran suficientes para superar los burdos intentos de referirse a ellos. Y así, el 20 de enero de 1993, Clinton se convirtió en el 42° Presidente de los Estados Unidos. El hecho de que una personalidad más improbable que la suya hubiera tomado el control de la nación más grande y poderosa del mundo dejó atónitos a sus detractores -y había cientos de detractores en las más altas esferas del poder del país-, que tendían a pasar por alto la mente excepcionalmente aguda de Clinton y a insistir en sus humildes orígenes, por no hablar de las acusaciones de mala conducta sexual que empezaron a surgir.

Los socialistas estaban exultantes. Su elección había llegado a la Casa Blanca; ahora los programas socialistas podrían acelerarse y el país no tendría tiempo de recuperarse de una crisis antes de que llegara la siguiente. Una nueva era de abuso del poder del Estado estaba a punto de comenzar, el gran atraco socialista estaba a punto de ponerse en marcha. La jerarquía socialista había establecido un calendario de cuatro años para que Clinton cumpliera su mandato. Clinton iba a ser un presidente de un solo mandato, pero los programas que tendría que impulsar en el Congreso tendrían las consecuencias más aterradoras para Estados Unidos en los próximos 1000 años.

Nunca se ha revelado cómo los bien trazados planes de William Clinton estuvieron a punto de fracasar, excepto en los informes de World In Review (WIR). Fue así: Clinton estaba más que desencantada con su marido, debido a sus hábitos mujeriegos y sus numerosas relaciones extramatrimoniales. Siendo de lo mejor del socialismo "feminista", la Sra. Clinton, que ocultó bien su ascendencia, llegó a un punto en el que decidió ir por libre. Hillary Clinton (en aquella época no se hablaba de "Rodham") se separó y dejó a su errante marido reflexionando sobre sus fechorías maritales.

Poco antes de que Clinton fuera abordado por Pamela Harriman y Jay Rockefeller, se encontró sin su esposa. Fue una mala jugada; obviamente, un hombre con problemas matrimoniales no era apto para ocupar el Despacho Oval. Harriman se apresuró a hablar con Hillary y le explicó la situación: si volvía con su marido, podría contar con ser la próxima "primera dama". Hillary, que nunca deja pasar una oportunidad de progresar, acepta reconciliarse con su marido, siempre que no haya más aventuras extramatrimoniales. Esta condición es aceptada, y la carrera está en marcha. El resto es historia.

Lo que no es historia es el pasado de William Jefferson Clinton, que hasta hoy se ha ocultado al pueblo estadounidense. Clinton nació en Hope, una pequeña ciudad de Arkansas, y la familia se trasladó a Hot Springs, que era una ciudad "abierta" con burdeles y otros "placeres" de la gran ciudad. Este ambiente amistoso de "todo vale" en el que se crió Clinton es, según algunos, el origen de sus problemas con la verdad.

Según un ex senador de Arkansas, el juez Jim Johnson, una tal Nora Waye, ex socia del suegro de Clinton, dijo que Clinton no era en absoluto lo que los medios de comunicación del establishment habían construido de él. Waye da algunos ejemplos:

> "Cuando uno piensa en la aversión de Bill Clinton a la verdad, se pregunta si no es por su pasado poco estelar en este ámbito. Mintió sobre ser un becario de Rhodes. Nunca terminó ese (curso) y sin embargo dijo que era un becario de Rhodes".

En esto, Waye parece tener prejuicios. Cualquier persona seleccionada como becario de Rhodes que vaya a Oxford, aunque no complete el curso, puede llamarse a sí mismo becario de Rhodes.

Se han formulado acusaciones muy graves contra Clinton en relación con el abuso de poder, los negocios con drogas y el uso de información privilegiada por parte de su esposa. Estas acusaciones fueron hechas por Larry Nichols, que era un amigo cercano de Clinton en la década de 1970. En palabras de Nichols, "hizo muchos proyectos para Clinton desde el punto de vista del marketing". Nichols prosiguió con una serie de acusaciones que, según él, nunca fueron investigadas. La mayoría de ellos se refieren a transacciones masivas de cocaína desde Mena, Arkansas, algunas de las cuales también fueron reportadas en 'The Nation'. Nichols afirma que la Autoridad Financiera de Desarrollo de Arkansas (ADFA) era una entidad financiera totalmente auditada para blanquear grandes sumas de dinero de la cocaína de Mena, que según él se canalizaba a través de un banco no identificado de Florida.

Nichols también formuló graves acusaciones de irregularidades contra el bufete de abogados Rose y Hillary Clinton, acusándoles de recibir comisiones por las solicitudes de fianzas, en violación de la ley estatal. Nichols afirma haber robado documentos y hecho copias que apoyan sus acusaciones. También afirma que parte del dinero de la droga de Mena se blanqueó a través de un banco de Chicago, del que es copropietario el poderoso político demócrata Dan Rostenkowski.

Nichols afirma que Roger Clinton, hermano del Presidente, no fue a la cárcel por vender cocaína, "la regalaban" supuestamente a cambio de favores no especificados. Nichols declaró que

> "Una vez que él (Dan Lasater - que fue condenado con Roger Clinton) fue condenado, él y Roger fueron a una prisión de mínima seguridad. Un Holiday Inn como se llama. Pasó, creo, hasta 6-8 meses allí y luego salió. Sin que nadie lo supiera, Bill Clinton le concedió (presumiblemente a Lasater) un indulto completo al día siguiente de su liberación..."

Nichols acusa a Clinton y a su administración de Arkansas de no haber abordado nunca el contrabando de cocaína desde Mena:

> "No se ha hecho ninguna incautación importante en Arkansas, fuera de Mena, Arkansas. Ahora imagínate, casi diez años en funcionamiento y no se ha capturado ni un solo cargamento de cocaína".

Nichols pasa a hacer una serie de acusaciones de irregularidades contra Wes Hubbell, que fue a Washington con Clinton, y Hillary Clinton, los Stevens y la familia Tyson, aliados políticos y financieros de Clinton mientras era gobernador de Arkansas. Sobre Tyson, Nichols alega lo siguiente:

> "Don Tyson invirtió 600.000 o 700.000 dólares, en total, en todas las campañas de Bill Clinton. ¿Adivina lo que obtuvo por él? 10 millones de dólares, ¿y adivina de dónde? La Autoridad de Financiación del Desarrollo de Arkansas. Y nunca pagó un centavo por ello.

Nichols también acusó a un fabricante de parquímetros, Parking on Meter (POM), asociado con Hubbel, de impropiedad, y dijo que intentó que los principales medios de comunicación se interesaran por su historia, pero todos se negaron en general a tocarla. En cambio, Nichols dijo que fue sometido a un aluvión de abusos verbales y físicos que prácticamente lo desacreditaron.

Nichols declaró que uno de sus socios, Gary Johnson, un abogado, vivía en el condominio Quapaw Tower. Al parecer, Johnson tenía instalada una cámara de vigilancia en el exterior de su piso, mucho antes de que Geniffer Flowers se instalara en la puerta de al lado. Johnson afirma haber visto a Clinton entrar en el piso de Geniffer Flowers en varias ocasiones con una llave.

dijo Johnson:

> "Le vi entrar en su piso. No es que estuviera allí mirando por la mirilla del piso de Geniffer Flowers. Es que yo tenía la cámara. Tenía la cámara antes de que Geniffer Flowers se mudara".

dijo Nichols:

> "¿Adivina qué filmó? Bill Clinton entrando en el piso de Geniffer Flowers numerosas veces, con una llave".

Hasta ahora, no se han corroborado las historias de Nichols y Johnson, pero como dijimos, 'The Nation' comenzó a escribir sobre Mena y Wes Hubell, y luego, después de unos pocos artículos, no hizo seguimiento - lo que es muy diferente de su estilo periodístico.

En octubre de 1992, "The Nation" declaró:

> "En Hot Springs, donde Clinton habló el fin de semana del Día del Trabajo, vi el proceso en acción. Fue aquí, en esta sombría ciudad de casas de baños y viejos casinos, donde nuestro Bill creció. Puedes olvidarte de toda esa mierda de miedo sobre "un pueblo llamado Esperanza". Es evidente que el ambiente agitado le ha impresionado. Si hay que creer a Hillary, que presentó al gobernador en el mitin de bienvenida, lo primero que se dijeron cuando él la trajo aquí en un fin de semana romántico fue: "Mira todos estos pequeños negocios..."

La misma revista de izquierdas publicó un artículo en marzo de 1992, del que se extraen los siguientes fragmentos:

> "Sobre la cuestión más amplia de los favores de Clinton a sus amigos, Larry Nichols -el hombre despedido por Clinton de la Autoridad Financiera de Desarrollo de Arkansas, y la fuente original de la historia de Flowers- dice que los vínculos con los Clinton son prácticamente un requisito para las empresas que buscan préstamos de la ADEA, que fue desarrollado en gran medida por Clinton en 1985 para atraer capital al estado con fines de desarrollo económico ofreciendo a las empresas

préstamos a largo plazo financiados por la venta de bonos exentos de impuestos, Y, de hecho, los nombres que aparecen en los documentos del ADFA revisados por mis colegas llevan el aroma del círculo de Clinton."

"Entre los suscriptores de bonos de los que tenemos copias, Stephens Inc. ocupa un lugar destacado. El presidente de la empresa, Jackson Stephens, y su hijo Warren ayudaron a Clinton a recaudar más de 100.000 dólares para su campaña. En enero, el banco en el que Stephens tiene una participación mayoritaria, Worthen National, concedió a Clinton una línea de crédito de 2 millones de dólares. Otro nombre conocido en la emisión de bonos es el de la ya desaparecida Lasater and Co. Dan Lasater, que dirigía la empresa, es un viejo amigo de Clinton y de su hermano Roger. Tanto Roger como Lasater fueron detenidos por cocaína, el primero por un cargo más grave".

"Luego está el Rose Law Firm, el bufete de abogados de Hillary Clinton cuyo nombre adorna tanto las emisiones de bonos como los documentos de los acuerdos de préstamo. Hillary Clinton representó a una empresa propiedad de Stephens Inc. en un litigio. El socio de Rose, Wes Hubbel, representó al beneficiario del primer préstamo de la AFDA, una empresa llamada Park on Meter, o POM, cuyo nombre aparece con frecuencia en los debates sobre Mena. Hubbel había sido secretario del POM a principios de la década de 1980. El cliente de Hubbel en el caso de la AFDA era Seth Ward, actual presidente de POM, conocido por ser amigo de Clinton. El Banco Worthen está entre las instituciones que han tenido embargos ocasionales en POM".

"Clinton y la política de drogas es otra área de confluencia frustrada. Según su adjunto, John Kroger, Clinton cree que "la verdadera solución al problema de las drogas es reducir la demanda". Pero Clinton también apoya "los esfuerzos en curso para interceptar las drogas que entran en Estados Unidos", favoreciendo "la expansión del uso de los militares, particularmente para rastrear y detener las avionetas que entran en el país". Entonces, ¿por qué no siguió el rastro de la droga hasta Mena, la ciudad y el aeropuerto del oeste de Arkansas? Clinton no puede alegar que ignora el hecho de que Arkansas ha servido de centro de operaciones internacionales de tráfico de drogas. Uno de sus fiscales estatales, Charles Black, le llamó la atención en 1988. Durante cinco años antes de eso, la Policía

> Estatal de Clinton llevó a cabo una investigación federal. Como parte de esa investigación, se constituyó un gran jurado federal. Ese gran jurado fue finalmente disuelto, y la prensa local informó de que a los miembros del jurado se les impidió ver pruebas cruciales, escuchar a testigos importantes e incluso ver el borrador de la acusación de veintinueve cargos por blanqueo de dinero redactado por un abogado del Departamento de Justicia, la Operación Greenback."
>
> "En 1989, Clinton recibió peticiones de ciudadanos de Arkansas pidiéndole que convocara un gran jurado estatal y continuara la investigación. Winston Bryant, actual fiscal general del Estado, convirtió el tema de las drogas y Mena en un asunto de campaña en 1990. Un año después, Bryant entregó sus archivos estatales sobre Mena, junto con las peticiones de 1.000 ciudadanos, al fiscal del caso Irán/Contra, Lawrence Walsh, que desde entonces ha perseguido una información masiva. (Walsh sólo ha continuado el encubrimiento.) Ese mismo año, el 12 de agosto de 1991, el asesor de Clinton en materia de justicia penal escribió a un ciudadano preocupado para decirle que el gobernador entendía que la cuestión de la actividad delictiva en Mena estaba siendo investigada o tratada de otro modo por Bryant, Walsh y el representante de Arkansas Bill Alexander".
>
> "Sin embargo, con todo este conocimiento, Clinton no hizo nada. El fiscal general del estado no tiene autoridad para llevar a cabo una investigación, pero el fiscal del estado sí. Cuando Charles Black instó a Clinton a asignar fondos para dicha investigación, Clinton ignoró su petición. La policía estatal fue apartada del caso después de que el gobierno federal pusiera fin a su investigación. Ahora la pelota vuelve a estar en el tejado de Clinton y éste sigue sin hacer nada..."

En un número posterior, "The Nation" dijo lo siguiente sobre Wes Hubbel y Park on Meter. Describiendo la historia de la creación personal de la AFDA por parte de Clinton, el autor continuó:

> "...el ADFA concedió su primer préstamo industrial en 1985 a POM Inc, un fabricante de parquímetros con sede en Russellville, Arkansas. Se alegó que POM tenía un contrato secreto para fabricar componentes de armas químicas y biológicas para uso de los Contras, así como equipos especiales para 130 aviones de transporte... Estos aviones transportaban en

> ese momento drogas y armas desde Mena... El abogado de POM durante estas transacciones era un socio del bufete de abogados Rose, del que Hillary Clinton era, y sigue siendo, miembro. El Estado de Clinton parece haber sido, pues, un importante eslabón en la cadena de suministro de los Contras en un momento en que la ayuda militar a los Contras había sido prohibida por el Congreso."
>
> "Ahora llegamos a Michael Risconosciuto, un antiguo empleado contratado por la CIA, que dice haber trabajado en Mena de forma intermitente entre 1988 y 1989. Risconosciuto fue detenido poco después de ser llamado como testigo en el caso Inslaw... Fue detenido por diez cargos relacionados con las drogas y condenado por siete de ellos... Según Risconosciuto, Mena formaba parte de una red de bases que evolucionó con el tiempo... Mena era crucial por su posición central en relación con las otras bases... Mena era el principal punto de entrega de narcóticos, y las otras bases servían como puntos de distribución... Que Risconosciuto sepa, nunca se descargó droga en el aeropuerto de Mena. Al igual que en las instalaciones de Seal en Luisiana, los aviones que volaban a baja altura utilizaban paracaídas para dejar caer los contenedores de droga en los alrededores, a veces en el Bosque Nacional de Ouachita, pero más a menudo en terrenos privados..."
>
> "POM", según Risconosciuto, no se limitó a fabricar parquímetros. Afirma que desde el principio, en 1981, la empresa también fabricó tanques de lanzamiento de transbordadores... para los C-130".

Al parecer, la dirección de POM remitió al periodista de izquierdas al abogado de la empresa y no se dijo nada más sobre POM y su corrección con Wes Hubbell y el bufete de abogados de Hillary Clinton.

La revista de izquierdas "The Nation" ha publicado otro artículo sobre Clinton y las acusaciones contra Gennifer Flowers, del que presentamos algunos extractos:

> "Las acusaciones sobre la vida sexual de Bill Clinton salieron a la luz por primera vez en una demanda presentada por Larry Nichols, que fue despedido por Clinton de su trabajo como director de marketing de la Autoridad Financiera de Desarrollo de Arkansas (ADFA). Clinton afirma que Nichols fue despedido

> por realizar 700 llamadas telefónicas no autorizadas a los contras en Centroamérica y que la demanda forma parte de una maniobra republicana. La secuencia es más complicada, ya que se deriva del papel del Estado, y en particular de un aeropuerto en Mena, al oeste de Arkansas, en el entrenamiento y suministro de los Contras; también del flujo de armas para la droga entre Estados Unidos y Centroamérica... Una organización estudiantil de la Universidad de Arkansas, en Fayetville, que lleva tiempo investigando el caso Mena, consiguió solicitar, en virtud de las leyes de la F.O.I.A., los registros telefónicos de Nichol a la ADFA. Mark Swaney, miembro de esa organización, dice que no hubo llamadas a Centroamérica sobre los peajes durante el periodo en cuestión..."
>
> "Los Clinton -Bill y Hillary- son promocionados como dinámicos y solidarios, y de alguna manera formidablemente unidos. Esta versión ha prevalecido a pesar del hecho, concedido entre paréntesis por sus admiradores, de que estuvieron separados durante algún tiempo y aparentemente sólo se unieron en el período previo a la campaña presidencial. ¿Fue el ansia de poder lo que los unió? En contraste con los benévolos Clintons, se nos invita a ridiculizar a Flowers como una chica de buen tiempo..."

Desde Sid Blumenthal en el "New Republic" (el megáfono de los socialistas), uno de los halagos más efusivos de la historia de las relaciones públicas, hasta los innumerables artículos favorables en el "Washington Post" y el "New York Times", pasando por los grandes pechos de los eternos expertos, se ha corrido la voz:

> Clinton es sano, reflexivo, pragmático, moderno, blanco, masculino y seguro. Y para todos los demócratas servidores del tiempo que han languidecido durante doce largos años, él llevaba -al menos hasta que se vio afectado por la enfermedad de Flowers[14] - el aroma de una posible victoria..."

Parece que hay mucho territorio inexplorado que debe cubrir el recién nombrado fiscal especial, que los anteriores fiscales especiales Fiske se negaron a abordar. Quizá esto explique el

[14] Referencia a la relación de Clinton con una joven llamada Flowers.

extremo nerviosismo de los demócratas del Congreso ante la retirada de Fiske de la investigación. Esperemos que la verdad salga a la luz. Por ahora, esto parece ser el encubrimiento más exitoso en la historia de la política estadounidense.

Capítulo 7

PENETRACIÓN E IMPREGNACIÓN DE LA RELIGIÓN POR EL SOCIALISMO

"Las grandes civilizaciones del mundo no producen grandes religiones como una especie de subproducto; en un sentido muy real, las grandes religiones son los cimientos sobre los que descansan las grandes civilizaciones". Christopher Dawson, historiador.

"La religión cristiana no es una religión adecuada para nuestros tiempos". Edward Lindeman. Escritor socialista cristiano.

Si bien es cierto que el socialismo fabiano se propuso penetrar en todas las religiones, el verdadero objetivo fue siempre la religión cristiana. En sus inicios, la Sociedad Fabiana llamaba a sus panfletos de una página "tratados", un término utilizado por los misioneros cristianos, para engañar deliberadamente al público sobre la aversión del socialismo fabiano a la religión organizada. Quizá la influencia más perjudicial para las creencias religiosas fue la "racionalización alemana", originada por Bismarck y Marx, que consideraban la religión como una mera ciencia social.

En los Estados Unidos, el malvado líder socialista, John D. Rockefeller, trabajó para mover las iglesias hacia la izquierda, utilizando predicadores seculares infiltrados. Uno de sus adláteres, Paul Blanshard, fue utilizado para formar una organización llamada "Protestantes y Otros Americanos Unidos por la Separación de la Iglesia y el Estado". Esta doctrina es una de las mentiras y bromas más exitosas jamás perpetradas al pueblo estadounidense. No existe tal poder en la Constitución.

Una de las primeras iglesias cristianas de Estados Unidos que se "socializó" fue la Grace Church de South Boston, de la que era pastor el reverendo W.D. Bliss. Gran amigo de Sydney Webb, el celo misionero de Bliss en nombre de la Sociedad Fabiana era encomiable, pero su cristianismo profesado no se extendía a la enseñanza del Evangelio de Cristo. Otro corruptor de la religión cristiana fue el padre (más tarde monseñor) John Augustin Ryan, cuyo evangelio era el que enseñaba el socialista inglés John Hobson. Ryan formó un grupo llamado Consejo Nacional de Bienestar Católico, que fue utilizado por los socialistas fabianos para penetrar y permeabilizar las iglesias católicas de toda América. Ryan se convirtió más tarde en el "padre del New Deal" y fue utilizado por Roosevelt para obtener la "bendición de la religión para sus proyectos de ley más controvertidos del New Deal".

Pero el verdadero centro de la actividad religiosa socialista en Estados Unidos era la Riverside Church, una iglesia de "ciencia social cristiana" financiada por la Fundación Rockefeller en Nueva York. Desde esta perspectiva, se hicieron incursiones en la vida política de la nación, especialmente a través de la familia Dulles, que dominaba el Consejo Federal de Iglesias de Cristo en América (FCCA). La FCCA fue uno de los primeros "grupos religiosos" en apoyar con entusiasmo el New Deal de Roosevelt.

En 1935, el Servicio de Inteligencia Naval de Estados Unidos designó a la FCCA como líder del pacifismo:

> "... Es una gran organización pacifista radical... su dirección está formada por un pequeño grupo radical que siempre es muy activo en cualquier asunto contra la defensa nacional".

La Comisión de Muertes tomó declaración jurada a un perito que declaró lo siguiente

> "Aparentemente, en lugar de promover el cristianismo entre sus numerosos miembros, (la FCCA) es más bien una enorme maquinaria política y parece estar involucrada en la política radical. Su dirección indica que tiene relaciones con muchas de las organizaciones más radicales".

En 1933, el reverendo Albert W. Beaven y 44 copatrocinadores escribieron una carta a Roosevelt instándole a socializar América. Otro "hombre de costumbres", el reverendo Dr. Kirby Page, le dijo a Roosevelt que apoyara a los bolcheviques.

> "El objetivo del proletariado en Rusia era establecer una vida mejor... Es difícil encontrar una juventud en el mundo más entregada a la causa de Cristo que la juventud que se encuentra en Rusia entregada a Stalin...", dijo Kirby.

El Dr. Harry F. Ward, otra figura destacada del FCCA, renunció de hecho a la Unión Americana de Libertades Civiles (ACLU) en 1925 porque ésta excluía a los "totalitarios" de sus miembros. El año anterior, Ward -entonces presidente de la ACLU- había salido en apoyo de causas socialistas y comunistas. Esto ocurrió cuando Ward era profesor de ética cristiana en el Union Theological Seminary de Nueva York. Gracias a su excelencia en las tácticas de penetración e impregnación. Ward fue capaz de subvertir a tres generaciones de futuros líderes eclesiásticos estadounidenses y llevarlos al campo socialista.

El reverendo Niebuhr es otro destacado socialista nombrado por un experto convocado por las audiencias de la Comisión Dies. Niebuhr ocupó el cargo de profesor de cristianismo aplicado y decano del Seminario Teológico de la Unión, y fue uno de los primeros socialistas fabianos estadounidenses en promover el libro "A New Deal" de Graham Wallas, un destacado escritor de la Sociedad Fabiana. En 1938, Niebuhr se unió a la Asociación Socialista Fabiana de Profesores Universitarios, que se autodenominaba "organización educativa progresista". Como ya sabemos, "progresista" no es más que otra palabra para "socialista". Niebuhr también es identificado como secretario de la Liga de Estudiantes para la Democracia Industrial (SLID) (que más tarde se convirtió en la Liga de la Democracia Industrial), la organización estudiantil ultrasocialista muy involucrada en la política radical.

Muchos estudiantes miembros del EDLR se unieron entonces al Partido Democrático, en lugar de intentar formar su propio partido socialista. Fue a partir de ese momento cuando el Partido Demócrata se infestó de socialistas, hasta que hoy, según mis contactos de inteligencia, el 86% del Partido Demócrata son socialistas empedernidos. Niebuhr tuvo más tarde una profunda influencia en los hermanos Kennedy, y Robert citó el libro de Niebuhr "Hijos de la luz, hijos de las tinieblas" (un libro de culto pagano) como uno de los libros que llevaría a la luna si alguna vez fuera.

La influencia de Niebuhr se extendió a lo largo y ancho, propagando su política "progresista" entre los miembros socialistas de Americans for Democratic Action (ADA) y del LID. A lo largo de su vida política, Niehbur predicó el "evangelio social", más tarde conocido como teología marxista de la liberación. Se convirtió en amigo íntimo de Arthur Schlesinger Jr, predicando que "el capitalismo era una enfermedad" y que la violencia estaba en el ojo del espectador. Schlesinger llegó a desempeñar un papel muy importante en la socialización de Estados Unidos, demostrando que el socialismo religioso era un arma devastadora en las manos adecuadas (o equivocadas). Niehbur abrazó abiertamente el marxismo (aunque era un credo totalmente impío y una creencia extraña para un ministro que se suponía que era un maestro del Evangelio), afirmando que era

> "esencialmente una teoría y un análisis correctos de las realidades económicas de la sociedad moderna".

Este supuesto "teólogo" también participó activamente en el control de la prensa, habiendo sido nombrado por Rockefeller para la "Comisión de Libertad de Prensa". Inevitablemente, Niehbur fue nombrado miembro del Consejo de Relaciones Exteriores (CFR) por instrucciones de David Rockefeller. Así, en el teatro religioso de las operaciones socialistas, vemos que el socialismo fabiano ha estado muy ocupado en los Estados Unidos y ha aprendido bien la lección de que el uso de la religión como medio de penetración y permeabilidad de la sociedad en su conjunto, es muy importante. Nos hicieron creer que los bolcheviques y sus primos socialistas estaban en contra de toda forma de religión. De hecho, esto no es cierto en absoluto. El odio socialista/bolchevique a la religión estaba dirigido más al cristianismo que a cualquier otra religión.

Una de las formas en que los socialistas han podido mantener su control sobre la religión organizada es a través de la Fellowship of Faiths, que fue creada como organización socialista en 1921 y que recientemente ha sido completamente revivida para preparar el advenimiento del gobierno mundial único: el Nuevo Orden Mundial. Se trata de una organización destinada a controlar la religión -un viejo objetivo del socialismo- que se ha dado cuenta de que la religión nunca podrá ser erradicada. El principal estadista del Comité de los 300, Bertrand Russell, describió la actitud socialista hacia la religión de la siguiente manera:

"Si no podemos controlarlo, tenemos que deshacernos de él.

Pero deshacerse de la religión es más fácil de decir que de hacer, así que el método elegido es el "control".

Todas estas guerras no han podido librar al mundo de la religión. Hubo que desarrollar otras tácticas, como el lavado de cerebro intensivo, utilizando la conocida idea relativista de que todas las religiones son iguales. La prueba de que la guerra contra el cristianismo está creciendo en ferocidad e intensidad puede encontrarse en el ataque a la Constitución de los Estados Unidos por parte de socialistas como Lloyd Cutler - asesor del presidente Carter, del presidente Clinton y de su fiscal general, Janet Reno. El socialista Cutler pretende debilitar la Constitución para reducir la protección y la libertad de culto y religión de todos.

La espeluznante masacre de ciudadanos estadounidenses en Waco, Texas, es un ejemplo reciente de hasta dónde están dispuestos a llegar los socialistas para suprimir la libertad religiosa. Los acontecimientos que condujeron al asesinato de más ciudadanos americanos cristianos que estudiantes chinos en la Plaza de Tiananmen son demasiado conocidos para ser relatados aquí, pero es necesario aclarar y ampliar algunos aspectos.

El primer punto a considerar es éste: ¿Dónde dice la Constitución que el gobierno federal tiene derecho a interferir en los asuntos religiosos de CUALQUIER iglesia, como ha interferido e intervenido en los asuntos de la Iglesia Cristiana de la Rama Davidiana? ¿Dónde dice la Constitución que el gobierno federal tiene derecho a decidir qué es una "secta" y qué no lo es? Dejemos que la Fiscal General Reno nos muestre dónde se da ese poder a las agencias federales de aplicación de la ley. La verdad es que no podemos encontrarlo; ¡no está en la Constitución!

En ninguna parte de los poderes delegados al Congreso en el Artículo 1, Sección 8, Cláusula 1-18 se da el poder de atacar un "culto". Permitir que una agencia federal interfiera en la Iglesia de la Rama Davidiana y la ataque por la fuerza de las armas, como hicieron en Waco, requeriría una enmienda a la Constitución de

Estados Unidos. Lo que ocurrió en Waco fue traición y sedición contra la Constitución y el pueblo estadounidense. Al utilizar vehículos militares para atacar a civiles en una iglesia cristiana, debemos suponer que la intención era aterrorizar y privar de derechos a los ciudadanos.

El artículo 1 de la Carta de Derechos de la Constitución de los Estados Unidos establece:

> "El Congreso no hará ninguna ley que respete el establecimiento de una religión, o que prohíba el libre ejercicio de la misma, o que coarte la libertad de expresión o de prensa, o el derecho del pueblo a reunirse pacíficamente y a solicitar al Gobierno la reparación de agravios".

Nótese el uso de la palabra "deberá", que es mucho más fuerte que "será". Obsérvese también las palabras "relativas al establecimiento de una religión". La palabra "establecimiento" lleva implícito el entendimiento de que también se refiere al acto de establecer, o en lenguaje llano, una ENTIDAD RECIÉN ESTABLECIDA. En este caso, la entidad recién creada era la Iglesia de la Rama Davidiana. Por lo tanto, el gobierno federal estaba obligado por ley a PROTEGER a los davidianos, NO A ASESINARLOS.

El gobierno federal entró en Waco con la intención expresa de prohibir el libre ejercicio de la religión a los miembros de la Iglesia Cristiana de la Rama Davidiana. Prohibió a los miembros de la Rama Davidiana reunirse pacíficamente. Lo que el gobierno federal dijo fue "decimos que sois una secta y no nos gusta vuestra religión, así que vamos a cerrar vuestra iglesia".

Para ello, el gobierno federal trajo vehículos militares que luego utilizó para atacar los edificios de la iglesia y matar a los miembros de la Rama Davidiana. En la página E7151 del Registro del Congreso del 31 de julio de 1968, el juez William O. declaró Douglas:

> "... Es imposible que el gobierno trace una línea entre lo correcto y lo incorrecto y sea fiel a la Constitución, mejor dejar todas las ideas de lado."

El gobierno de Estados Unidos ha decidido ignorar esta decisión y ha intentado simplificar la religión, reducirla a lo que es bueno o malo, con el gobierno federal como árbitro. El gobierno federal ha tratado de hacer de la religión un asunto simple cuando es un asunto muy complejo en el que no debería haber interferido bajo ninguna condición.

Las diez primeras enmiendas de la Constitución de EE.UU. constituyen una restricción para el gobierno federal. Además, el permiso para legislar sobre la religión también está negado por el artículo 1, sección 9 de la Constitución. El gobierno federal no tiene poderes absolutos. Los habitantes de la Rama Davidiana tenían derecho a la protección policial en virtud de los poderes concedidos al Estado en la 10ª Enmienda. El sheriff de Waco faltó a su deber al no responder a la petición de ayuda de un miembro de la iglesia Branch Davidian para cumplir con su deber de defender a los ciudadanos del Estado de Texas de los agentes federales merodeadores. Si el sheriff hubiera cumplido con su deber, habría llevado a sus hombres al lugar y habría ordenado a los agentes federales que salieran de la propiedad y del estado de Texas, donde no tienen jurisdicción. Desgraciadamente, el sheriff, ya sea por desconocimiento de la Constitución o por temor a su propia seguridad, no interceptó a los agentes federales armados y peligrosos, como estaba constitucionalmente obligado a hacer.

Según la Constitución de Estados Unidos, la responsabilidad de la protección de "la vida, la libertad y la propiedad" corresponde a los estados, no al gobierno federal. El caso de Emma Goldman lo resolvió para siempre. (El autor fue juzgado en un tribunal estatal y ejecutado por el estado por el asesinato del presidente McKinley, aunque el asesinato de un presidente era, y sigue siendo, un delito federal). La 14ª Enmienda, aunque no fue ratificada, no intentó transferir la responsabilidad de la protección policial de los estados al gobierno federal. Así que lo que tuvimos en Waco fue un ataque no autorizado a una comunidad religiosa, agravado por el abyecto fracaso del sheriff a la hora de proteger a los ciudadanos del estado de Texas de un asalto ilegal e ilegítimo por parte de agentes federales.

Como resultado, los ciudadanos de la rama davidiana del Estado de Texas han sido ilegalmente y maliciosamente privados de la vida, la libertad y la propiedad, sin el debido proceso de ley, y se les ha negado un juicio con jurado, mientras que el Sheriff de Waco, el principal oficial de la ley del estado, se ha quedado de brazos cruzados y no ha hecho nada para detener estos ataques. Se espera que se presenten cargos por abandono del deber contra el sheriff de Waco. La cláusula de inmunidad del Artículo IV, Parte I, ha sido groseramente violada:

> "Los ciudadanos de cada Estado tendrán derecho a todos los privilegios e inmunidades de los ciudadanos de los distintos Estados".

El gobierno federal, en virtud de la Constitución de los Estados Unidos, no tiene el poder de decidir qué es una iglesia y qué es una secta. El poder del gobierno federal para decidir qué es una secta y qué es una religión es el poder para DESTRUIR TODAS LAS RELIGIONES como prefieren los socialistas, que es su objetivo final. La 1ª Enmienda de la Constitución NO otorga este poder y no lo delega en el Congreso. En cambio, hemos tenido la opinión pública hecha por los medios de comunicación, con la repetición durante días y días de que la Iglesia de la Rama Davidiana era una "secta" como si eso fuera suficiente sanción legal para que los agentes federales asaltaran los edificios de la iglesia.

Waco no es la primera vez que el gobierno federal se inmiscuye en asuntos religiosos, y ciertamente no será la última. En las páginas 11995-2209 del Registro del Congreso, Senado, 16 de febrero de 1882, leemos con horror cómo el gobierno trató de impedir que algunos mormones votaran. En la página 1197, leemos parte del debate.

> "... Este derecho (al voto) pertenecía a la civilización y a la ley americana mucho antes de la adopción de la Constitución. Es como el derecho a portar armas, al igual que muchos otros derechos que podrían mencionarse aquí, que existían en nombre de los ciudadanos en la época colonial en todos los Estados; y las disposiciones que se introdujeron en la Constitución por medio de enmiendas, así como en el instrumento original, que pretenden proteger estos derechos, no eran más que garantías de un derecho existente, y no fueron los creadores del derecho en sí."

Los mormones fueron considerados entonces como la Iglesia de la Rama Davidiana es por el gobierno federal. En 1882, el Senado intentó aprobar un proyecto de ley que habría designado una comisión de cinco personas para actuar como juez y jurado sobre los mormones e impedirles votar. Aparte de todo lo demás, se trataba de una violación de la ley de enjuiciamiento. En la página 1200 de las páginas 1195-1209, el senador Vest hizo la siguiente declaración:

> "... Por ejemplo, nadie puede presumir, sostendremos, que el Congreso puede dictar una ley en cualquier territorio que respete el establecimiento de la religión, o el libre ejercicio o la restricción de la libertad de prensa, o el derecho del pueblo del territorio a reunirse pacíficamente y a solicitar al gobierno la reparación de agravios. El Congreso tampoco puede negar al pueblo el derecho a portar armas, ni el derecho a un juicio con jurado, ni obligar a ninguna persona a testificar contra sí misma en un proceso penal. Estos poderes, y otros en relación con los derechos del pueblo, que no es necesario enumerar aquí, son, en términos expresos y positivos, negados al gobierno general; y los derechos de la propiedad privada han sido protegidos con igual cuidado."

Después de revisar la anterior exposición de los hechos en relación con la protección otorgada por la Constitución y su Carta de Derechos, nos sorprende el horror de la situación en Waco; los habitantes de la Rama Davidiana no han recibido ninguna protección garantizada por la Constitución. Los poderes policiales de protección han sido abandonados por el sheriff de Waco, el gobierno federal ha atacado a los miembros de la Iglesia de la Rama Davidiana, les ha quitado la vida de forma gratuita, salvaje y bárbara, y ha destruido completamente su propiedad desafiando sus "derechos a la propiedad privada vigilada con igual cuidado". Podemos ver lo mucho que hemos retrocedido desde 1882, cuando fue derrotado el proyecto de ley para impedir que los mormones votaran.

¿Por qué se privó a los davidianos de todos sus derechos? ¿Por qué se les trató como a un enemigo que intentaba invadir nuestras costas; con equipo militar, helicópteros, tanques, bulldozers y, finalmente, con disparos que los destruyeron a todos? ¿Se respetaron sus derechos a un juicio con jurado, si es que el gobierno federal tenía cargos legítimos contra ellos antes de que sus agentes entraran en la propiedad de la iglesia, disparando?

Lo único que ha ocurrido es que los autores dicen, casi alegremente, que asumen la responsabilidad de los actos de barbarie de sus secuaces. Lo que vimos en la brutal masacre de Waco fue el socialismo/comunismo en acción. La religión predicada por David Koresh podría haber sido aceptada algún día como una religión establecida, al igual que la Ciencia Cristiana de Mary Baker Eddy y los mormones son religiones aceptadas hoy en día. Estas religiones podrían haber sido clasificadas como "una secta" en sus inicios, aunque la palabra no tenía entonces la misma connotación que hoy. Pero el gobierno federal socialista temía que esto sucediera con Koresh, como había sucedido con Mary Baker Eddy, así que intervino y lo cortó de raíz.

El socialismo está decidido a controlar la religión, y en ningún lugar es más evidente que en su llamada "comunidad de fe". Las guerras no consiguieron librar al mundo de la religión; los bolcheviques acabaron con la vida de 60 millones de rusos, la gran mayoría de ellos cristianos. Convirtieron las iglesias cristianas en casas de prostitución, las despojaron de sus preciosos objetos y vendieron su botín a través de las oficinas de traidores como Armand Hammer. Los cristianos han sido perseguidos y asesinados en terribles masacres, desde los romanos hasta la actualidad, como hemos visto en Waco.

Los socialistas, tras darse cuenta de que no podían destruir la religión matando a sus creyentes y seguidores, se dedicaron a intentar controlarla. Formaron el falso gobierno mundial "Fellowship of Faiths" para tomar el control de todas las religiones. Junto con el control religioso, se supone que debemos creer que el comunismo ha muerto y que pronto será arcaico. Este no es el caso, el comunismo nunca cambiará. Puede que en la superficie, pero en el fondo habrá pocos cambios. Lo que cambiará es el socialismo, a medida que gane poder, y luego, cuando haya tomado el control total del mundo, reintroducirá el comunismo como amo de los pueblos de la tierra.

¿Cuál es el lugar de la Alianza de Creencias en este escenario? ¿Cómo puede influir en los acontecimientos políticos de manera profunda, como se espera que lo haga y como pretendían sus fundadores? La tarea de unificar la religión, es decir, de "normalizarla", fue encomendada al socialista Keddrantah Das

Gupta, miembro ejecutivo de la Liga de Resistentes a la Guerra y partidario de la revolución armada contra nuestra república. Aunque fue concebida en 1910, la primera sesión oficial de la Agrupación se celebró en Chicago en 1933. Su verdadera naturaleza fue expuesta por Sir Rabindrath Tagore, fundador de un movimiento político procomunista en la India.

El obispo Montgomery Brown, orador principal del primer seminario de FF, dijo:

> "Sólo habrá una comunidad mundial de fe completa cuando los dioses sean desterrados del cielo y los capitalistas de la tierra".

Está claro que la Comunidad fue una empresa socialista desde sus inicios. Sir Rabinddrath, en sus escritos y en sus palabras, hizo hincapié en la necesidad de la educación sexual para los niños más pequeños. Tendemos a pensar que la educación sexual de los jóvenes es una maldición que nos ha llegado recientemente, pero en realidad se remonta a los sacerdotes de Baal y al sacerdocio egipcio de Osiris.

Habría sido sorprendente encontrar a ministros y líderes cristianos aceptando la idea de una religión normalizada y colaborando con los que odian el cristianismo, si no hubiera ocurrido lo mismo en los años 1980-1990. En 1910, Sir Francis Younghusband promovió la Fraternidad Mundial de las Religiones y destacó la idea de lograr una unión Este-Oeste de las religiones. Sir Francis no dijo que el creador de esta idea, Das Gupta, era un comunista rabioso que buscaba promover esta vil doctrina. Sir Francis expuso la historia de la religión "normalizada" de la siguiente manera:

> "La idea se le ocurrió al Sr. Das Gupta, que trabajó en ella durante 25 años y encontró un cordial cooperador en un estadounidense, el Sr. Charles F. Weller... En América, se reunió un Parlamento de las Religiones en 1893. En América, se reunió un Parlamento de las Religiones en 1893. En París, en 1904, se inició una serie de sesiones del Congreso Internacional de Historia de las Religiones. Otras sesiones se celebraron en Basilea, Oxford y Leiden.

(Todos ellos centros de "normalización" de la religión y promotores hoy de la doctrina marxista de la Teología de la Liberación).

> "En Londres, en 1924, se celebró una Conferencia de Religiones

> Vivas del Imperio (el Imperio Británico). En 1913 en Chicago, continuó en 1934 en Nueva York, un Congreso Mundial de la Amistad de las Religiones, convocado bajo la presidencia del Honorable Herbert Hoover y la señorita Jane Addams".

La presencia de la Srta. Addams en estas reuniones era una señal de que el socialismo rabioso actuaba bajo el disfraz de la religión. La historia de la señorita Addams se cuenta en los capítulos dedicados a las mujeres socialistas. La idea era sumergir el cristianismo en una marea de otras religiones. Pero el cristianismo no puede ser "estandarizado", es único y se sostiene por sí mismo. Sus enseñanzas son la base del capitalismo, que desde entonces ha sido sustituido por el babilonismo, y hoy el capitalismo ha sido tan prostituido y degradado que es irreconocible como el sistema original.

Sin el cristianismo, el mundo se sumirá en una nueva era oscura, mucho peor que todo lo que ha pasado antes. Esto debería ayudar a explicar por qué los detractores del cristianismo están tan interesados en destruirlo, o al menos en controlarlo, para que se diluya, se borre y se vuelva inútil. La Comunidad de Creencias ha tratado de fusionar el cristianismo con otras religiones, provocando así la pérdida de su identidad única. La idea de la "doctrina de la separación de la Iglesia y el Estado" es obra de los socialistas del gobierno estadounidense. Lo que habría que definir es LA SUPRESIÓN DEL CRISTIANISMO EN EL ESTADO.

Se unieron a la empresa de "normalizar" la religión Keith Hardie, miembro socialista del Partido Laborista británico, Felix Adler, fundador de la Sociedad Ética y Cultural de Izquierda de Nueva York, H.G. Wells, el famoso autor socialista, que representó a Lord Bertrand Russell. Wells era miembro de la sociedad masónica secreta Kibbo Kift Kindred, "Clarte", que tenía su sede en la Logia Nueve Hermanas del Gran Oriente de París, logia que desempeñó un papel destacado en la sangrienta Revolución Francesa.

Moses Hess, uno de los comunistas más revolucionarios de la época, se unió a Wells en el apoyo a la Sociedad para las Relaciones Culturales con la Rusia Soviética. Fue en la Logia de las Nueve Hermanas donde Wells hizo una declaración que lo haría parecer un odiador del cristianismo:

> "A partir de ahora, el nuevo gobierno mundial no tolerará la

> competencia de los sistemas religiosos rivales. No habrá lugar para el cristianismo. Ahora debe haber una sola fe en el mundo, la expresión moral de la comunidad mundial".

Annie Besant, miembro destacado de la Sociedad Fabiana, dio un paso adelante para añadir su nombre a la lista de opositores al cristianismo. Besant fue la sucesora espiritual de Madame Blavatsky, fundadora de la Sociedad Teosófica y amiga de H.G. Wells. El Sr. Charles Wells, de la Alianza Capitalista-Comunista, fue un millonario por derecho propio en una época de la historia en la que el término "millonario" realmente significaba algo.

La tarea de organizar una sección americana de la Fellowship of Faiths se encomendó al Sr. Weller, que rápidamente recibió la bendición de Samuel Untermeyer, un destacado sionista mundial y confidente del presidente Wilson, que la aprobó inmediatamente después de presentársela en el Despacho Oval. Como dijo el Sr. Samuel Landman, de los sionistas de Nueva York

> "El Sr. Woodrow Wilson, por buenas y suficientes razones, siempre ha dado la mayor importancia a los consejos de un sionista muy destacado".

Las "razones buenas y suficientes" a las que se refiere el Sr. Landmann son un paquete de cartas de amor escritas por Wilson a una Sra. Peck, quien, a cambio de la ayuda prometida por Untermeyer para sacar a su hijo de una situación delictiva, entregó el paquete de cartas atado con una cinta rosa, bien a Untermeyer o a Baruch. Wilson tenía una gran pasión por las aventuras con mujeres casadas, siendo el romance con Peck especialmente largo y tórrido. Tontamente, Wilson dio a conocer sus sentimientos amorosos a la Sra. Peck, por escrito. Es esta indiscreción la que se cita como el método utilizado para chantajear a Wilson para que comprometiera a los Estados Unidos en la Primera Guerra Mundial, que enterró la flor de la hombría cristiana estadounidense en los campos de Flandes y prácticamente arruinó a esa nación. Más tarde, el apoyo a Wilson por parte de la Liga de Vecinos, un frente socialista "eclesiástico", estuvo a punto de conducir a la creación de la Sociedad de Naciones.

El presidente del Comité Ejecutivo Provincial para Asuntos Sionistas Generales, el juez Brandeis, fue sustituido por el rabino

Stephen Wise, que resultó ser miembro del frente pro-socialista de la Federación de Paz de Emergencia y de otros diecinueve frentes. Brandeis también fue miembro de la Sociedad Fabiana de Londres. Muchas de las antiguas organizaciones "religiosas socialistas" siguen existiendo hoy en día, aunque han cambiado sus nombres para adaptarse a los nuevos tiempos y circunstancias.

Upton Sinclair, un rabioso socialista convertido en autor que escribió para la Nueva Enciclopedia de la Reforma Social y fue miembro fundador de la Liga Fabiana estadounidense, apoyó firmemente la Alianza de Religiones. Sinclair ha dado siempre un pase al cristianismo a lo largo de su carrera. Lo que ni Sinclair, ni Wise, ni Addams, ni siquiera muchos partidarios de la Fraternidad dijeron al público fue que se trataba de un movimiento de inspiración masónica hasta el final. En 1926, la Fellowship of Faiths era un amigo establecido de la revolución mundial, dominado por los rosacruces en la junta y los comités.

El Movimiento Tripartito, iniciado en 1924 por Charles Weller y Das Guptas, celebró reuniones por todo Estados Unidos y Gran Bretaña. En 1925, habían organizado 325 reuniones de este tipo. Entre los líderes del Movimiento Tripartito se encontraban M.S. Malik, miembro de la secta Beni-Israel, el Dr. A.D. Jilla, en representación de los parsis, M.A. Dard, en representación del mahometismo, Sir Arthur Conon Doyle (el autor del famoso Sherlock Holmes), en representación del espiritismo (nota: es la primera vez que se presenta como una religión), el budismo, representado por Angarika Dharmapala: la teosofía representada por Annie Besant. El punto importante a tener en cuenta en todo esto es que todas estas religiones eran, y son, esencialmente anticristianas. Otro punto es que la literatura de la Fellowship of Faiths se vendía en las librerías comunistas de toda Gran Bretaña, Europa Occidental y Estados Unidos.

El primer Congreso Mundial de la Fraternidad de Confesiones se inauguró en Chicago en 1933, con la Srta. Jane Addams como anfitriona. Uno de los principales oradores fue el obispo Montgomery Brown, presidente nacional del Socorro Obrero Comunista y miembro de otras cincuenta organizaciones del frente comunista. En su discurso de apertura, Brown dijo:

"Hay un lugar en la tierra donde la gente se ha atrevido a poner

> fin a la explotación del hombre: ¡Rusia! La URSS es la precursora del comunismo internacional que absorberá progresivamente a todos los Estados capitalistas que se van descomponiendo. Si algún gobierno, iglesia o institución se opone u obstruye este estado comunista, debe ser derrocado y destruido sin piedad. Si hay que lograr la unidad mundial, hay que hacerlo mediante el comunismo internacional, que sólo puede lograrse con la consigna: "Desterrar a los dioses del cielo y a los capitalistas de la tierra". Entonces, y sólo entonces, habrá una comunidad mundial de fe completa".

Weller y Brown se mostraron muy elogiosos con el obispo Brown, y Das Gupta declaró:

> "Estoy seguro de que hay otras personas que piensan como yo, que tienen las mismas creencias que el obispo Brown, pero que no han tenido el valor de decirlo y admitirlo. Me gustaría decir que estoy totalmente de acuerdo con los sentimientos del Obispo".

Brown escribió varios libros, entre ellos uno titulado "Enseñanzas de Marx para niños y niñas", además de diecisiete pequeños libros sobre sexo para niños que fueron ampliamente distribuidos. Una investigación de las autoridades reveló que todos los implicados en la estructura y los miembros de la Fellowship of Faiths eran también masones.

Los francmasones crearon una organización de fachada para cubrir sus actividades en la conferencia de la Sociedad de Naciones en París, la organización se llamó Unión de la Sociedad de Naciones. Desempeñó un papel importante en las deliberaciones de la Conferencia de Paz de París, que prácticamente garantizó que habría otra guerra mundial. Como dijo Sir Francis Younghusband

> "Estamos aquí para proporcionar una sólida base espiritual a la Sociedad de Naciones.

Podemos juzgar mejor el TIPO de base espiritual que se ha proporcionado, simplemente estudiando la estructura de las Naciones Unidas, el sucesor de la Sociedad. Es en el seno de las Naciones Unidas y de su órgano ejecutivo religioso, el Consejo Mundial de Iglesias (CMI), donde tiene lugar la renovación del Pacto de las Religiones.

Nosotros, en Estados Unidos y en Occidente en general, no podemos permitirnos hacer la vista gorda ante este resurgimiento. O creemos que la religión cristiana es el fundamento de la Constitución de los Estados Unidos, y nos atenemos a ello, o perecemos. La "tolerancia" y la "comprensión" no deben impedirnos ver la verdad, y si no adoptamos una postura ahora, puede que mañana sea demasiado tarde. Así de grave se ha vuelto la situación para el futuro de la nación. O bien el cristianismo es la verdadera religión declarada por Jesucristo, o bien carece totalmente de sustancia. La "tolerancia" y la "comprensión" no deben ocultar este importante principio.

El cristianismo trajo al mundo un sistema económico perfecto que ha sido deliberadamente prostituido, de modo que hoy es casi irreconocible. Los socialistas, marxistas y comunistas quieren hacernos creer que su sistema es superior, pero cuando miramos los países que han controlado -Rusia, Gran Bretaña, Suecia- vemos la ruina y la miseria a gran escala. Los socialistas se esfuerzan mucho por imponer su sistema, que conducirá a la esclavitud. La religión es uno de los ámbitos más importantes en los que han penetrado y, por tanto, el más peligroso. No es sólo una cuestión religiosa, sino también una cuestión de supervivencia de la República, basada en las leyes de Dios, que incluyen leyes políticas y económicas inmutables, y no una cuestión de "democracia" basada en las leyes del hombre. Debemos tener esto en cuenta: todas las democracias puras de la historia del mundo han fracasado.

Es importante relacionar estas cosas, especialmente desde que descubrí que la Alianza de la Fe votó en bloque por la candidatura socialista en las elecciones de 1932, que vieron el éxito de Roosevelt, su ídolo socialista. Esto fue especialmente cierto en Nueva York y Chicago. La cruzada anticristiana se intensificará a medida que se extienda por el mundo la gran mentira de que el comunismo ha muerto. Si bien es cierto que el comunismo está en baja, el SOCIALISMO es rampante, especialmente en los Estados Unidos, donde nuestras iglesias han sido profundamente penetradas y permeadas por agentes socialistas del cambio. Para aceptar el Gobierno Mundial Único - Nuevo Orden Mundial, tendríamos que sacrificar el cristianismo.

En Estados Unidos se está produciendo una gravísima revolución. La revolución de Weishaupt contra la Iglesia cristiana ha alcanzado nuevos niveles de bestialidad con la promoción de la homosexualidad y el lesbianismo, el "amor libre" (el aborto) y una rebaja general de las normas morales de la nación. Uno de los principales líderes de esta revolución es el Consejo Mundial de Iglesias (CMI), el brazo religioso de las Naciones Unidas. Las actividades del CMI han provocado profundos cambios en la vida política, religiosa y económica de la nación. El CMI siempre ha sabido que la religión no se detiene en la puerta de la iglesia.

El Consejo Federal de Iglesias (CFI), precursor del CMI, se propuso penetrar y permeabilizar el gobierno civil, particularmente en las áreas de educación y relaciones laborales. Mark Starr, el socialista británico nombrado por Roosevelt para varios puestos en el gobierno, fue utilizado por el CCF para visitar fábricas y distribuir la publicación de la Sociedad Fabiana, "Lo que la Iglesia piensa del trabajo", una diatriba profundamente marxista contra el capitalismo. La FCC se dirigía según líneas socialistas radicales, de acuerdo con los métodos establecidos por Sydney y Beatrice Webb, sus fundadores, y su pertenencia a la Tercera Internacional demuestra sin lugar a dudas que la FCC/CMI era, y es, anticristiana.

La FCC/CMI fue dirigida por paganos para paganos, como revela su historia pasada, y como vemos hoy. Uno de esos paganos fue Walter Rauschenbach, que visitó a Sydney y Beatrice Webb y luego llevó sus ideas, además de lo que había aprendido leyendo a Marx, Mazzini y Edward Bellamy, a la Segunda Iglesia Bautista de Nueva York. En lugar del Evangelio de Cristo, Rauschenbach predicó el Evangelio del socialismo según Marx, Engels, Ruskin y el socialismo masónico de Mazzini.

La FCC/CMR afirmaba tener veinte millones de miembros, pero las investigaciones demuestran que su número de miembros era y sigue siendo considerablemente menor. En cuanto al apoyo financiero que recibió la FCC y que recibe el CMI en la actualidad, las investigaciones muestran que procedía de muchas organizaciones procomunistas, como el Fondo Laura Spellman, el Fondo Carnegie Endowment y la Fundación de los Hermanos Rockefeller.

La FCC preparó el terreno para el azote de la homosexualidad y el lesbianismo, por no hablar del "amor libre" sin responsabilidad (el aborto) que ha descendido sobre la nación. La FCC fue, y el CMI es, el más firme defensor de la homosexualidad y el lesbianismo, y ha apoyado firmemente la llamada protección "constitucional" de estos grupos. La homosexualidad no se menciona como un "derecho" en ninguna parte de la Constitución de EE.UU., y por lo tanto es una prohibición. Los "derechos de los homosexuales" son producto de la imaginación de los legisladores socialistas y de algunos jueces del Tribunal Supremo.

Para ello, el CMI contó con el apoyo de la Unión Americana de Libertades Civiles (ACLU), que trató de retorcer y exprimir la Constitución para crear "derechos" inexistentes para quienes eligieran el estilo de vida homosexual. Como veremos en los capítulos sobre la ley, los tribunales y el Congreso, cualquiera que se levantara y protestara contra la aceptación de estos "derechos" inexistentes se encontraba rápidamente en problemas.

La Fellowship of Faiths se formó para consolidar los puntos de vista sobre cuestiones religiosas coloreadas con el socialismo reunidos en todo el mundo. El bahaísmo se inició en Persia en 1844 (ahora conocido como Irán), por Mirza Ali Muhammad, también conocido como "Rab" o "Puerta". Por desgracia para "Rab", fue asesinado por las fuerzas de seguridad en Tabriz. El bahaísmo enseña que Zoroastro, Buda, Confucio y Jesucristo fueron líderes que prepararon el camino para la llegada del poderoso maestro mundial, Baha u'lla (la Gloria de Dios), cuyo precursor, Abdul Baha, murió en 1921.

El movimiento bahá'í es muy fuerte en Irán y Australia, y en menor medida en Inglaterra. Dado que la masonería y la teosofía son prácticamente indistinguibles la una de la otra, y tienen elementos que se encuentran en la fe bahá'í, no es sorprendente que la religión bahá'í se haya extendido tan rápidamente. Madame Petrova Blavatsky, masona, vicepresidenta del Consejo Supremo y Gran Maestra del Consejo Supremo de Gran Bretaña, y creadora de la Teosofía, promovió en gran medida el movimiento bahá'í, que es una convergencia de estas tres corrientes.

¿Qué pasó con el Movimiento de los Creyentes? Poco antes de la Primera Guerra Mundial, estuvo a punto de fusionarse con el sionismo mundial y luego surgió en la Sociedad de Naciones. Después, justo antes de la Segunda Guerra Mundial, surgió el movimiento bahá'í en Inglaterra, y se formó en Inglaterra como el Grupo de Oxford, al que sucedió el Rearme Moral. Tras el final de la Segunda Guerra Mundial, desempeñó un papel clave en la formación de la Organización de las Naciones Unidas (ONU) y se introdujo en el corazón de la política estadounidense a través de organizaciones socialistas tan abiertas como las siguientes:

- Asociación Americana de Profesores Universitarios
- Unión Americana de Libertades Civiles (ACLU)
- Americanos por la Acción Democrática (ADA)
- Comisión de Desarrollo Económico de Hull House (centro de feminismo radical)
- Consejo Nacional de la Mujer
- La Liga para la Democracia Industrial
- Socialdemócratas USA
- Instituto de Estudios Políticos de la OTAN, ala política del Club de Roma
- La Fundación Cini
- Instituto de Estudios Políticos de Cambridge
- Comité para una Mayoría Democrática
- Confianza de Lucio
- Nueva coalición democrática
- Liga de Resistentes a la Guerra Instituto Aspen
- Investigación en Stanford
- Organización Nacional de Mujeres

La Fellowship of Faiths es un proyecto "olímpico" (Comité de los 300), lo que garantiza que las personas más ricas y poderosas del mundo promuevan sus objetivos, como vimos en la "reunión de clase" de la Fellowship of Faiths en Chicago en 1993. El pueblo estadounidense tendrá que elegir entre dejar que los principios cristianos se vayan al garete o arriesgarse a una revolución mundial. Esto es lo que sugirió Mijail Gorbachov cuando se reunió con el Papa Juan Pablo II. Gorbachov sugirió una "convergencia de ideales religiosos" que sería el primer paso hacia el renacimiento de la

Hermandad de las Religiones en su nombre original.

Pero el Papa Juan Pablo II le recordó que "el cristianismo traído a este continente por los Apóstoles, penetrado en diversas partes por la acción de Benito, Cirilo, Matusalén, Adalberto e innumerables santos, está en la raíz misma de la cultura europea". El Papa no hablaba de otra religión que haya conferido a Europa los beneficios de la civilización: hablaba del cristianismo. No dijo que el crecimiento de una gran cultura europea se debiera a los cátaros o a los albigenses; sólo el cristianismo, dijo, había traído la civilización a Europa.

Este es el origen del odio que sienten hacia el cristianismo los comunistas, marxistas y socialistas, que temen que la fuerza unificadora del cristianismo sea el escollo en el que se apoye su gobierno mundial único: el Nuevo Orden Mundial tropezará y caerá. Por lo tanto, el deseo de los socialistas de negar y, en última instancia, aniquilar el cristianismo es una cuestión de necesidad urgente. La orden de Lord Bertrand Russell al socialismo de apoderarse de la religión o destruirla es la base de la campaña mundial del socialismo para penetrar y permeabilizar la religión cristiana en particular y, a la manera de Weishaupt, roerla desde dentro, hasta que todo lo que quede sea una estructura frágil y hueca que se derrumbe con unos cuantos golpes estratégicos en el momento adecuado.

El modelo más exitoso de esta táctica se encuentra en Sudáfrica, donde un supuesto líder eclesiástico, el reverendo Heyns, se aburrió en el interior de la Iglesia Reformada Holandesa, mientras que un supuesto "obispo" anglicano, Desmond Tutu, lanzó un ataque frontal contra la Iglesia Anglicana. Con la ayuda de los masones que ocupaban altos cargos en el gobierno sudafricano y que estaban dispuestos a traicionar a su pueblo, Sudáfrica fue derrocada y obligada a someterse al régimen comunista en la persona de Joe Slovo, un antiguo coronel del KGB que utiliza a Nelson Mandela como títere de fachada. El viejo dicho "cuídate de los griegos que llevan regalos" puede modificarse por "cuídate de los sacerdotes y clérigos que llevan falsas promesas socialistas fraudulentas". El uso exitoso de la religión para llevar el socialismo al poder se ha demostrado ampliamente en Nicaragua, Perú, Filipinas, Rodesia, Sudáfrica. Los Estados Unidos son los siguientes.

Capítulo 8

LA DESTRUCCIÓN PLANIFICADA DE LOS ESTADOS UNIDOS POR EL LIBRE COMERCIO

No hay mayor caballo de Troya dentro de nuestra República que el "libre comercio". En otros lugares, lo hemos mencionado a menudo de pasada. En esta sección nos gustaría entrar en los detalles de este monstruoso plan para llevar a cabo la destrucción de los Estados Unidos, un sueño largamente acariciado por los socialistas fabianos de Inglaterra y sus conversos en casa. La destrucción socialista de nuestra República se está llevando a cabo en muchos frentes, pero ninguno tan venenoso, sedicioso, subrepticio y traicionero como el llamado "libre comercio".

Quien crea en el "libre comercio" debe ser desprogramado y liberado de la propaganda socialista y del lavado de cerebro. Vuelve al principio de esta nación: la cláusula 1 de la sección 8 del artículo 1:

> "Recaudar impuestos, derechos, importaciones e impuestos especiales. Para pagar las deudas y proveer a la defensa común y al bienestar general de los Estados Unidos, pero todos los derechos, importaciones e impuestos especiales serán uniformes en todo el territorio de los Estados Unidos".

El gobernador Morris redactó el artículo 8 y es interesante observar que dio a entender que los derechos están vinculados al pago de las facturas del país. No se menciona la progresividad de los impuestos sobre la renta para este fin.

Los socialistas idearon sus planes de traición e intentaron anular y derogar esta sección de la Constitución a través de la no ratificada

16ª Enmienda a la Constitución de los Estados Unidos. Sabían que el Artículo I, Sección 8, Cláusula 1 de la Constitución tenía por objeto impedir que los británicos impusieran el "libre comercio" a los colonos. Si leemos los Anales del Congreso y los Globos del Congreso de finales de 1700 y principios de 1800, rápidamente se verá que una de las principales causas de la Revolución Americana fue el intento de la Compañía Británica de las Indias Orientales (BEIC) de imponer el "libre comercio" de Adam Smith a las colonias.

¿Qué es el "libre comercio"? Es un eufemismo para despojar y saquear al pueblo estadounidense de su riqueza, violando la Constitución de los Estados Unidos. Es el viejo juego de los tontos, actualizado. El "libre comercio" fue el juego de trileros que la Compañía Británica de las Indias Orientales (BEIC) utilizó para despojar a los colonos americanos de sus riquezas, disfrazando sus tácticas de robo con bonitas frases económicas, que en sí mismas carecían de sentido.

Los Padres Fundadores no tuvieron la ventaja de la experiencia de primera mano para advertirles de las guerras de "libre comercio" que estaban a punto de desencadenarse en las colonias, pero sí tuvieron la perspicacia y la previsión para saber que, si se permitía, el "libre comercio" destruiría la joven nación. Por esta razón, el presidente George Washington, después de ser testigo de la terrible devastación causada en Francia por la causa del "libre comercio" y denominada "Revolución Francesa", declaró en 1789 que era necesario y adecuado que la joven República se protegiera de las maquinaciones del gobierno británico:

> "Un pueblo libre debe promover las manufacturas que tiendan a independizarlo de otros para los suministros esenciales, especialmente los militares". - George Washington, Primer Congreso de los Estados Unidos, 1789.

Los Padres Fundadores vieron desde el principio que la protección de nuestro comercio era primordial, y la convirtieron prácticamente en la primera orden del día. Ninguna nación que se tome en serio su soberanía y la protección del bienestar de su pueblo permitiría el "libre comercio". Como dijo Joseph Chamberlain, en su prefacio a "The Case Against Free Trade" en 1911:

> "El libre comercio es la negación de la organización, de la política establecida y coherente. Es el triunfo del azar, la competencia desordenada y egoísta de los intereses individuales inmediatos sin tener en cuenta el bienestar permanente en su conjunto."

Alexander Hamilton y los Padres Fundadores comprendieron que la nación debía proteger su mercado interno si quería seguir siendo soberana e independiente. Esto es lo que hizo grande a Estados Unidos en primer lugar: la explosión del progreso industrial en la nación, independientemente de cualquier "comercio mundial" externo. Washington y Hamilton sabían que ceder nuestros mercados nacionales al mundo significaría renunciar a nuestra soberanía nacional.

Los socialistas sabían de la importancia de deshacerse de las barreras comerciales protectoras de las naciones independientes, en lugar de romperlas gradualmente, y esperaron su oportunidad al elegir a Woodrow Wilson para hacerlo. Como nuevo presidente, la primera orden del día de Wilson fue tomar medidas activas para derribar las barreras arancelarias erigidas por Washington y luego ampliadas y mantenidas por Lincoln, Garfield y McKinley.

Como vimos antes, la primera tarea del socialista fabiano que puso el presidente Woodrow Wilson en el cargo fue derribar las barreras comerciales y los aranceles protectores que habían convertido a Estados Unidos en una gran nación en un periodo de tiempo relativamente corto, es decir, comparado con la época de las grandes potencias europeas. El NAFT y el GATT retoman el camino donde lo dejaron Wilson y Roosevelt. Ambos acuerdos violan la Constitución de los Estados Unidos y son obra de la Sociedad Fabiana y sus primos estadounidenses.

El Tratado de Libre Comercio de América del Norte es un proyecto del Comité de los 300 y una extensión natural de la guerra contra la industria y la agricultura estadounidenses, tal como se establece en los documentos políticos del Club de Roma de 1969 sobre el Crecimiento Post-Industrial Cero, dirigidos por Cyrus Vance y un equipo de científicos del Gobierno Único y del Nuevo Orden Mundial. El desmantelamiento de las barreras comerciales erigidas por Washington, Lincoln, Garfield y McKinley ha sido durante mucho tiempo un objetivo preciado de la Sociedad Fabiana. El

TLCAN es su invento, su gran oportunidad para abrir los mercados estadounidenses al "libre comercio" unidireccional y, de paso, asestar un golpe mortal a la clase media estadounidense.

El TLCAN es otro triunfo de Florence Kelley en el sentido de que elude la Constitución mediante la acción legislativa. Como dijo el juez Cooley en su libro sobre derecho constitucional, página 35:

> "La propia Constitución nunca cede ante un tratado o una ley. No cambia con los tiempos ni se pliega a la fuerza de las circunstancias".

Por lo tanto, ni el TLCAN ni ningún otro tratado pueden cambiar la Constitución. El TLCAN no es más que un esquema retorcido, mentiroso y solapado para burlar la Constitución, lo que también es una descripción exacta del GATT.

El primer ataque conocido contra EE.UU. por el "libre comercio" se remonta a 1769, cuando la Ley Townsend fue inventada por Adam Smith para extraer ingresos de las colonias estadounidenses. El acuerdo del TLCAN está diseñado para exprimir más ingresos a los trabajadores estadounidenses o, si no lo quieren, para deslocalizarlos en el extranjero, donde los salarios y el coste de la vida son generalmente más bajos. De hecho, el TLC tiene mucho en común con la lucha de los colonos entre 1769 y 1776. Trágicamente, en los últimos años, varios presidentes se han alejado de las políticas comerciales que protegían la industria estadounidense y hacían de Estados Unidos la mayor nación industrializada del mundo.

El globalismo no ha ayudado a hacer grande a Estados Unidos. El globalismo es una consigna de los lavadores de cerebro de los medios de comunicación de Madison Avenue para enmascarar el hecho de que la llamada economía global pregonada por Wilson, Roosevelt, Bush y Clinton acabará reduciendo el nivel de vida de los estadounidenses al de los países del tercer mundo. Aquí tenemos un caso clásico en el que, a través del socialismo, los estadounidenses están luchando de nuevo contra la Revolución Americana de 1776 para liberar a la nación de las garras del fraude llamado TLCAN, con un fraude aún mayor llamado GATT esperando a rendirse en el campo de batalla.

En 1992, Bush cogió la pelota del TLCAN y empezó a correr con ella. Se utilizó a Canadá como vara de medir para ver la acogida que tendría el TLCAN entre los canadienses. Para ello, Bush contó con la ayuda del ex primer ministro Brian Mulroney. El objetivo del TLCAN es destruir las bases industriales y agrícolas de ambos países y así hundir la clase media. Los planes postindustriales del Comité de los 300 no han avanzado lo suficiente. La situación es bastante similar a la que describió Bertrand Russell en su deseo de matar a millones de "comedores inútiles". El plan de Russell preveía el regreso de la peste negra para librar al mundo de lo que él llamaba "exceso de población".

El TLCAN representa la culminación del reajuste de las políticas transnacionales y la reeducación de los futuros líderes de la industria y el comercio estadounidenses que acaban de salir de nuestras instituciones educativas. El TLC puede compararse con el Congreso de Viena (1814-1815), dominado por el príncipe Klemmens von Metternich. Cabe recordar que Metternich desempeñó un papel destacado en los asuntos europeos. Fue el responsable del matrimonio de la archiduquesa María Luisa con Napoleón, que marcó los acontecimientos políticos y económicos de Europa durante al menos 100 años. En esencia, Clinton "casó" a los Estados Unidos con el "libre comercio", que también tendrá un profundo efecto en esta nación durante más de 1000 años.

El Congreso de Viena se caracterizó por las fiestas fastuosas y los eventos deslumbrantes, con una serie de regalos deslumbrantes para aquellos que estaban dispuestos a cooperar con Metternich en lugar de luchar por los intereses de su país. Se utilizaron tácticas similares para impulsar el TLCAN a través de la Cámara y el Senado, y al igual que los debates sobre la toma de decisiones celebrados a puerta cerrada en Viena (las cuatro grandes potencias nunca permitieron la participación de las naciones pequeñas), cada acuerdo, cada decisión importante sobre el TLCAN se tomó en secreto, a puerta cerrada. El TLCAN tendrá un efecto profundamente nocivo para Estados Unidos, de cuya magnitud y profundidad aún no nos hemos dado cuenta.

El TLCAN es un punto de inflexión en la historia de América del Norte, un punto de inflexión para la clase media estadounidense y canadiense. Cuando se combine con los países de la CE, se habrá completado la segunda fase de la estrategia socialista para hacerse con el control total del comercio. El TLCAN supondrá 100.000

millones de dólares de ingresos para México; devastará la economía de Estados Unidos con un gran declive de su base industrial. Se espera que se pierdan 100.000 puestos de trabajo estadounidenses en los dos primeros años de plena aplicación del TLCAN, lo que provocará un descenso del nivel de vida de la clase media nunca visto. La contaminación se reexportará a Estados Unidos a través de productos y alimentos procedentes de México.

Los productos alimenticios procedentes de México contendrán niveles de todo tipo de venenos tóxicos que están prohibidos por la normativa del USDA que cubre los productos estadounidenses. En total, la cantidad de dinero gastada en los grupos de presión a favor del TLCAN se acerca a los 150 millones de dólares. El lobby del TLCAN fue el más concentrado de la historia de Estados Unidos, con un verdadero ejército de expertos y abogados que inundaron la Cámara para votar a favor del supuesto acuerdo.

El Acuerdo General sobre Aranceles y Comercio (GATT) es un instrumento diseñado por Estados Unidos y basado en los principios socialistas fabianos. No recuerdo la última vez que algo fue tan mal comprendido por los legisladores como este insidioso acuerdo. Me puse en contacto con docenas de legisladores y, sin excepción, ninguno de ellos pudo darme una explicación ni los datos que buscaba. El GATT se elaboró en la Conferencia de las Naciones Unidas sobre Comercio y Empleo, celebrada en Cuba el 24 de marzo de 1948. Los elegantes de la conferencia defendían el "libre comercio" de Adam Smith, que creían que haría del mundo un lugar mejor para la gente corriente. Aunque el título, GATT, vino después, los cimientos de este fraude socialista se pusieron en Cuba en 1948.

Cuando el acuerdo con Cuba se presentó a la Cámara y al Senado, se aprobó, simplemente porque no se entendió. Por lo general, cuando la Cámara y el Senado no entienden una medida que se les presenta, la aprueban lo más rápidamente posible. Este fue el caso de la Ley de la Reserva Federal, el tratado de las Naciones Unidas, el tratado del Canal de Panamá y el TLCAN.

Al votar por el TLCAN, la Cámara transfirió la soberanía de Estados Unidos al gobierno mundial de Ginebra, Suiza. Este acto sedicioso tenía un precedente. En 1948, una Cámara de Representantes y un Senado dominados por los republicanos aprobaron la Ley de Acuerdos Comerciales, resultado de la reunión de las Naciones

Unidas en Cuba. Hasta ese momento, el Partido Republicano se había presentado como el protector de la industria y el empleo estadounidenses, pero resultó ser tan falso como la posición demócrata, y a favor del "libre comercio" socialista de Adam Smith. Los socialistas fabianos en Gran Bretaña y sus primos americanos en Estados Unidos asestaron un gran golpe a la industria y el comercio estadounidenses. El hecho de que la Ley de Acuerdos Comerciales fuera 100% inconstitucional, y aun así fuera aprobada, fue motivo de dulce satisfacción para la Sociedad Fabiana.

En 1962, el presidente John F. Kennedy calificó la venta al pueblo estadounidense como "un nuevo enfoque, un nuevo y audaz instrumento de la política comercial estadounidense". En su evaluación fatalmente defectuosa de la dirección que los socialistas fabianos estaban llevando al pueblo estadounidense, Kennedy había recibido todo el apoyo del líder sindical George Meaney en la convención de la AFL-CIO en Florida a principios de ese año. El Congreso aprobó obedientemente la legislación, aparentemente sin ser consciente de su inconstitucionalidad.

Era inconstitucional porque otorgaba al presidente poderes que correspondían al Congreso, poderes que no podían ser transferidos entre los tres poderes del Estado. El gobierno de Kennedy instituyó inmediatamente amplias reducciones arancelarias, algunas de ellas de hasta el 50%, sobre una amplia gama de productos importados. Vimos las mismas acciones inconstitucionales de Bush y Clinton con el TLC. Ambos presidentes se involucraron inconstitucionalmente en el poder legislativo. Los sobornos también pueden haber sido un factor. Esto es traición.

Cuando Estados Unidos entró en el siglo XX, el país estaba en el camino del éxito como ningún otro país lo había estado desde la antigüedad. Pero los espoliadores, los socialistas y sus primos cercanos, los comunistas, estaban al acecho en América. Los Estados Unidos se construyeron sobre una base sólida de proteccionismo, dinero sólido; había una base industrial en rápido crecimiento y, gracias a la mecanización, la agricultura estaba preparada para alimentar a nuestro pueblo durante siglos, sin importar cuánto creciera la población.

La medida de protección del comercio, la Ley Arancelaria de 1864, que Lincoln firmó, aumentó los aranceles en más de un 47%. En

1861, los ingresos aduaneros representaban el 95% de los ingresos totales de Estados Unidos. Lincoln, con la guerra en sus manos, estaba decidido a reforzar la protección arancelaria tradicional y a protegerla a toda costa. Sus acciones en materia de protección arancelaria, más que cualquier otra cosa, pusieron a Estados Unidos en la senda de dos décadas de progreso en la industria, la agricultura y el comercio, un progreso que asombró a Inglaterra y convirtió a Estados Unidos en objeto de envidia... y de odio. No hay duda de que en el complot para asesinar a Lincoln participó Benjamin Disraeli, el primer ministro inglés, y que la decisión de asesinar a Lincoln se tomó en Inglaterra debido a la decidida postura del presidente en contra de la reducción de los aranceles a las mercancías procedentes de ese país.

Los Estados Unidos están inmersos en una guerra a muerte. No te das cuenta, porque no hay grandes tambores de patriotismo, ni banderas ondeando, ni desfiles militares y, quizá la clave de todo, los chacales de la prensa presentan el "libre comercio" como un beneficio, no como el enemigo mortal de EEUU. Se trata de una guerra en muchos frentes; casi todo el mundo está alineado contra Estados Unidos. Es una guerra que estamos perdiendo rápidamente, gracias a los planes hábilmente elaborados por el Comité de los 300 y confiados a los socialistas para que los lleven a cabo. Lincoln fue una de las primeras víctimas de la guerra comercial.

En 1873, los banqueros de inversión y los financieros de la City londinense se unieron a sus aliados de Wall Street para provocar un pánico totalmente artificial. La prolongada depresión que siguió hizo mucho daño a la agricultura, como pretendían nuestros enemigos. La mayoría de los historiadores están de acuerdo en que la acción antiamericana de 1872 se tomó para debilitar el proteccionismo. El camino del periodismo amarillo para culpar al proteccionismo de la depresión estaba abierto y nunca se cerró. A través de mentiras chuscas en la prensa, se hizo creer a los agricultores que sus problemas se debían a las barreras comerciales que impedían el flujo del "libre comercio".

Los agentes de la City londinense y de Wall Street, ayudados por una prensa ya bien surtida, comenzaron a hacer sonar el tambor de la opinión pública y, en respuesta a la presión de un público desinformado, en 1872 se abrió una brecha en la barrera arancelaria estadounidense. Los aranceles se redujeron un 10% en una amplia gama de artículos importados y un 50% en la sal y el carbón. Como sabe cualquier economista, y como sabría cualquier bachiller debidamente formado, una vez que esto sucede, rápidamente se produce un descenso de la actividad manufacturera, ya que los inversores dejan de invertir en riqueza real: plantas industriales, implementos agrícolas, máquinas herramienta.

Pero los invasores fueron parcialmente rechazados por los 1900, y los daños se limitaron a una brecha en nuestro reducto, sin que las fuerzas enemigas tuvieran oportunidad de expandirse hacia el interior. Entonces llegó Wilson y el primer asalto masivo y de gran envergadura por parte de las tropas de protección antitarifaria que no sólo rompió nuestros reductos, sino que puso a los filisteos justo en medio de nuestro campamento.

Cuando el presidente Roosevelt llegó a la Casa Blanca, se lanzó el segundo gran asalto a nuestras protecciones arancelarias. Wilson había abierto el camino a Roosevelt, y había conseguido abrir una brecha que conducía directamente al objetivo final. Aunque Wilson había hecho mucho daño, que fue ampliado por Roosevelt, se mantuvieron demasiadas barreras arancelarias para el gusto de los socialistas fabianos, Ramsey McDonald, Gunnar Myrdal, Miss Jane Addams, Dean Acheson, Chester Bowles, William C. Bullitt, Stuart Chase, J. Kenneth Galbraith, John Maynard Keynes, el profesor Harold Laski, Walter Lippmann, W. Averill Harriman, el senador Jacob Javitts, Florence Kelley y Trances Perkins.

Cuando George Bush fue designado por el CFR para sentarse en el Despacho Oval, emprendió su misión de "Un Mundo - Nuevo Orden Mundial" con energía y entusiasmo, haciendo del acuerdo del TLCAN una de sus principales prioridades. Pero, ¿tenían Wilson, Roosevelt y Bush derecho a negociar tratados sobre cuestiones comerciales por su cuenta sin seguir el proceso de notificación y consentimiento de la Constitución? Está claro que no.

Así que veamos la Constitución y lo que tiene que decir sobre esta cuestión vital: Artículo VI, Sección 2

> "... Esta Constitución y las leyes de los Estados Unidos que se dicten en cumplimiento de la misma, y todos los tratados celebrados, o que se celebren, bajo la autoridad de los Estados

Unidos, serán la ley suprema del país..."

Las palabras "Esta Constitución y las leyes de los Estados Unidos", dicen que un tratado es sólo una ley. La "ley del país" se refiere a la Carta Magna, "y los jueces de cada Estado estarán obligados por ella, sin perjuicio de cualquier disposición contraria de la Constitución o de las leyes de cualquier Estado".

La palabra "suprema" en la segunda parte NO es "suprema" sino que pertenece al derecho común. Para entenderlo, hay que conocer la Constitución de los Estados Unidos y su contexto histórico, que sólo se puede encontrar en los Anales del Congreso, los Globos del Congreso y las Actas del Congreso. Un estudio completo y correcto de estos documentos es un requisito previo para entender qué es un tratado. Por desgracia, nuestros legisladores nunca se molestan en informarse estudiando estos maravillosos documentos. Los profesores de derecho saben aún menos sobre estos tesoros de información y, en consecuencia, a menudo enseñan un derecho constitucional muy alejado de la realidad. Es el ciego guiando al ciego.

La palabra "supremo" se insertó para garantizar que los gobiernos francés, británico y español no pudieran incumplir los acuerdos alcanzados sobre los territorios cedidos a los Estados Unidos. Esta era una forma suficiente de evitar que los futuros gobiernos de estos países renegaran de los acuerdos, pero desgraciadamente también llevó a muchos estadounidenses a entender que un tratado es una ley "suprema". Es imposible que un tratado sea "supremo" cuando sólo está en fase de aplicación. ¿Puede la descendencia ser mayor que el padre? La Constitución de los Estados Unidos es siempre SUPREMA, en todo momento y bajo cualquier circunstancia. Las leyes nunca pueden ser "supremas" porque son cambiantes y pueden haber sido aprobadas erróneamente. El hijo no puede ser mayor que el padre.

A pesar de lo que dijo la jueza Ruth Ginsberg sobre la flexibilidad de la Constitución, la Constitución estadounidense no es flexible, es INMUTABLE. Sabemos que la primera regla de cualquier tratado es la autopreservación. También sabemos ahora, que en los Estados Unidos, TODOS LOS TRATADOS SIN EXCEPCIÓN SON LEYES ORDINARIAS Y PUEDEN SER REPETIDOS EN CUALQUIER MOMENTO. Cualquier tratado que perjudique gravemente a Estados Unidos viola la regla de la autopreservación y puede ser revocado, aunque sólo sea cortando el dinero que lo financia. Por eso tratados como la ONU, el TLCAN, el GATT, el ABM, el tratado del Canal de Panamá, son NULOS E INJUSTOS, y deberían ser revocados por el Congreso; de hecho, lo serían si el Congreso no estuviera dominado por los socialistas.

Invitamos a los lectores a que cojan un ejemplar del "Derecho de gentes" de Vattel, la "Biblia" utilizada por nuestros Padres Fundadores, y se convencerán rápidamente de que un tratado no es más que una ley que puede ser modificada por el Congreso. De hecho, un tratado podría describirse como una "ley precaria" porque, en esencia, carece de sustancia. Thomas Jefferson dijo que

> "sostener el poder de hacer tratados sin límite es hacer de la Constitución un papel en blanco por construcción". Registro del Congreso, Cámara, 26 de febrero de 1900.

Además, la Constitución de EE.UU. prohíbe expresamente la transferencia de poder de una rama del gobierno a otra. Esto ha sido así a lo largo de las guerras del libre comercio y sigue siendo así. La lenta y a menudo inadvertida cesión del poder legislativo al ejecutivo es lo que ha minado la fuerza de los defensores de la guerra comercial. Estas acciones son inconstitucionales y equivalen a sedición y traición contra el pueblo estadounidense.

La cesión de poderes que pertenecen exclusivamente al poder legislativo del gobierno comenzó con la Ley Arancelaria Payne Aldrich, y la criatura deformada comenzó a crecer como un árbol de laurel verde. Aunque la Ley Payne Aldrich no logró su primer objetivo, consiguió con creces el segundo: la transferencia de poderes legislativos al ejecutivo. Otorgó al presidente poderes que estaban constitucionalmente prohibidos, ya que ahora podía controlar las tasas arancelarias sobre las importaciones. La Cámara asestó un golpe fatal a las mismas personas a las que se suponía que debía proteger y permitió que el "libre comercio" se llevara por delante los puestos de trabajo de nuestros trabajadores, ya que las fábricas, incapaces de hacer frente a las políticas de dumping y recorte de precios de los productos extranjeros, se vieron obligadas a cerrar.

La traición y la sedición cometidas por quienes aceptaron la Ley

Arancelaria Payne Aldrich de 1909 como "ley" son evidentes hoy en día en los acuerdos del TLCAN y del GATT. El artículo 1, sección 10, de la Constitución de los Estados Unidos confía claramente los asuntos comerciales a la Cámara de Representantes. El artículo 10 refuerza el control de la Cámara sobre los asuntos comerciales. Los poderes de la Cámara no eran ni son transferibles. Es tan sencillo como eso. Todas las "leyes", todas las "órdenes ejecutivas", todas las decisiones presidenciales sobre el comercio, todos los acuerdos internacionales, son nulos y deben ser borrados de los libros tan pronto como el gobierno sea devuelto a Nosotros el Pueblo. Veremos el enorme daño causado por la usurpación presidencial de los poderes comerciales a medida que avancemos.

La Ley Arancelaria Payne Aldrich es típica de la forma en que opera el socialismo fabiano, siempre ocultando sus verdaderas intenciones detrás de una fachada de mentiras. Como he dicho antes, el pueblo estadounidense es el más engañado del mundo, y la Ley Arancelaria Payne Aldrich fue la culminación de las mentiras de la época. Presentada ante la Cámara como una medida de protección arancelaria, el verdadero significado de la Ley era exactamente el contrario: era un paso de gigante para los enemigos del pueblo estadounidense, los "librecambistas" y sus aliados de la City de Londres -¿o es que los maestros describen mejor su asociación?

La Ley Arancelaria Payne Aldrich transfirió ostensiblemente poderes al ejecutivo, una transferencia que no podía ni debía producirse sin una enmienda constitucional. Como eso no ocurrió, todos los acuerdos comerciales desde 1909 han sido ultravires. Si tuviéramos un Tribunal Supremo que no estuviera en manos de los filisteos, podríamos haberle pedido ayuda, pero no podemos.

Desde los días de Brandeis y el "Arreglador" Fortas, el Tribunal Supremo se ha convertido en un tribunal lleno de socialistas que no tienen oídos para escuchar las súplicas de Nosotros el Pueblo. Con la aprobación de la Ley Arancelaria Payne Aldrich, Estados Unidos sufrió un grave revés en las guerras comerciales del que nunca se ha recuperado. La medida de Payne Aldrich fue un "gradualismo" socialista en las mejores tradiciones de esa deshonesta entidad política.

Estos ataques furtivos contra el pueblo de Estados Unidos tuvieron lugar en una época en la que éramos relativamente inocentes.

Sabíamos poco del socialismo fabiano o de su modus operandi. El libro "The Case Against Socialism: A Handbook for Conservative Speakers" (El caso contra el socialismo: un manual para oradores conservadores) es una guía de los trucos sucios que utiliza el socialismo para conseguir que se aprueben sus leyes y no hay mayor truco sucio socialista que el presidente Clinton.

Los ciudadanos de este gran país, Estados Unidos, han sido engañados por sus dirigentes -empezando por Woodrow Wilson- haciéndoles creer que el "comercio triangular" es beneficioso para todas las naciones. Nos dirán que fue idea de Adam Smith y que David Ricardo, el economista favorito de los socialistas, afinó los límites y el sentido del libre comercio. Pero todo esto es humo y espejos. La mitología del "libre comercio" está tan arraigada en la mente de los estadounidenses que creen que es realmente beneficioso. Los líderes de la nación, empezando por el Presidente, han engañado groseramente al pueblo para que caiga en esta terrible trampa.

LAS PÉRDIDAS DE ESTA GUERRA YA SON MUCHO MAYORES QUE LOS TOTALES COMBINADOS DE LAS DOS GUERRAS MUNDIALES. Ya se han arruinado millones de vidas estadounidenses. Millones de personas viven en la desesperación mientras esta guerra implacable sigue golpeando a nuestro pueblo. El "libre comercio" es la mayor amenaza para la infraestructura de la nación, una amenaza mayor que cualquier ataque nuclear.

Algunas estadísticas

Setecientos cincuenta mil obreros siderúrgicos estadounidenses han perdido sus puestos de trabajo desde que el Comité de los 300 dejó caer al conde Etienne Davignon en este frente concreto en 1950.

La muerte de la industria siderúrgica supuso la pérdida de un millón y cuarto de los puestos de trabajo industriales más estables y mejor pagados vinculados a los productos siderúrgicos y basados en ellos. Esto no se debe a que los obreros siderúrgicos estadounidenses no fueran buenos trabajadores; de hecho, teniendo en cuenta las viejas fábricas con las que tuvieron que trabajar algunos de ellos, resistieron muy bien las prácticas comerciales desleales. Pero no podían competir con las importaciones "libres" que subcotizaban los productos fabricados en Estados Unidos porque los gobiernos extranjeros los subvencionaban en gran medida. Muchas acerías extranjeras se construyeron incluso con el dinero del "Plan Marshall". En 1994, un total de cuarenta millones de estadounidenses habían perdido sus puestos de trabajo debido a los ataques del "libre comercio" a sus fábricas, plantas textiles y centros de producción.

Estados Unidos se convirtió en un gigante industrial y en la década de 1880 superaba a Inglaterra como primera nación industrial del mundo. Esto se debe enteramente a la protección que ofrecen las barreras comerciales a la industria local. Cuando estalló la Guerra Civil, y hasta finales del siglo XIX, había 140.000 fábricas que producían bienes industriales pesados con una mano de obra de 1,5 millones de estadounidenses, probablemente la mejor pagada del mundo con diferencia en cualquier momento de la historia occidental.

En la década de 1950, la industria y la agricultura habían creado el mejor nivel de vida para la amplia, estable y bien remunerada clase media estadounidense, la mayor del mundo. También había creado un amplio mercado para sus productos, un mercado interno que su clase media bien pagada, con empleos con seguridad laboral garantizada de por vida, apoyaba y ayudaba a expandir y desarrollar. LA PROSPERIDAD Y LA SEGURIDAD DEL EMPLEO EN AMÉRICA NO SON EL RESULTADO DEL COMERCIO MUNDIAL. Estados Unidos no necesitaba los mercados mundiales para prosperar y crecer. Esta fue una falsa promesa vendida al pueblo estadounidense, primero por Wilson, luego con entusiasmo por Roosevelt, Eisenhower, Kennedy, Johnson, Bush y Clinton.

Gracias a la traición y la sedición cometidas por estos presidentes y el Congreso, las importaciones han seguido aumentando, hasta que hoy, en 1994, apenas podemos mantener la cabeza por encima de las aguas de las mercancías importadas por la mano de obra barata. En el próximo año (1995), veremos cómo se disparan las pérdidas a medida que la embestida de los "librecambistas" diezme los medios de vida de otros millones de estadounidenses. No hay un final a la vista, pero nuestros legisladores siguen retrocediendo, dejando millones y millones de vidas destruidas. Este asunto, más que ningún otro, demuestra que el gobierno no se toma en serio la protección de nuestra soberanía nacional, QUE ES EL PRIMER DEBER DE CUALQUIER GOBIERNO.

En este capítulo sólo podremos examinar algunos de los tratados, cartas y "acuerdos" comerciales más importantes impuestos a los Estados Unidos por las prácticas conniventes, tramposas, solapadas, mentirosas y sediciosas de los socialistas británicos y estadounidenses. Empezaremos por los llamados "acuerdos comerciales". La Constitución prohíbe la transferencia de poder de un poder a otro. Esto se llama la doctrina de la separación de poderes y es sacrosanta e inmutable, o así lo escribieron los Padres Fundadores. Es ilegal, incluso traicionero, transferir poderes, pero se supone que debemos creer que fue legal que Bush consultara con México y Canadá y pusiera en marcha el acuerdo del TLCAN. Se supone que debemos creer que, del mismo modo, Clinton tenía todo el derecho a entrometerse en el TLCAN y ahora en el GATT. Se equivoca en ambos aspectos. Ni Bush ni Clinton tenían derecho a inmiscuirse en asuntos comerciales que son responsabilidad de la Cámara.

Sólo por eso, el TLCAN y el GATT son ilegales, y si tuviéramos un Tribunal Supremo que no hiciera sus propias predilecciones en lugar de defender la Constitución, se declararía así. Una de las tácticas más comunes utilizadas por los generales del "libre comercio" para atacar a Estados Unidos es culpar a las "barreras comerciales" de las dificultades económicas. Esto es claramente falso. Al revisar los artículos del "New York Times", el "Washington Post" y otros periódicos, descubrí que nunca, jamás, retrataron con precisión el grave daño que el "libre comercio" estaba infligiendo a nuestro país. Los liberales incendiarios nunca sugirieron que Estados Unidos había sido sistemáticamente desangrado desde que Wilson lanzó el primer asalto a nuestras defensas comerciales.

El tan anunciado "Plan Marshall", que supuestamente salvó a Europa de la ruina, era en realidad una estafa de "libre comercio". El pueblo británico, cansado del criminal de guerra Winston Churchill, votó al líder del Partido Laborista, Clement Attlee, viceprimer ministro de Churchill y elitista socialista fabiano, para sucederle. Attlee fue el sucesor de Ramsey McDonald, que fue enviado a "espiar el terreno" del socialismo en los Estados Unidos a finales de la década de 1890. Attlee figuraba en la lista de estrellas fabianas junto al profesor Harold Laski y Hugh Gaitskell, este último favorito de los Rockefeller, que eligieron a Gaitskell para ir a Austria en 1934 a ver qué hacía Hitler.

Cuando Chamberlain fue destituido por negarse a seguir los planes de guerra del Comité, Attlee esperó entre bastidores, y su turno llegó cuando fue llamado a sustituir a Churchill. Para entonces, Gran Bretaña aún no había devuelto sus préstamos de la Primera Guerra Mundial a Estados Unidos, como había acordado hacer en la conferencia de Lausana. Sin embargo, a pesar de esta enorme deuda pendiente, Gran Bretaña había contraído una deuda de miles y miles de millones de dólares que Roosevelt quería olvidar: "Olvidemos esos tontos signos de dólar", declaró Roosevelt, mientras instaba a la nación a recurrir al lend-lease.

Con la llegada de los laboristas al poder en Inglaterra, la élite de la Sociedad Fabiana puso inmediatamente en práctica sus preciados planes socialistas, nacionalizando industrias clave y proporcionando servicios sociales "desde la cuna hasta la tumba". Por supuesto, el tesoro británico no podía hacer frente a las nuevas y enormes obligaciones financieras que le impusieron los fabianos sin aumentar fuertemente los impuestos. Por ello, Attlee y su colega socialista John Maynard Keynes acudieron a Estados Unidos en busca de ayuda. La primera descarga de artillería sobre el contribuyente estadounidense llegó en forma de un préstamo de 3.750 millones de dólares, que Roosevelt concedió rápida y alegremente.

Los 3.750 millones de dólares de préstamos estadounidenses se utilizaron para pagar las deudas contraídas por el gobierno socialista en su loca búsqueda de un gasto socialista ilimitado y de programas de transferencia socialistas. Todavía no se habían dado cuenta de la realidad, y cuando los laboristas seguían sin tener suficiente dinero para cumplir con sus obligaciones, los Fabian Brain Trusters se reunieron e idearon el Plan Marshall.

Apropiadamente, el Plan Marshall fue presentado en la Universidad de Harvard -ese semillero del socialismo en Estados Unidos- por el general socialista George Marshall. ¿Costo para el contribuyente estadounidense? La asombrosa cifra de 17.000 millones de dólares en los cinco años siguientes, gran parte de los cuales se destinaron a los países europeos para financiar sus industrias subvencionadas por el Estado, de modo que pudieran volcar sus productos extranjeros más baratos en el mercado estadounidense, lo que supuso la pérdida de millones de puestos de trabajo industriales bien remunerados a largo plazo.

Esto fue anticipado por los planificadores socialistas fabianos, que necesitaban que Woodrow Wilson abriera las puertas de las barreras comerciales de EE.UU., para que los productos fabricados en el extranjero pudieran inundar el mercado estadounidense en los años inmediatamente posteriores a la Segunda Guerra Mundial, ¡ayudando a Francia, Polonia, Hungría y el Reino Unido a estabilizar sus ingresos nacionales a expensas del trabajador estadounidense!

¿Es posible que un gobierno como el nuestro haga algo tan terrible a su propio pueblo? No sólo es posible, sino que de hecho nuestro gobierno se ha vuelto contra su propio pueblo, enviando a millones de ellos a hacer cola para comer, sin trabajo y sin esperanza. Nuestra mano de obra se ha convertido en una fila de mendigos, que intentan desesperadamente averiguar qué ha pasado con sus puestos de trabajo, y cómo ha sucedido que en lugar de trabajar en sus antiguos empleos, estén ahora haciendo colas para comer o mendigando por trabajos inexistentes en una u otra oficina de empleo.

Los Padres de la Patria deben estar revolviéndose en sus tumbas. Si hubieran estado cerca, probablemente se habrían preguntado cómo los descendientes de los colonos, que tanto habían luchado por librarse de los impuestos impuestos por el rey Jorge III (incluido un impuesto de un penique por libra sobre el té), podían ahora sentarse y permitir mansamente que se les cobrara impuestos y ver cómo se agotaban los ingresos nacionales procedentes de las aduanas. Probablemente también retrocederían horrorizados ante la pérdida de unos 17.000 millones de dólares en deudas de leasing, que el Congreso controlado por los socialistas borró de los libros para salvar a sus compañeros socialistas británicos y mantener el gobierno mundial único, el nuevo orden mundial, el sueño fabiano y socialista.

Antes hemos señalado el gran daño que ha hecho a nuestro corazón industrial la transferencia de las competencias comerciales de la Cámara al poder ejecutivo. Algunos ejemplos concretos ayudarán a reforzar nuestras conclusiones. Pero antes de entrar en detalles, vale la pena señalar que tres presidentes de EE.UU., Lincoln, Garfield y McKinley, todos ellos defensores acérrimos de las barreras arancelarias y comerciales, fueron asesinados por su postura contra los enemigos del "libre comercio" de esta nación. Esto es bien conocido, pero lo que es menos conocido es que el senador Russell B. Long, uno de los hombres más prominentes de la nación, fue asesinado. Long, uno de los hombres más brillantes que jamás haya servido en el Senado, se oponía con vehemencia a los "librecambistas".

El presidente Gerald R. Ford trató de curar las graves heridas sufridas por la industria cuando los productos importados de todo tipo comenzaron a inundar los mercados de la nación. Por ello, los chacales de la prensa lo retrataron como un vago, un vago que no podía controlar su propio presupuesto, y mucho menos dirigir la nación. Los enemigos del "libre comercio" se aseguraron de que el tiempo de Ford en la Casa Blanca fuera breve, especialmente después de que Ford firmara la Ley de Comercio de 1974, que fue la culminación de los esfuerzos del senador Huey Long para frenar la creciente ola de productos importados.

Long, presidente de la Comisión de Finanzas del Senado, ha propuesto medidas para reforzar la protección arancelaria existente a través de la Sección 201. Con la "cláusula de exención" de Long (Sección 201), las empresas perjudicadas por las importaciones ya no tenían que demostrar su caso. Pero todavía tenían que demostrar que "el perjuicio sustancial, o la amenaza de perjuicio, para su negocio fue causado por las importaciones". Antes de que entrara en vigor el artículo 201 de la Ley de Comercio de 1974, el carácter engorroso, lento y costoso de las pruebas hizo que muchas fábricas cerraran antes de someterse a un procedimiento que favorecía mucho a los gobiernos extranjeros. ¿Una vergüenza y un escándalo? Sí, pero son nuestros legisladores los responsables de este increíble estado de cosas, no un gobierno o conjunto de gobiernos extranjeros.

El hecho odioso es que desde la presidencia de Wilson, los gobiernos extranjeros han tenido más voz en la legislación estadounidense que nuestros propios propietarios de fábricas y sus trabajadores en materia de derecho comercial. En previsión de la evolución hacia el "comercio global", el gobierno de EE.UU. incluso cambió el nombre de la agencia que supervisa las cuestiones comerciales de la Comisión de Aranceles a la Comisión de Comercio Internacional de EE.UU. (ITC). Nadie protestó contra este pequeño paso hacia la venta de lo que quedaba de nuestras industrias en el río del comercio mundial. Debido a que el presidente Ford firmó la Ley de Comercio de 1974, fue vilipendiado como "anti-libre comercio" y su mandato fue acortado.

En la práctica, la Cláusula 201 no supuso el alivio prometido. Cuando el Senado, repleto de socialistas disfrazados de "demócratas liberales", terminó de examinar el proyecto de ley, el campo de juego, ya de por sí desigual, se había convertido en una pendiente pronunciada contra los fabricantes locales. A pesar de que la Ley Long decía lo contrario, en la práctica resultó que una industria sólo podía presentar una denuncia DESPUÉS de haber sido perjudicada durante algún tiempo, e incluso entonces no había garantía de éxito, ya que la ITC podía no fallar contra las importaciones infractoras. Y lo que es peor, aunque la ITC fallara a favor de la industria local, el Presidente podría vetar la medida.

Mientras tanto, cientos de empresas estadounidenses se han visto obligadas a cerrar debido a la competencia desleal de los productos extranjeros.

Es difícil creer que un presidente de este país anteponga los intereses extranjeros a los de su propio pueblo, pero eso es lo que ha ocurrido, una y otra vez, y vuelve a ocurrir hoy con los socialistas de Clinton en el poder. La Constitución de los Estados Unidos, en su artículo 11, sección 3, dice: "Él (el presidente) cuidará de que las leyes sean fielmente ejecutadas..." Ninguno de los presidentes, desde Wilson hasta Clinton, se ha ocupado de ejecutar las leyes que protegen nuestro comercio, y por ello deberían haber sido destituidos.

Tras ser acusado de ser "anti-libre comercio", Ford se echó atrás en su propuesta de defensa de la industria del calzado, que había demostrado que el calzado importado era un claro problema. Durante los gobiernos de Johnson, Ford, Carter, Reagan y Bush, se rechazaron cientos de recursos al amparo de la Ley de Comercio de 1974, entre ellos los presentados por fabricantes de automóviles, calzado, ropa, ordenadores y televisores, así como de acero. Clinton está demostrando ser un enemigo aún peor de su propio pueblo que Wilson y Roosevelt. El Congreso y los presidentes han disparado a sus tropas por la espalda.

Un caso particular que vale la pena reportar es el de la industria del calzado, y hay literalmente docenas de casos similares en otros sectores. En la época en que Lincoln llegó a la Casa Blanca, los zapatos y las botas se fabricaban en pequeñas industrias artesanales de propiedad familiar repartidas por todo el país. Esto cambió con la llegada de la Guerra Civil, pero miles de pequeños productores que no podían cumplir con los contratos del ejército siguieron en el negocio y les fue muy bien. Está claro que no había necesidad de importar zapatos.

Los "librecambistas" pusieron sus miras en la industria del calzado, que en los pueblos pequeños era a menudo el único empleador. A través del Congreso, se empezaron a atacar las barreras comerciales contra el calzado importado. Se acusó a los fabricantes locales de causar "inflación" al subir los precios. Esto era totalmente falso. La industria del calzado fabricaba un buen producto a un precio muy competitivo. Pero cuando Lyndon Johnson llegó a la Casa Blanca, los "librecambistas" se habían asegurado el 20% del mercado local. Así que las Industrias del Calzado de América, alarmadas, presentaron una queja ante la ITC pidiendo una reparación inmediata, pero, como ya se ha dicho. Ford no les dio tregua.

Cuando Carter subió al escenario, también recibió una petición de la Footwear Industries of America. Lo que está mal aquí, por supuesto, es que el presidente NUNCA debería haber opinado sobre asuntos comerciales que pertenecen legítimamente al Congreso. Pero, habiendo violado ya la Constitución de cien maneras, no había forma de detener a Carter. En lugar de ayudar a su propio pueblo, Carter llegó a un acuerdo con Taiwán y Corea que supuestamente limitaría sus exportaciones de calzado a Estados Unidos, pero que en la práctica no mejoró la situación. El mercado del calzado de importación se disparó hasta alcanzar el 50% del mercado estadounidense. Carter era sordo, ciego y mudo cuando se trataba de proteger los medios de vida de cientos de miles de estadounidenses. Sin embargo, este es el mismo Carter que se dirigió a la nación por televisión el 15 de julio de 1979:

> "La amenaza es casi invisible de forma ordinaria. Es una crisis de confianza. Es una crisis que golpea el corazón, el alma y el espíritu de nuestra voluntad nacional. Podemos ver esta crisis en la creciente duda sobre el sentido de nuestras propias vidas y en

la pérdida de unidad de propósito para nuestra nación."

De hecho, al fomentar el "libre comercio", Carter fue responsable de la crisis.

Nunca ha habido un mensaje más hipócrita que haya salido del Despacho Oval. En la guerra de Corea, el general Douglas MacArthur fue traicionado por Dean Acheson y Harry Truman. En la guerra del libre comercio, la batalla del zapato se perdió porque nos traicionaron Jimmy Carter y Robert Strauss.

Luego llegó el presidente "conservador" Ronald Reagan, que no hizo nada para impedir la inundación del mercado con enormes cantidades de zapatos importados de Corea y Taiwán, ¡dos países que nunca han importado un solo par de zapatos fabricados en Estados Unidos! Esto en cuanto al "libre comercio". Debido a la estudiada negligencia de Reagan, las importaciones de calzado alcanzaron un nuevo máximo en 1982, totalizando el 60% de nuestro mercado. De gran importancia nacional, este hecho también amplió el déficit comercial en la friolera de 2.500 millones de dólares y dejó sin trabajo a más de 120.000 trabajadores del calzado. Las industrias de apoyo perdieron 80.000 puestos de trabajo, para un total de 200.000 trabajadores arrojados a la chatarra.

Como es habitual en la propaganda socialista, los que llamaban la atención sobre la difícil situación de la industria del calzado eran constantemente vilipendiados. "Quieren aumentar la inflación: ¿por qué no es competitiva la industria local del calzado?", se hicieron eco el *Wall Street Journal*, el *New York Times* y el *Washington Post*. Esta es, por supuesto, la función de los chacales de la prensa: proteger al que toma las decisiones socialistas en el gobierno y calumniar como "fascistas" o algo peor, a cualquiera que llame la atención sobre la traición de los políticos.

Lo cierto es que la industria del calzado estadounidense era muy competitiva y fabricaba productos de buena calidad. Con lo que la industria no podía competir era con los productos inferiores y fuertemente subvencionados de Taiwán y Corea, cuyos gobiernos inyectaban miles de millones de dólares en subvenciones a su industria del calzado. Esto se llama "libre comercio". Lo único "libre" es que a los fabricantes extranjeros se les permite verter sus productos subvencionados en el mercado estadounidense de forma gratuita, pero nuestros fabricantes están excluidos de los mercados extranjeros por las leyes y las restricciones; en este caso, no había esperanza de que los fabricantes de calzado estadounidenses vendieran a Taiwán y Corea. A día de hoy, en Taiwán o Corea no se vende ningún zapato de fabricación estadounidense. Esto se llama "libre comercio".

A pesar de cinco apelaciones exitosas a la ITC, que determinó que la industria del calzado estadounidense estaba siendo irremediablemente perjudicada por una avalancha de importaciones procedentes de Corea y Taiwán, Reagan se negó a hacer nada para detener la marea que ahora ahogaba a trabajadores y empresarios. La industria del calzado quedó indefensa. No pudo recurrir al Congreso, porque éste había transferido su soberanía al ejecutivo, y Reagan, bajo el influjo de sus asesores socialistas, dio la espalda a sus tropas y dejó que las tropas enemigas del "libre comercio" las arrollaran.

La batalla de la industria del calzado no es más que otra batalla perdida por nuestro pueblo en la actual guerra comercial, y no pasará mucho tiempo antes de que seamos inundados por el GATT y el NAFTA. El caballo de Troya del "libre comercio" en el Congreso habrá hecho felices a las fuerzas enemigas. Nuestras maltrechas tropas no tendrán más remedio que retirarse, dejando atrás millones de vidas destrozadas. Y toda esta devastación se hace en nombre del "comercio mundial".

Cabe destacar la similitud de los métodos utilizados para aprobar la Ley de Expansión Comercial de 1962 y el TLCAN en 1993. Además de la interferencia del Presidente en el departamento legislativo, se montó una enorme campaña de relaciones públicas con la ayuda de la crème de la crème de Madison Avenue. Un bombardeo de prensa fue apoyado por Howard Peterson de la Casa Blanca, el Senado y el Departamento de Comercio. El patrón se repitió con el TLCAN en 1993. El TLCAN está a la altura de la traición de Carter a la Ley de Control Monetario de 1980.

El TLCAN es un "acuerdo" ilegal que no puede pasar una prueba constitucional. Páginas 2273-2297, Congressional Record, House, Feb 26,1900 dan la posición constitucional sobre "acuerdos" como NAFTA, el Canal de Panamá, GATT, etc:

> "El Congreso de los Estados Unidos deriva su poder de legislar de la Constitución, que es la medida de su autoridad. Cualquier acto del Congreso que se oponga a sus disposiciones, o que no esté dentro de las facultades otorgadas por él, es inconstitucional, y por lo tanto no es una ley, y no es vinculante para ninguna persona...".

El juez Cooley, un destacado constitucionalista, dijo:

> "La propia Constitución nunca cede ante un tratado o una ley. No cambia con los tiempos ni se pliega a la fuerza de las circunstancias".

El Congreso no tiene autoridad constitucional para transferir sus poderes de elaboración de tratados al Presidente, como se hizo con el TLCAN. Esto es pura sedición. Las negociaciones comerciales pertenecen a la Cámara: Artículo 1, Sección 8, Cláusula 3, "para regular el comercio con las naciones extranjeras, y entre los diversos Estados, y con las tribus indias". Está claro que ni Bush ni Clinton tenían el derecho constitucional de inmiscuirse en el TLCAN. Esto es ciertamente traición y sedición.

En las páginas 1148-1151, Registro del Congreso, Cámara de Representantes, 10 de marzo de 1993, "Foreign Policy or Trade, the Choice is Ours",[15] en el que se exponen los males del "libre comercio". Los socialistas tardaron 47 años en derribar las sabias barreras comerciales erigidas por Washington, Lincoln, Garfield y McKinley. La causa de la Revolución "francesa" fue el "libre comercio". Los socialistas británicos provocaron la depresión y el pánico en Francia, lo que abrió las puertas a los sediciosos y traidores, Danton, Marat, el conde de Shelburne y Jeremy Bentham.

En la página 1151 del citado expediente del Congreso, leemos:

> "En 1991, los trabajadores estadounidenses ganaban un salario semanal medio un 20% inferior al de 1972. Por su parte, las industrias textil y de la confección perdieron más de 600.000 puestos de trabajo, mientras que la siderurgia y la automoción sacrificaron otros 580.000. Medido en términos de disminución

---

15 "Política exterior o comercio, la elección es nuestra.

> de los ingresos y del empleo, el peso del liderazgo mundial recayó, pues, sobre los trabajadores estadounidenses poco cualificados. Los puestos de trabajo de fabricación intensiva se han trasladado al extranjero, a países del Tercer Mundo de bajo coste, dejando una casta de trabajadores estadounidenses poco cualificados..."

El objetivo socialista de reducir el nivel de vida de la clase media estadounidense al de un país del tercer mundo se ha completado en un 87% y, si todo va según lo previsto, la administración Clinton pronto dará los últimos toques a la guerra comercial, a costa de apuñalar al pueblo estadounidense por la espalda. Como he dicho a menudo, el presidente Clinton fue elegido para llevar a cabo un mandato socialista fabiano, y el "libre comercio" es sólo una de las políticas traicioneras que se le ha ordenado aplicar.

> "Todos hemos sentido lo mucho que necesitamos a las Naciones Unidas si realmente queremos avanzar hacia un Nuevo Mundo y hacia el tipo de relaciones en el mundo que interesan a todos los países. La Unión Soviética y los Estados Unidos tienen más de una razón para participar en su construcción, en el desarrollo de nuevas estructuras de seguridad en Europa y en la región de Asia-Pacífico. Y también en la construcción de una economía verdaderamente global, de hecho en la creación de una nueva civilización". - Mijail Gorbachov, discurso en la Universidad de Stanford, 1990.

Sustituya la Unión Soviética por los "socialistas" y es fácil ver que nada ha cambiado.

El plan de largo alcance del socialismo para romper la Constitución de Estados Unidos mediante la adhesión de entidades extranjeras está bastante bien registrado, en ningún lugar más que en los escritos de los socialistas fabianos y los socialistas internacionales. Sabemos que los socialistas esperan establecer una dictadura mundial a través de las acciones del comunismo y el socialismo, el uno por métodos abiertos y directos, y el otro por medios más sutiles y ocultos. Esperan triunfar a través de la dictadura financiera del Fondo Monetario Internacional (FMI), que puede controlar a los gobiernos obligando a los países libres, mediante el sabotaje de sus estructuras monetarias, a unirse a organismos internacionales como la efímera Sociedad de Naciones, su sucesora las Naciones Unidas, y una serie de organizaciones internacionales periféricas.

Todos tienen un objetivo común: destruir la soberanía de la nación objetivo, víctima de la suspensión del crédito, la falta de empleo, el estancamiento de la industria y la agricultura y la superposición de las leyes de un organismo internacional sobre las leyes de las naciones individuales. En este libro sólo podemos ocuparnos de las Naciones Unidas como ejemplo de la sobreproducción socialista de la savia de los estados nacionales independientes.

Está fuera del alcance de este libro examinar cómo surgió la Carta de la ONU, salvo que es una empresa socialista de principio a fin. Algunos lo ven como una empresa comunista. Si bien es cierto que los redactores del proyecto de la ONU fueron dos ciudadanos soviéticos, Leo Rosvolsky, Molotov y un ciudadano socialista estadounidense, Alger Hiss, la carta es socialista, una gran victoria para la Sociedad Fabiana y sus primos estadounidenses. La Carta de la ONU está en línea con el Manifiesto Comunista de 1848.

Si el tratado/acuerdo/carta de la ONU se hubiera presentado como un documento comunista, no habría sido aceptado por el Senado estadounidense. Pero los socialistas conocen su juego, y por eso se presentó como una organización destinada a "mantener la paz". He dicho en otro lugar que cuando vemos la palabra "paz" en un documento del gobierno mundial, debemos reconocer que es de origen socialista o comunista. Esta es precisamente la naturaleza de la Carta de la ONU. Es una organización comunista/socialista. Además, la ONU hace la guerra, no mantiene la paz.

Aunque la carta ha sido firmada por la mayoría de los senadores estadounidenses y convertida en ley, EE.UU. no es miembro de este organismo del Nuevo Orden Mundial -Gobierno Mundial Único- y no lo ha sido ni un solo minuto. Hay una serie de razones primordiales por las que esto es así: El "Derecho de Gentes" de Vattel, la "Biblia" que proporcionó la suma y la sustancia en la que se basó el derecho internacional de nuestros padres fundadores, se aplica en este caso y sigue siendo válido. Se remonta al derecho romano y griego y es en sí mismo un estudio de por vida. ¿Cuántos de nuestros supuestos senadores y representantes saben algo de estos asuntos? El inestimable libro de Vattel no forma parte de los planes de estudio de las facultades de Derecho y no figura en los libros de texto de los institutos y universidades. El Departamento de Estado desconoce singularmente este valioso libro, por lo que está haciendo un lío tras otro tratando de organizar los asuntos de esta nación sin ningún conocimiento del Derecho de Gentes de Vattel. La Constitución de los Estados Unidos es suprema sobre todos los tratados, cartas y acuerdos de cualquier tipo y no puede ser sustituida por una acción del Congreso o del Ejecutivo.

Para que Estados Unidos fuera miembro de las Naciones Unidas, los 50 estados tendrían que haber aprobado una enmienda a la Constitución estadounidense. Como esto no ocurrió, no somos miembros de la ONU y nunca lo hemos sido. Dicha enmienda habría quitado el poder de declarar la guerra a la Cámara y al Senado y se lo habría dado a un organismo internacional. Dado que el ex presidente Bush trató de hacerlo en la época de la Guerra del Golfo, debería haber sido destituido por traición a los Estados Unidos y por no cumplir su juramento.

El segundo punto que vale la pena señalar es que no hay más de cinco senadores que hayan leído los documentos de la Carta de la ONU, y mucho menos que hayan celebrado un debate adecuado y constitucional sobre la cuestión. Un debate constitucional de este tipo habría durado al menos dos años, mientras que esta monstruosidad se aprobó en 1945 ¡en tres días! Cuando un acuerdo o proyecto de ley o lo que sea llega al Senado y los senadores no lo debaten adecuadamente, representa un ejercicio de poder arbitrario. Páginas 287-297, Senado, Registro del Congreso, 10 de diciembre de 1898:

> "Estados Unidos es soberano, soberanía y nacionalidad son términos correlativos. No puede haber nacionalidad sin soberanía, y no puede haber soberanía sin nacionalidad. En todos los asuntos, los Estados Unidos, como nación, poseen un poder soberano, excepto en aquellos casos en los que la soberanía se ha reservado a los Estados y/o al pueblo".

También, de Pomeroy, (sobre la Constitución) página 27:

> "No puede haber nación sin soberanía política ni soberanía política sin nación. Por lo tanto, no puedo separar estas ideas y presentarlas como distintas entre sí..."

Continúa en la página 29:

> "Esta nación posee soberanía política. Puede tener cualquier

> organización, desde la democracia más pura hasta la monarquía más absoluta, pero considerada en sus relaciones con el resto de la humanidad y con sus propios miembros individuales, debe existir, hasta el punto de promulgar leyes para sí misma como una sociedad soberana integral e independiente entre las demás naciones similares de la tierra."

El Dr. Mulford, uno de los mejores historiadores y constitucionalistas, dijo en su libro sobre la soberanía de una nación, en la página 112:

> "La existencia de la soberanía de una nación, o de la soberanía política, está indicada por ciertos signos o notas que son universales. Son la independencia, la autoridad, la supremacía, la unidad y la majestad. La soberanía de una nación, o la soberanía política, implica independencia. No está sujeta a ningún control externo, sino que su acción se ajusta a su propia determinación. Implica autoridad. Tiene la fuerza inherente a su propia determinación para afirmarla y mantenerla. Implica supremacía. No presume la presencia de otros poderes inferiores..."

Como el difunto senador Sam Ervin, uno de los grandes eruditos constitucionales de este siglo, ha dicho en repetidas ocasiones

> "Es imposible que hayamos podido entrar en las Naciones Unidas con la conciencia tranquila.

Si se observan las condiciones de soberanía expuestas anteriormente, está claro que la ONU no es una nación y está totalmente desprovista de soberanía. No hace leyes individuales para la nación, porque no es una nación. No tiene territorio propio, no tiene unidad ni majestad. Está sujeta a un control externo.

Además, el tratado de las Naciones Unidas no se puede mantener porque las Naciones Unidas no son soberanas. Según el "Derecho de Gentes" de Vattel, la "Biblia" que nuestros Padres Fundadores utilizaron para redactar la Constitución, Estados Unidos tiene prohibido celebrar un tratado con CUALQUIER PERSONA, CUALQUIER ENTIDAD que no sea soberana. Nadie discute que las Naciones Unidas no son soberanas, por lo que el "tratado" de la ONU aprobado por el Senado en 1945 es nulo, ultra vires. Como instrumento jurídico, no es ni un tratado ni una carta y, como tal, no tiene ningún valor, más que un papel en blanco.

Las Naciones Unidas son un organismo extranjero mantenido por una colección de leyes ersatz, que no pueden tener prioridad sobre las leyes de los Estados Unidos. Mantener la posición de que las leyes de las Naciones Unidas tienen prioridad sobre las leyes de los Estados Unidos es un acto de sedición y traición. Un estudio del Derecho de las Naciones de Vattel y del Derecho Internacional de Wheaton, junto con la Constitución, no dejará ninguna duda sobre la exactitud de esto. Cualquier congresista, senador o funcionario del gobierno que apoye a las Naciones Unidas es culpable de sedición.

En las páginas 2063-2065, Registro del Congreso, Cámara, 22 de febrero de 1900, encontramos esta autoridad: "Un tratado no es superior a la Constitución. En los intercambios diplomáticos entre el Embajador de Estados Unidos en Francia y el entonces Secretario de Estado Marcy, se vuelve a decir claramente:

> "La Constitución debe prevalecer sobre un tratado cuando las disposiciones de uno entran en conflicto con las del otro..."

Cuando John Foster Dulles, un agente profundamente socialista de la corona británica, se vio obligado a comparecer ante una Comisión de Investigación del Senado de los Estados Unidos sobre las Naciones Unidas, intentó, como el socialista escurridizo que era, salir airoso sugiriendo que el "derecho internacional", al igual que el derecho nacional, podía aplicarse en los Estados Unidos. La aplicación del "derecho internacional" es el fundamento mismo de las Naciones Unidas, pero no puede aplicarse a los Estados Unidos.

Nuestra afirmación de que Estados Unidos no es miembro de las Naciones Unidas se ve reforzada por la lectura de las Actas del Congreso, Senado, 14 de febrero de 1879 y las páginas 1151-1159, Actas del Congreso, Senado, 26 de enero de 1897. No encontraremos este material esencial en ningún libro de derecho. Los profesores de derecho marxistas de extrema izquierda de Harvard no quieren que sus estudiantes conozcan estas cuestiones vitales.

El hecho de que el Senado estadounidense haya "ratificado" el "tratado" de la ONU, el acuerdo de la carta, no supone ninguna diferencia. El Congreso no puede aprobar leyes que sean inconstitucionales, y vincular la legislación estadounidense al sometimiento del tratado de la ONU es claramente inconstitucional. Cualquier acto del Congreso (Cámara y Senado) que subordine la Constitución a cualquier otro organismo o entidad no tiene fuerza de ley ni efecto. Está claro que, basándose únicamente en el artículo 25 del tratado de la ONU, EE.UU. no podría haber firmado dicho acuerdo.

Los Anales del Congreso, los Globos del Congreso y los Registros del Congreso están repletos de información sobre la soberanía, y un examen detallado de este material, gran parte del cual procede del "Derecho de Gentes" de Vattel, deja muy claro que Estados Unidos nunca ha sido miembro de las Naciones Unidas, y nunca podrá serlo, a menos que la votación del Senado de 1945 sea objeto de una enmienda constitucional y luego ratificada por los 50 estados. Para una mayor confirmación de que Estados Unidos no es miembro de las Naciones Unidas, remitimos a los lectores a las páginas 12267-12287 del Registro del Congreso, Cámara de Representantes, 18 de diciembre de 1945.

Lo que pasó por un debate constitucional sobre el Tratado de la ONU en 1945 se puede encontrar en el Registro del Congreso, Senado, páginas 8151-8174, 28 de julio de 1945 y en las páginas 10964-10974 Registro del Congreso, Senado, 24 de noviembre de 1945. Un estudio de estas actas de los "debates" de la ONU convencerá incluso al escéptico más empedernido de la increíble ignorancia de la Constitución que mostraron los senadores estadounidenses que "ratificaron" el Tratado de la ONU.

El juez Cooley, uno de los mayores eruditos constitucionales de todos los tiempos, dijo:

> "El Congreso de los Estados Unidos deriva su poder de legislar de la Constitución, que es la medida de su autoridad. Y cualquier acto del Congreso que se oponga a sus disposiciones, o que no esté dentro del alcance de los poderes conferidos por él, es inconstitucional, y por lo tanto no tiene fuerza de ley, y no es vinculante para ninguna persona."

El voto del Senado de 1945 a favor de la adhesión a la ONU "no tiene, por tanto, fuerza de ley ni obligación para nadie".

La votación de 1945 sobre el acuerdo de la ONU fue un ejercicio arbitrario del poder y, por lo tanto, es nula, ya que no fue debatida constitucionalmente antes de ser aprobada por el Senado en tres días:

> "Ningún tratado/acuerdo puede debilitar o intimidar la Constitución de los Estados Unidos, cuyos acuerdos/tratados no son más que leyes, y como cualquier otra ley, pueden ser derogados".

Por lo tanto, lejos de ser un documento inmutable, la Carta/Acuerdo de la ONU (nuestros legisladores no tuvieron el valor de llamarla tratado) es nula, no tiene ninguna consecuencia y no es vinculante para nadie. Los militares tienen específicamente prohibido obedecer las leyes de cualquier entidad, agencia u organización extranjera, y nuestros líderes militares tienen el deber de mantener su juramento de proteger a los ciudadanos de los Estados Unidos. No pueden hacerlo y obedecer las leyes de las Naciones Unidas.

De todas las agencias internacionales del gobierno mundial en el extranjero hoy en día, ninguna es más insidiosamente malvada que el FMI. Tendemos a olvidar que el FMI es el hijo bastardo de las Naciones Unidas, siendo ambos extensiones del Comité de los 300, y el FMI, al igual que el Consejo de Relaciones Exteriores (CFR), es cada vez más audaz en cuanto a sus verdaderos objetivos e intenciones. Las mismas fuerzas siniestras que impusieron el bolchevismo en la Rusia cristiana están detrás del FMI y sus planes para apoderarse de la llamada "economía mundial".

Capítulo 9

UNA NACIÓN DERROTADA

La gran mayoría del pueblo estadounidense no sabe que la nación está en guerra desde 1946, ni que la estamos perdiendo. Al final de la Segunda Guerra Mundial, el Instituto Tavistock de Relaciones Humanas de la Universidad de Sussex y el Centro Tavistock de Londres dirigieron su atención a los Estados Unidos. Su presidenta es la Reina Isabel II y su primo, el Duque de Kent, también forma parte del consejo. Los viejos métodos desplegados contra Alemania durante la Segunda Guerra Mundial se vuelven ahora contra Estados Unidos. Tavistock es el centro reconocido de "lavado de cerebro" en el mundo y, en esencia, ha llevado y lleva a cabo una operación de lavado de cerebro masivo contra el pueblo de los Estados Unidos desde 1946.[16]

El principal objetivo de esta empresa es apoyar las agendas socialistas en todos los niveles de nuestra sociedad, allanando así el camino hacia la nueva era oscura del gobierno mundial único y el nuevo orden mundial. Tavistock actúa en la banca, el comercio, la educación, la religión y, en particular, busca romper la Constitución de los Estados Unidos. En estos capítulos examinaremos algunos de los programas diseñados para convertir a Estados Unidos en un estado esclavista. Estas son algunas de las principales organizaciones e instituciones socialistas que luchan contra el

[16] Véase *El Instituto Tavistock de Relaciones Humanas - La formación de la decadencia moral, espiritual, cultural, política y económica de los Estados Unidos de América,* John Coleman, Omnia Veritas Ltd, www.omnia-veritas.com.

pueblo estadounidense:

POLÍTICAS BANCARIAS Y ECONÓMICAS:

LA JUNTA DE LA RESERVA FEDERAL

> *"Señor Presidente, tenemos en este país una de las instituciones más corruptas que el mundo ha visto. Me refiero a la Junta de la Reserva Federal y a los Bancos de la Reserva Federal. La Junta de la Reserva Federal, una junta estatal, ha defraudado al gobierno de los Estados Unidos y al pueblo de los Estados Unidos suficiente dinero para pagar la deuda nacional... Esta malvada institución ha empobrecido y arruinado al pueblo de los Estados Unidos... Estos 12 monopolios crediticios privados han sido impuestos engañosa e injustamente a este país por banqueros de Europa que han agradecido nuestra hospitalidad socavando nuestras instituciones estadounidenses...* "Discurso en la Cámara de Representantes del congresista Louis T. McFadden, presidente del Comité Bancario de la Cámara de Representantes, viernes 10 de junio de 1932.

Como se ha dicho a menudo, el mayor triunfo de los socialistas llegó con el monopolio bancario de la Reserva Federal. Los socialistas-banqueros vinieron de Europa e Inglaterra para arruinar a la gente de este país penetrando y permeando astutamente cada faceta de nuestro sistema monetario. Estos agentes socialistas del cambio no podrían haber logrado nada sin la plena cooperación de los traidores dentro de nuestras fronteras, y los encontraron por cientos, hombres y mujeres que estaban dispuestos a traicionar al pueblo estadounidense. Un notable traidor fue el Presidente. Woodrow Wilson, que agujereó las barreras comerciales erigidas por el presidente Washington y mantenidas intactas por Lincoln, McKinley y Garfield. En 1913, Wilson introdujo el sistema marxista de impuesto sobre la renta progresivo para reemplazar los ingresos perdidos por los aranceles y abrió las puertas para permitir que los filisteos banqueros de Europa entraran en nuestra ciudadela mediante la aprobación de la Ley de la Reserva Federal de 1913.

Poca gente se da cuenta de que el sistema bancario estadounidense se socializó con la aprobación de la Ley de la Reserva Federal de 1913. Los bancos comerciales (no tenemos bancos mercantiles en el sentido británico de la palabra) se han puesto a trabajar desde que los ladrones-banqueros socialistas pudieron hacerse con su control ese año. Lo que tenemos en este país es un sistema bancario de bienestar, casi idéntico al sistema bancario que los bolcheviques instituyeron en Rusia. Los bancos de la Reserva Federal crean títulos de deuda, lo que se llama "dinero". Este dinero no vuelve a la Reserva Federal a través del comercio, sino a través del robo al pueblo. El dinero ficticio se roba directamente al pueblo. El dinero que controlan los bancos de la Reserva Federal no es dinero honesto, sino dinero imaginario, siempre inflacionario.

¿A quién podemos responsabilizar? ¿A quién podemos culpar por robar nuestro dinero? Nadie sabe quiénes son los accionistas del mayor sistema bancario del mundo. ¿Puedes creerlo? Lamentablemente, es demasiado cierto, y sin embargo permitimos que esta malvada situación continúe año tras año, en gran medida por la ignorancia de cómo funciona el sistema. A nosotros, los ciudadanos, se nos dice que dejemos el dinero en paz porque es demasiado complicado para que lo entendamos. "Déjalo en manos de los expertos" dicen los ladrones.

¿Qué hace la Reserva Federal Socialista con nuestro dinero robado? Una de las cosas que hacen es hacernos pagar la usura, lo que el sistema llama la deuda nacional, que convierten en bonos a 30 años. Estos banqueros socialistas no hacen NADA para crear riqueza, son parásitos que viven de comer la sustancia del pueblo americano. Estos parásitos tienen el "derecho" de crear dinero de la nada y luego prestarlo a los bancos comerciales con usura y lo hacen a crédito del pueblo.

Se trata de una servidumbre involuntaria, ya que el crédito personal del ciudadano pertenece al ciudadano, no a la Reserva Federal. Al conceder supuestamente a la Reserva Federal el derecho a apropiarse del crédito personal de los ciudadanos, el Gobierno de los Estados Unidos está permitiendo que esta organización parasitaria viole los 5 derechos de la Enmienda[ème] , los derechos constitucionalmente garantizados de "vida, libertad y propiedad".

Además, la Junta de la Reserva Federal ha destruido la Constitución. Recuerda que un ataque a una parte de la Constitución es un ataque a toda la Constitución. Si se destruye una parte de la Constitución, se profanan todas las partes de la misma. Poderes delegados al

Congreso, por Nosotros el Pueblo: Sección 8, Artículo 5. "Acuñar moneda, regular su valor y el de las monedas extranjeras, y fijar el patrón de pesos y medidas". Este artículo se encuentra en los 17 poderes enumerados delegados al Congreso por el pueblo. En ninguna parte hemos dado al Congreso el derecho de transferir este poder a una institución bancaria privada.

Sin embargo, eso es exactamente lo que hizo el Congreso en 1913. El proyecto de ley se presentó para su debate sólo unos días antes de las vacaciones de Navidad. Constaba de 58 páginas a tres columnas y 30 páginas de material fino y estrechamente impreso. Nadie pudo leerlo, y mucho menos entenderlo, en los pocos días que estuvo en discusión. Así es como la Ley de la Reserva Federal fue aprobada por el Congreso y se convirtió en un acto de poder arbitrario - así es como llamamos a un proyecto de ley que no ha sido debidamente debatido y que se convierte en ley sin haber sido completamente debatido.

Se han escrito cientos de excelentes libros para demostrar la inconstitucionalidad de la Ley de la Reserva Federal de 1913, por lo que no tiene sentido volver a tratarla en este libro. Basta decir que a pesar de este acto, la mayor estafa de la historia, los Bancos de la Reserva Federal se mantienen firmes como si su historia fuera todavía un secreto. ¿Por qué? Probablemente por el miedo. Los que han tratado de desafiar esta monstruosa creación socialista de alguna manera significativa han sido brutalmente asesinados. Los miembros de la Cámara de Representantes y del Senado saben que la Reserva Federal es EL atraco del siglo 20ème , pero no hacen nada para agitar las cosas por miedo a ser expulsados del Congreso, o algo peor.

Los bancos de la Reserva Federal se inspiraron en el Banco de Inglaterra, una institución socialista de los Rothschild que pudo adherirse a los Estados Unidos después de la Guerra Civil, durante la cual financió a los dos partidos beligerantes. El sistema monetario desarrollado para la joven nación americana por Jefferson y Hamilton era un sistema de bimetalismo, 16 onzas de plata por 1 onza de oro. Era nuestro sistema monetario CONSTITUCIONAL, descrito en el Artículo I, Sección 8, Cláusula 5 y dio a este país una prosperidad incalculable hasta que las putas de la banca central europea fueron capaces de subvertirlo. Lo hicieron desmonetizando el dinero en 1872, lo que condujo al Pánico de 1872, todo ello planeado por los socialistas.

Los socialistas consiguieron devaluar nuestro sistema monetario hasta que su valor fue cero, entonces imprimieron dinero socialista (keynesiano) con el que compraron todas las empresas e inmuebles de primera. En las clases de economía de la universidad, los profesores marxistas de extrema izquierda enseñan que el Congreso dirige nuestro sistema monetario, pero no es así, el Congreso ha abdicado de esa responsabilidad y la ha puesto en manos de los banqueros internacionales tipo Shylock para crear un sistema bancario de bienestar comercial en América. Los Rothschild y sus colegas socialistas de la banca internacional Shylock, han endeudado al pueblo estadounidense para siempre - a menos que encontremos el líder adecuado para romper esta camisa de fuerza.

Los banqueros internacionales Shylock, mucho antes de la llegada de la Junta de la Reserva Federal, consideraban la riqueza de esta nación con gran codicia y estaban decididos a presionar hasta controlarla. Los banqueros internacionales Shylock impidieron que el banco nacional, durante el mandato del presidente Andrew Jackson, pagara la deuda de la Guerra Civil, con el fin de mantener al pueblo estadounidense atado de pies y manos, cosa que todavía hacemos. Está bien establecido que el Servicio Secreto Británico fomentó y persiguió la Guerra Civil Americana, que debería haberse llamado la Guerra Internacional de los Banqueros Torcidos. El Servicio Secreto Británico tenía sus agentes en los Estados del Sur, penetrando y permeando todos los aspectos de la vida.

Cuando el presidente Jackson cerró el banco central, el servicio secreto británico estaba preparado. La Ley Bancaria de 1862 fue un "truco" de los Rothschild que formaba parte del plan a largo plazo para mantener al pueblo estadounidense en la penuria eterna. Aunque el Congreso y un Tribunal Supremo patriótico repelieron a los ladrones de Rothschild, el indulto duró poco.

Gracias al caballo de Troya Wilson, tomaron el control en 1913 y sumieron a esta nación en la esclavitud financiera, que es el estado en el que nos encontramos hoy. Como dijimos en nuestros capítulos sobre la educación, los socialistas utilizaron la educación para mentir al público estadounidense sobre los bancos de la Reserva Federal, que es una de las razones por las que todavía se tolera. Sus groseros excesos y crímenes contra el pueblo estadounidense no son conocidos, aunque están detallados en los cientos de excelentes libros sobre el tema.

Pero estos libros no están al alcance de quienes no tienen un cierto nivel de educación, regido por el control socialista de la industria de los libros de texto, por lo que millones de estadounidenses de todas las edades encuentran consuelo en la televisión. Ahora, si Larry King diera discursos francos y abiertos sobre los males de la Reserva Federal Socialista, y si los presentadores más populares de la radio y la televisión hicieran lo mismo, podríamos conseguir que nuestra gente se entusiasmara lo suficiente como para hacer algo para cerrar el sistema de la Reserva Federal.

El público estadounidense aprendería que el primer deber del Congreso es proporcionar y mantener un sistema monetario sólido para los Estados Unidos. El público se enteraría de que no tenemos ni un solo dólar honesto en circulación. Aprenderían que la Compañía Británica de las Indias Orientales y el Banco de Inglaterra conspiraron con Adam Smith para retirar todo el oro y la plata de las colonias, con el fin de derrotar a los colonos en una guerra económica que precedió a la guerra armada.

El público estadounidense se enteraría de que, para que la Junta de la Reserva Federal y los Bancos de la Reserva Federal fueran constitucionales, habría que redactar una enmienda constitucional y ratificarla en los 50 estados.

Empezarán a preguntarse: "¿Por qué no se ha hecho esto? ¿Por qué seguimos permitiendo que los particulares propietarios de la Reserva Federal nos estafen con enormes cantidades de dinero? "Incluso podrían ejercer suficiente presión sobre el Congreso para obligarlo a abolir la Reserva Federal. El pueblo estadounidense podría aprender en el Show de Larry King, o en el Show de Phil Donahue, que los bancos de la Reserva Federal no pagan ningún impuesto sobre la renta, nunca han sido auditados, y sólo pagan 1,95 dólares por cada mil dólares que reciben del Tesoro de Nosotros el Pueblo. "Menudo chollo", podríamos aullar de rabia.

Una población despierta y enfurecida podría incluso empujar al Congreso a actuar y forzar el cierre de esta bestia de Mammon. El pueblo estadounidense aprendería que el mayor período de prosperidad se produjo entre el cierre del banco central de Shylock[17] por parte de Andrew Jackson y el comienzo de la Guerra Civil. Aprenderían que los Bancos de la Reserva Federal han socializado la banca comercial en este país y que nuestros bancos funcionan sobre la base del sistema descrito en el "Mercader de Venecia" de Shakespeare.

El presidente Roosevelt dijo al pueblo estadounidense que era amigo de los pobres y de la clase media de Estados Unidos, pero desde el primer día fue un agente de los bancos internacionales Shylock y del socialismo fabiano. Organizó enormes préstamos para apuntalar al gobierno socialista de Inglaterra, en quiebra por las fallidas políticas socialistas de ese país, mientras su propio pueblo hacía cola para conseguir alimentos. En 1929, los mismos intereses extranjeros manipularon la caída del mercado de valores que hizo caer miles de millones de dólares en el precio de las acciones, que los depredadores pudieron recomprar a 10 centavos de dólar. Los Bancos de la Reserva Federal orquestaron la caída a través del Banco de la Reserva Federal de Nueva York. En las páginas 10949-1050 del Registro del Congreso, Cámara, 16 de junio de 1930, encontramos lo siguiente:

> "Más recientemente, la Junta de la Reserva Federal ha hecho que la industria estadounidense sea víctima de una serie única de manipulaciones en interés del crédito europeo, que causó el colapso del mercado de valores y la actual depresión industrial. Estas manipulaciones comenzaron en febrero de 1929 con la visita a este país del Gobernador del Banco de Inglaterra y sus consultas con el jefe de la Junta de la Reserva Federal, siendo el tema de estas conferencias la preocupación por la situación financiera de Gran Bretaña (sacudida por los programas socialistas que habían llevado al país a la quiebra) y la caída de la libra esterlina.
>
> Los británicos y los franceses habían invertido 3.000 millones de dólares en el mercado de valores estadounidense, y el objetivo era detener la fuga de oro hacia los Estados Unidos mediante la

[17] Referencia repetida al usurero en *El mercader de Venecia* de Shakespeare, el término "mercader" se refiere en realidad al judío en la famosa obra. Nde.

> ruptura de los valores estadounidenses. Su primer esfuerzo en marzo de 1929, impulsado por las proclamaciones públicas de la Reserva Federal (desde su sucursal de Nueva York) calculadas para asustar a los inversores, provocó un pequeño pánico en marzo. El segundo esfuerzo, a partir de agosto de 1929, fue realizado por la venta y la venta en corto de los inversores británicos y franceses por parte de los banqueros estadounidenses y el pánico de octubre de 1929..."

Los Bancos de la Reserva Federal fueron los responsables del crack de 1929 y de la posterior depresión.

Hoy, en 1994, la Junta de la Reserva Federal, bajo la presidencia del socialista Alan Greenspan, está ahogando la vida de la débil economía estadounidense, porque los amos de Greenspan en Londres le han dicho que mantenga la inflación en el 1,5%, aunque signifique la pérdida de 50 millones de empleos. Hoy, nuestra pertenencia al Banco Mundial, al Banco de Pagos Internacionales y nuestra voluntad de comprometer nuestra soberanía sometiéndonos a los dictados del Fondo Monetario Internacional (FMI) son un mal presagio para el futuro e indican que el Comité de los 300 se está preparando para una nueva guerra mundial.

En ninguna parte de la Constitución hay un poder que autorice al gobierno de Estados Unidos a financiar los llamados bancos internacionales, como el Banco Mundial y el FMI. Para encontrar esta facultad, hay que buscarla en el artículo 1, sección 8, cláusulas 1-18, pero sería inútil buscarla porque no está ahí. No tenemos ningún poder constitucional para permitir la financiación de los bancos extranjeros, por lo que dicha acción es ilegal.

Dirigido por los socialistas británicos, el presidente George Bush impulsó los proyectos de ley de comercio del TLCAN y del GATT, que despojan a Estados Unidos de su soberanía y destruyen los empleos industriales y agrícolas, dejando a millones de estadounidenses sin trabajo. El "comercio mundial" es un viejo objetivo del socialismo fabiano, por el que lleva luchando desde 1910, en su esfuerzo por romper la posición comercial favorable de Estados Unidos y reducir el nivel de vida de los estadounidenses de cuello blanco y azul al de los países del tercer mundo.

Sin embargo, a Bush se le acabó el tiempo, por lo que el testigo en la carrera de relevos pasó al presidente Clinton, que consiguió aprobar el "tratado" del TLCAN con la ayuda de 132 "miembros progresistas (socialistas) del Partido Republicano". En 1993, el sueño de los socialistas fabianos del "comercio mundial" dio un paso de gigante con la aprobación del TLCAN y la firma del Acuerdo General sobre Aranceles Aduaneros y Comercio (GATT), que acabó con la posición única de Estados Unidos de poder ofrecer un buen nivel de vida y puestos de trabajo a su singular clase media.

Haría falta una enmienda a la Constitución de Estados Unidos para que los tratados del TLCAN y del GATT fueran legales. En primer lugar, no hay ninguna disposición o poder en la Constitución que permita a los presidentes Bush y Clinton actuar de forma 100% inconstitucional al involucrarse en los detalles de estos tratados, que son únicamente competencia del poder legislativo. Existe una prohibición constitucional de que los tres poderes del Estado deleguen sus competencias entre sí, Páginas 108-116, Globo del Congreso, 10 de diciembre de 1867:

> "Estamos de acuerdo en la proposición de que ningún departamento del gobierno de los Estados Unidos, ni el Presidente, ni el Congreso, ni los tribunales, tiene ningún poder que no esté dado por la Constitución".

No hay ninguna disposición en la Constitución para renunciar a la soberanía de los Estados Unidos, pero eso es lo que hicieron nuestros enemigos del caballo de Troya cuando negociaron directamente con estos proveedores del TLCAN y del GATT del gobierno de un solo mundo y del nuevo orden mundial como parte de su agenda socialista internacional.

AYUDA EXTRANJERA

La "vaca sagrada" de los socialistas fabianos era conseguir el dinero de los demás (OPM) para financiar sus excesos socialistas. Conocemos el préstamo de 7.000 millones de dólares ideado por John Maynard Keynes para rescatar la fracasada socialización del pueblo británico a través del Partido Laborista. También conocemos el plan socialista de financiar a otros países extranjeros a través de la Ley de Asignaciones de Ayuda Exterior, un evento que le cuesta al pueblo estadounidense casi 20.000 millones de dólares al año, en el que hacemos de Papá Noel a algunas de las naciones menos merecedoras del mundo, cuyas políticas socialistas fracasadas seguimos apoyando. La Cámara de Representantes y el Senado ni siquiera pretenden comprobar la constitucionalidad de los proyectos de ley antes de dejarlos pasar al pleno. Si hicieran bien su trabajo, los proyectos de ley de ayuda exterior nunca llegarían al pleno de la Cámara y del Senado. Se trata de un crimen contra el pueblo estadounidense, que podría calificarse de sedición.

La ayuda exterior tiene dos objetivos: desestabilizar a Estados Unidos y ayudar al Comité de los 300 a hacerse con el control de los recursos naturales de los países financiados por la coacción de los contribuyentes estadounidenses. Por supuesto, hay países que no tienen recursos naturales, como Israel y Egipto, pero en estos casos, la ayuda exterior se convierte en una consideración geopolítica, pero sigue siendo, servidumbre involuntaria o esclavitud. La ayuda exterior comenzó en serio con el presidente Roosevelt, cuando dio unos 11.000 millones de dólares a la Rusia bolchevique y 7.000 millones al gobierno del Partido Laborista británico.

¿Prevé la Constitución de los Estados Unidos alguna atribución de poder para este increíble regalo anual?

La respuesta es "NO" y haría falta una enmienda constitucional para hacer legal la ayuda exterior, pero es dudoso que dicha enmienda pueda redactarse adecuadamente, ya que la ayuda exterior viola la cláusula que prohíbe la esclavitud (servidumbre involuntaria). Para decirlo sin rodeos, la ayuda exterior es traición y sedición. Los miembros de la Cámara y el Senado lo saben, el presidente lo sabe, pero eso no impide el robo anual de miles de millones de dólares a los trabajadores estadounidenses. La ayuda exterior es un robo. La ayuda exterior es una servidumbre involuntaria. La ayuda exterior es el socialismo en acción.

LA CLASE MEDIA

De todas las personas más odiadas por los socialistas/comunistas marxistas/fabianos y sus primos estadounidenses, ninguna supera a la singular clase media estadounidense, que ha sido durante mucho tiempo la perdición de la existencia del socialismo. Fue la clase media la que hizo de Estados Unidos la poderosa nación en la que se ha convertido. Las guerras comerciales estaban y están dirigidas contra la clase media, personificada en la llamada "economía global". Los esfuerzos criminalmente degenerados de los presidentes Wilson y Roosevelt, y más tarde Carter, Bush y Clinton, por derribar las barreras comerciales que desarrollaron y protegieron a la clase media se relatan en otra parte de este libro. Lo que queremos hacer en este capítulo es examinar la situación de la clase media a mediados de 1994.

La clase media es el mayor triunfo social del siglo XX para nuestra república confederada, que estuvo bien dirigida hasta 1913. Nacida de políticas monetarias sólidas, barreras comerciales y proteccionismo, la clase media fue el baluarte contra todas las esperanzas de Karl Marx de llevar la revolución a América, que se vieron frustradas. La expansión de la clase media, que comenzó en serio entre el momento en que Andrew Jackson prohibió el banco central y la Guerra Civil, continuó durante las dos guerras mundiales. Pero desde 1946, algo ha ido mal. Ya hemos explicado en otro lugar la guerra emprendida contra la clase media estadounidense desde 1946 por el Instituto Tavistock, una guerra que estamos perdiendo con creces.

La igualdad de los obreros en empleos industriales bien remunerados y con un futuro seguro fue el primer objetivo del plan de crecimiento cero postindustrial del Club de Roma para la destrucción de nuestra base industrial. Los obreros disfrutan de unos ingresos iguales a los de los trabajadores de cuello blanco y juntos forman una formidable clase media, no la "clase obrera" de los países socialistas europeos. Este fue EL hecho político reconocido por los socialistas como un gran obstáculo para sus planes de arruinar a Estados Unidos. Así que la industria, que apoyaba a la clase media, tuvo que ser destripada, y fue, y sigue siendo, descuartizada, sección por sección, con el TLCAN y el GATT haciendo el trabajo sucio de desmembramiento.

Una cosa que siempre he destacado es que los socialistas nunca se rinden. Una vez que han fijado sus objetivos, los persiguen con una tenacidad casi aterradora. He rastreado el declive del poder económico y político de la clase media hasta principios de la década de 1970, tras la aplicación del plan de crecimiento postindustrial cero del Club de Roma. En 1973, los cimientos sobre los que se construyó la clase media empezaron a mostrar serios signos de colapso al hundirse las perspectivas de empleo e ingresos. Tanto es así que en 1993, por primera vez, la pérdida de empleo entre los trabajadores de cuello blanco igualó la pérdida de empleo entre los trabajadores de cuello azul. Desde los años 70, y en particular en 1980, la Oficina de Estadística ha informado de que los ingresos de la clase media se estaban hundiendo.

Lo que el socialismo ha conseguido mediante la destrucción de las barreras comerciales, el aumento de los impuestos y el continuo asalto al lugar de trabajo es la aparición de una nueva clase en Estados Unidos, los trabajadores pobres. Millones y millones de antiguos obreros y trabajadores de cuello blanco han caído literalmente por las grietas abiertas en sus otrora sólidos cimientos de clase media, basados en el empleo industrial y en la protección del comercio. La clase media ha acabado siendo los más de 60 millones de estadounidenses, o alrededor del 23% de la población, que pueden describirse con precisión como trabajadores pobres, aquellos cuyos ingresos son insuficientes para cubrir el coste de las necesidades básicas de la vida (y sin embargo podemos permitirnos dar 20.000 millones de dólares en "ayuda exterior" a los extranjeros).

Uno de los golpes más destructivos para la clase media en la guerra comercial fue la llamada escasez de petróleo generada por el conflicto árabe-israelí de 1973, deliberadamente planificado, combinado con la guerra contra las centrales nucleares. Los socialistas cerraron la energía nuclear -la forma de energía más barata, más segura y menos contaminante- e hicieron que nuestro corazón industrial latiera con petróleo, mejor aún, con petróleo importado. Si el programa de energía nuclear de este país no hubiera sido completamente destruido por las tropas de choque "verdes" controladas por los socialistas, el país ya no necesitaría importar petróleo, tan perjudicial para nuestra economía en general y nuestra balanza de pagos en particular. Además, al cerrar las centrales nucleares, los socialistas han eliminado cerca de un millón de puestos de trabajo al año.

El aumento del coste del petróleo, alimentado por la guerra árabe-israelí y la pérdida de la energía nuclear, redujo la productividad, lo que a su vez provocó un importante descenso de los salarios, con el consiguiente impacto en la economía, ya que unos salarios más bajos desalientan el gasto. A partir de 1960, vemos que la renta familiar media aumentó casi un 3% al año hasta la guerra árabe-israelí de 1973. No cabe duda de que esto es lo que quiso decir Kissinger cuando afirmó que la guerra tuvo un impacto mucho mayor en la economía estadounidense de lo que se pensaba en un principio.

Desde 1974, los salarios reales de los trabajadores de cuello blanco y azul han caído un 20%. En 1993, el número de trabajadores que se vieron obligados a aceptar trabajos a tiempo parcial, cuando antes tenían empleos de cuello azul a tiempo completo, casi se duplicó en comparación con el año anterior. Del mismo modo, los trabajadores de cuello blanco con empleos estables relacionados con la industria se han convertido en "permanentes temporales" en un número cada vez mayor. El número de antiguos trabajadores temporales de cuello azul se sitúa ahora en torno al 9%, y los trabajadores de cuello blanco de la misma categoría representan alrededor del 10% de la plantilla total. Los cimientos sobre los que descansaba la clase media no sólo se han agrietado y hundido, sino que han empezado a desintegrarse por completo.

Aunque las estadísticas del gobierno sólo admiten una tasa media de desempleo de entre el 6,4% y el 7%, la tasa real se acerca al 20%. Con la reducción de los contratos de defensa, se estima que la pérdida de 35 millones de puestos de trabajo es la realidad de la situación si se tiene en cuenta el impacto del TLCAN y el GATT en el mercado laboral. Se espera que la industria textil de Carolina del Norte pierda dos millones de puestos de trabajo en el segundo año de un GATT plenamente operativo.

Irving Bluestone, del Instituto de Estudios Políticos, afirma que su estudio sobre los empleos estables relacionados con la industria, la única fuente de salarios para mantener a una familia de clase media, descubrió que entre 1978 y 1982 se perdieron 900.000 empleos industriales bien remunerados, es decir, casi 5 millones de empleos obreros de calidad en cinco años. No existen otras estadísticas de naturaleza similar que cubran el periodo de 1982 a 1994, pero si tomamos la misma cifra, 900.000 -y sabemos que la cifra es mayor-, entonces es razonable suponer que durante 12 años el número de estos puestos de trabajo perdidos, que nunca volverán, ascendió a 10 millones de empleos industriales bien remunerados de larga duración. Ahora estamos empezando a conocer las cifras reales de desempleo, y no sólo eso, tenemos la imagen real de los puestos de trabajo de CALIDAD perdidos para siempre, gracias al asalto del Club de Roma y el Instituto Tavistock al lugar de trabajo estadounidense.

El presidente Clinton pagará un precio por su guerra comercial contra el pueblo estadounidense, y ese precio incluirá un único mandato. Clinton ha optado por una economía global, lo que inevitablemente significa inseguridad laboral en Estados Unidos. La supresión de la última barrera comercial por parte del GATT ha enviado a nuestra economía a la vorágine de la disminución del gasto como causa del aumento del desempleo. Clinton está aprendiendo por las malas que no se puede tener el pastel y comérselo también. Economía global + reducción del déficit = GRANDES PÉRDIDAS DE EMPLEO. No hay forma de que el país pueda soportar cuatro años más de administración socialista de Clinton, con una marea creciente de puestos de trabajo temporales y mal pagados que inundan los antiguos puestos de trabajo industriales a largo plazo y bien pagados.

La clase media está desapareciendo, pero su voz aún puede oírse, y su mensaje debe ser "al diablo con la economía global y la reducción del déficit". QUEREMOS EMPLEOS BIEN PAGADOS, ESTABLES Y DE LARGA DURACIÓN "

Aunque hace poco que Estados Unidos se ha visto obligado a integrarse en una economía global, los daños son claramente visibles: cientos de empresas fuertes y estables se han visto obligadas a despedir en masa a personal cualificado.

Lo que tenemos hoy en 1994 -y esto se ha desarrollado desde la guerra árabe-israelí- es una economía de Wall Street/Las Vegas. Las acciones de McDonald's están en alza, pero dar la vuelta a las hamburguesas no sustituye a un trabajo industrial bien pagado y a largo plazo. Así que, mientras las acciones de McDonald's van bien en Wall Street, ¿puede Estados Unidos conformarse con una economía en la que los empleos bien pagados se están convirtiendo en una especie en peligro de extinción? Según un artículo de *Los Angeles Times*, en 1989 uno de cada cuatro puestos de trabajo estadounidenses era a tiempo parcial, lo que suponía un aumento alarmante respecto a las cifras de 1972, pero en 1993 la proporción era de uno de cada tres, es decir, un tercio de todos los puestos de trabajo en Estados Unidos. La conclusión es que ninguna nación industrial puede sobrevivir al ritmo de desgaste de los empleos industriales bien remunerados sin precipitarse en un abismo de destrucción.

Estados Unidos está perdiendo la batalla contra las fuerzas del socialismo dirigidas por el Instituto Tavistock. En los próximos dos años nos enfrentaremos a un dramático aumento de la competencia impuesto por la "economía global", en la que naciones con millones de personas semianalfabetas aprenderán a producir bienes a precios de esclavos. ¿Qué hará entonces la mano de obra estadounidense? Recordemos que este es el resultado lógico de las políticas aplicadas por Woodrow Wilson, políticas que fueron diseñadas para destruir el mercado interno de Estados Unidos. Nuestra mano de obra industrial cualificada se verá muy pronto acechada por el fantasma del desempleo total, y veremos a estos trabajadores aferrarse a cualquier tipo de trabajo para evitar que su nivel de vida caiga, o, de hecho, simplemente para mantener el pan en la mesa.

Clinton hizo campaña con promesas a la clase media. ¿Cuántos desempleados recuerdan su discurso "Los ricos tienen la mina de oro y los trabajadores el árbol"? Eso fue antes de que se le ordenara reunirse con Jay Rockefeller y Pamela Harriman, quienes le dijeron sin rodeos: "Estás transmitiendo el mensaje equivocado". El mensaje que hay que transmitir es el DEFICIT". Entonces, Clinton empezó a predicar de repente el evangelio socialista de la reducción del déficit, sin mencionar que sólo podía hacerse a costa de millones de puestos de trabajo.

Entonces Clinton hizo la otra cosa que los socialistas saben hacer: prometió que el gobierno lo remodelaría todo. Pero la ansiedad creció; Clinton no logró convencer a los trabajadores de que un déficit menor es mejor que el pleno empleo. Una encuesta reciente mostraba que entre el 45% y el 26% de los estadounidenses pensaban que el desempleo era un problema mayor que el déficit. Clinton también nos dijo que estábamos disfrutando de una recuperación, pero eso no se ajusta a la realidad, porque en contra de la tendencia normal, cuando la recuperación significa menos gente trabajando en empleos involuntarios y peor pagados a tiempo parcial, esta vez el porcentaje ha AUMENTADO. En 1993, había más de 6,5 millones de personas que trabajaban en empleos temporales mal pagados.

En cuanto a la tan cacareada afirmación de que la administración Clinton creó 2 millones de puestos de trabajo el año pasado, hay que señalar que el 60% de estos empleos fueron en restaurantes, sanidad, bares y hoteles (botones, porteros, vigilantes). El afán de "globalizar" (léase destruir) el mercado interno de Estados Unidos, iniciado por Woodrow Wilson, se ha acelerado con Clinton. Los dramáticos resultados de este programa destructivo pueden medirse de la siguiente manera:

- En el sector del automóvil, las importaciones pasaron del 4,1% al 68% entre 1960 y 1986.
- Las importaciones de ropa pasaron del 1,8% en 1960 al 50% en 1986.
- Las importaciones de máquinas-herramienta pasaron del 3,2% en 1960 al 50% en 1986.
- Las máquinas-herramienta son EL indicador más importante de la economía real de una nación industrial.
- Las importaciones de productos electrónicos pasaron del 5,6% del mercado en 1960 al 68% en 1986.

Los socialistas fabianos, con sus falsas promesas de una "economía global", han socavado por completo a Estados Unidos, la mayor nación industrial que el mundo ha conocido. La tragedia que encierran estas cifras se traduce en MILLONES de puestos de trabajo estables, de larga duración y bien remunerados que ahora se han perdido para siempre, sacrificados en el altar del sueño del socialismo fabiano de un gobierno mundial, la dictadura del Nuevo Orden Mundial. Los presidentes Wilson, Roosevelt, Kennedy, Johnson, Bush y Clinton han mentido al trabajador estadounidense, y han cometido conjunta y solidariamente alta traición contra los Estados Unidos. Como resultado de esta política traicionera de una sucesión de presidentes, la inversión interna, pública y privada, se redujo a la mitad entre 1973 y 1986, eliminando millones de puestos de trabajo a largo plazo y bien remunerados.

En la actualidad, a mediados de 1994, aparte de los patéticos eslóganes ofrecidos por los candidatos de ambos partidos, no se ha abordado ni se aborda la crisis de la clase media. Esto no significa que los políticos no sean conscientes de ello. Por el contrario, escuchan cada día a sus electores, cada vez más enfadados por problemas que no entienden, un enfado que les deja poca paciencia ante la incapacidad del gobierno de Washington para controlar los problemas que les afectan tan drásticamente. Los políticos no harán nada para encontrar soluciones a las crisis, porque las soluciones disponibles son contrarias al plan dictatorial de crecimiento cero postindustrial del Club de Roma. Cualquier esfuerzo por llamar la atención nacional sobre el desastre de la clase media será sofocado antes de que pueda siquiera comenzar.

No hay ninguna otra crisis que se pueda comparar con la crisis de la clase media. Estados Unidos está muriendo. Los que podrían cambiar las cosas no quieren o tienen miedo de hacerlo, y la situación seguirá deteriorándose hasta que el paciente sea un enfermo terminal, un punto que se alcanzará pronto, probablemente en menos de 3 años. Sin embargo, no se presta atención a este cambio, que es el más importante y que realmente se compara con los cambios masivos provocados por la guerra civil. Las últimas elecciones reflejaron la situación de la participación; la gente estaba cansada de votar y no ver resultados. El estado de crisis en Estados Unidos se mantiene, así que ¿por qué tomarse el tiempo y la molestia de votar? No hay confianza en el futuro de Estados Unidos: eso es lo que hace al espíritu humano estar sin trabajo de forma significativa o sin trabajo en absoluto.

Desde la década de 1930, los hambrientos de poder han seguido acaparando más y más poder. El Partido Comunista estadounidense, también conocido como "Partido Demócrata", consiguió que su presidente socialista Roosevelt llenara el Tribunal Supremo de jueces que veían la Constitución como un mero instrumento que había que retorcer y exprimir para que se adaptara a las agendas socialistas. La 10ª Enmienda se convirtió en su balón de fútbol, que podían patear. He analizado las principales decisiones del Tribunal Supremo desde la creación de esta "casa de embalaje" y he descubierto que el tribunal nunca, en un solo caso, ha impedido que los ávidos de poder tomen lo que quieren.

Los derechos de los estados fueron pisoteados por la fiebre de

Roosevelt y continúa hasta hoy. A partir de la administración Roosevelt, el gobierno amplió y contrajo la Constitución como un acordeonista que toca la melodía adecuada. Lo que el Tribunal Supremo ha hecho, y sigue haciendo, es redistribuir los derechos y poderes que nos corresponden a nosotros, el pueblo, a favor del gobierno federal. Por eso nos enfrentamos a la muerte inminente de la clase media y a la destrucción de la Constitución de Estados Unidos.

Lo que se necesita es un programa urgente que dé un giro al país y salve a la clase media. Tal programa requeriría la derrota total del Partido Demócrata, que ha mentido y engañado al pueblo estadounidense desde la administración de Wilson: un programa de educación que aboliría el socialismo en su totalidad, aboliría la falsa e inconstitucional "separación de la iglesia y el estado", limpiaría el Tribunal Supremo (que podría ser cerrado en el proceso), cerraría la Reserva Federal y eliminaría la deuda nacional.

Cuando Warren G. Harding fue elegido a la Casa Blanca, los Estados Unidos estaban sumidos en el caos, al igual que hoy. El crédito estaba sobreapalancado, la Reserva Federal manipulaba salvajemente la moneda y provocaba la inflación con sus consiguientes fracasos empresariales. Los precios de las materias primas se habían reducido artificialmente por las presiones extranjeras, y el desempleo era galopante. La deuda nacional creada por la Reserva Federal se disparó. Seguimos en guerra con Alemania, una treta para extorsionar más "reparaciones" a ese país. Los impuestos de Wilson están en su punto más alto.

Al asumir el cargo, Harding elaboró una lista de los problemas de Estados Unidos y obligó al Congreso a permanecer en sesión durante dos años para resolverlos. Harding se enfrentó a los banqueros internacionales Shylock y sus aliados de Wall Street. Dijo lo mismo que había dicho Jesucristo antes que él: "Te echaré del templo". Harding dijo a los banqueros Shylock que no habría más enredos en el extranjero, ni guerras extranjeras, ni deuda nacional, "la última de las cuales casi destruyó la República".

Harding alivia la crisis crediticia y promulga nuevos impuestos arancelarios que protegen a las industrias locales. Los empleados públicos se reducen al mínimo y se establece un presupuesto. La inmigración se limita para proteger nuestras fronteras de las hordas de anarquistas que llegan desde Europa del Este y para proteger nuestro mercado laboral. Harding instituyó nuevas normas fiscales que redujeron los impuestos sobre la renta en cientos de millones de dólares cada año, firmó un tratado de paz con Alemania y dijo a la Sociedad de Naciones que plegara su tienda y abandonara nuestras costas.

Pero Harding no vivió para disfrutar de sus brillantes victorias sobre los filisteos, a los que había expulsado de nuestro campamento en total desorden.

El 20 de junio de 1923, durante un viaje político a Alaska, cayó enfermo y murió. Su muerte fue causada por una insuficiencia renal, el indicio más claro de que se le había administrado un potente veneno. Necesitamos un hombre como Warren Harding, cuyo valor no tenía límites. Debemos buscar y encontrar al "nuevo Warren Harding" que restaurará los programas que habrían salvado a Estados Unidos de las monstruosas garras de los malvados socialistas.

Hay que relativizar la absurda noción de que "la reducción del déficit es el rey". Si el déficit fuera cero mañana, la crisis de la clase media no se aliviaría. Incluso el programa de inversión pública de 50.000 millones de dólares de Clinton ha caído en el olvido. Hay que detener la evisceración de nuestras industrias por parte de Wall Street, lo que significa desenmascarar a los gnomos del mercado de bonos. Las barreras comerciales erigidas por Washington y mantenidas por Lincoln, Garfield y McKinley deben ser restauradas. Hay que hacer un esfuerzo para educar al público sobre los efectos en nuestra economía de las importaciones ilimitadas y sin impuestos de bienes, también conocidas como "libre comercio". Esto permitiría un retorno dramático al pleno empleo: también llevaría a la nación a una confrontación directa con las potencias extranjeras que dirigen este país.

El "mundo feliz" de Clinton carece de sustancia. No hay mercados extranjeros para los productos estadounidenses, y siempre los ha habido. Lo único que ha cambiado con la "economía global" es que nuestras defensas han sido vulneradas y las mercancías importadas han entrado a raudales por los agujeros de los diques. Esta es la causa fundamental de la crisis de la clase media. Aunque los fabricantes estadounidenses siempre habían sido capaces de satisfacer la creciente demanda local con empleos estables de cuello azul y blanco, nuestra posición se volvió insostenible cuando Wilson declaró que no debíamos temer a la "competencia". "En 1913, Estados Unidos tenía un mercado cerrado con pleno empleo, una economía en crecimiento y una prosperidad a largo plazo, los ingresos aduaneros pagaban las facturas del gobierno hasta 1913, cuando los socialistas consiguieron que Wilson derribara los diques que protegían nuestro nivel de vida.

En un mercado cerrado, nuestros fabricantes podían permitirse pagar buenos salarios: al hacerlo, creaban poder adquisitivo y demanda efectiva para sus productos, lo que significaba pleno empleo, seguridad laboral permanente a largo plazo. Todo lo que los presidentes socialistas (demócratas), desde Wilson hasta Clinton, han ofrecido al trabajador estadounidense es una escasa posibilidad de vender unos pocos productos a China, Japón o Inglaterra, a cambio de algún tipo de trabajo mal pagado, para que, poco a poco, sobre todo con la implantación del NAFTA y el GATT, acepten un descenso constante de su nivel de vida y agradezcan la oportunidad de aceptar cualquier trabajo, sea cual sea. Esto se llama "libre comercio". Es el futuro de la clase media estadounidense.

El efecto neto del "libre comercio en una economía global" será la desaparición de la clase media estadounidense (oficinistas, trabajadores de cuello azul y blanco), la clase que hizo grande a Estados Unidos. Las empresas de la lista Fortune 500 han despedido a más de 5 millones de trabajadores de clase media en los últimos 13 años. Es posible que un futuro líder reaccione de forma alarmante cuando se haga más evidente el alcance de la devastación de la clase media. En ese momento, la única alternativa para el líder de esa nación será frenar la marea del "libre comercio", lo que significa una vuelta a las duras barreras comerciales. Será una derrota humillante para los socialistas que dirigen el Partido Demócrata, pero que tendrán que aceptar si no quieren que Estados Unidos se convierta en una Rusia: los poseídos y los desposeídos.

Para resumir la tragedia que ha ocurrido en Estados Unidos: una sociedad global significa una sociedad sin clase media en Estados Unidos. El "libre comercio" ya ha erosionado el nivel de vida de la clase media hasta el punto de que ya no es comparable con lo que era en 1969. La clase media estadounidense no fue creada por el "libre comercio" o la "economía global". La clase media se creó gracias a las barreras comerciales y a un mercado protegido y seguro para los bienes producidos localmente. Las barreras comerciales no crearon la inflación. Desde Woodrow Wilson, una sucesión de presidentes ha mentido al pueblo estadounidense y, en general, ha conseguido que esta mentira descarada se acepte como verdad.

El socialismo es un fracaso abismal. Dejando a un lado los piadosos tópicos de enriquecer la vida de la gente corriente, el único propósito del socialismo ha sido siempre esclavizar a la gente y traer gradualmente la nueva y oscura era del gobierno mundial único: el Nuevo Orden Mundial. Incluso cuando estaba bajo el control total del gobierno británico, y a pesar de los miles de millones de dólares de "ayuda exterior" pagados por Estados Unidos al tesoro británico para apoyar los programas socialistas, el socialismo demostró ser un fracaso colosal.

Suecia es uno de los países que ha optado por seguir la vía fabiana. Ya conocimos a los idealistas socialistas, Gunnar Myrdal, y a su esposa, quienes jugaron un papel importante en el desmantelamiento de la educación en Estados Unidos. Durante más de 50 años, Estocolmo ha sido el orgullo de los socialistas de todo el mundo. Myrdal fue ministro del gabinete sueco durante muchos años y desempeñó un papel destacado en la introducción del socialismo en Suecia, pues sus dirigentes estaban satisfechos de haber demostrado que el socialismo funciona.

A partir de los años 30, Suecia fue sinónimo de socialismo. Todos los políticos, independientemente del partido, eran socialistas convencidos, sus diferencias eran sólo de grado y no de principio. Socialistas franceses, británicos, indios e italianos acudieron a Estocolmo para estudiar el "milagro" en marcha. La base del Estado socialista sueco era su programa de bienestar. Pero, ¿en qué situación se encuentra el orgulloso socialismo sueco hoy, en 1994? Bueno, no está exactamente de pie, es más bien como la Torre de Pisa, inclinándose más y más hacia el capitalismo con cada mes que pasa.

Los políticos suecos están aprendiendo que los votantes no votan de forma altruista, y que la era del socialismo ideal ha muerto y sólo hay que enterrarla. Los socialistas suecos que se inmiscuyeron descaradamente en la política sudafricana y se manifestaron en contra de la participación de Estados Unidos en Vietnam están descubriendo que su vocabulario socialista está desfasado en un país donde todo se ha ido al garete. Los socialistas suecos se sentaron a debatir sobre el socialismo internacional y descubrieron que su invitado se había ido con los cubiertos. Suecia ha sido víctima de las mentiras y falsas promesas del socialismo. En la actualidad, el país está sumido en el desorden económico y Suecia tardará cincuenta años en recuperarse, suponiendo que se le permita hacerlo. Gran Bretaña fue destruida por el socialismo hace mucho tiempo. Ahora es el turno de Estados Unidos. ¿Puede Estados Unidos sobrevivir a una sobredosis casi mortal de veneno socialista, administrada por el Partido Socialista Comunista Democrático de Estados Unidos? Sólo el tiempo lo dirá, y tiempo es lo que ya no tiene la clase media estadounidense de obreros, empleados y oficinistas.

En todos los programas de las presidencias de Wilson, Roosevelt, Kennedy, Johnson, Carter, Bush y Clinton está implícito, aunque no explícitamente, que la socialización de los Estados Unidos es el gran objetivo hacia el que se dirige el socialismo. Esto se logrará a través de nuevas formas de propiedad, el control de la producción -lo que significa que la elección de destruir las plantas industriales es suya-es esencial si los socialistas quieren avanzar en su plan para mover a los Estados Unidos, y luego al resto del mundo, cada vez más rápidamente y con seguridad hacia un gobierno de un solo mundo, un nuevo orden mundial de la nueva era oscura de la esclavitud total.

La imagen totalmente falsa que los socialistas han pintado de sí mismos como una organización benigna y amistosa cuyo único interés es mejorar la suerte de la gente común no es correcta... El socialismo tiene otra cara brutal y despiadada, que la historia revela que no dudará en matar si eso es lo que se necesita para socializar a los Estados Unidos.

Nada puede describir mejor el lado vicioso del socialismo que la declaración de Arthur Schlesinger: "No sé por qué el presidente Eisenhower no liquida a Joe McCarthy como Roosevelt hizo con Huey Long. El "crimen" de Huey Long fue que realmente amaba a Estados Unidos y a toda su gente, el primer político estadounidense que comprendió plenamente lo que Roosevelt estaba haciendo con Estados Unidos. Huey Long hablaba en nombre de la clase media, a la que consideraba, con razón, el objetivo de los socialistas, y hablaba en contra del socialismo en cada oportunidad posible.

La maquinaria socialista/marxista/comunista de Estados Unidos expresa un gran odio hacia Long, calificándolo como "la personificación de la amenaza fascista, el hombre con más posibilidades de convertirse en el Hitler o Mussolini de Estados Unidos". El pueblo estadounidense estaba tan ansioso por un portavoz de su difícil situación que se creía que Long recibía hasta 100.000 cartas al día. Roosevelt se enfureció ante la mención del nombre de Huey Long y temió que éste le sucediera como próximo presidente de los Estados Unidos.

Una ventisca de propaganda socialista descendió sobre Huey Long. Nunca antes se había dirigido una campaña de odio total sin precedentes contra un solo individuo; era aterrador, era impresionante. A Roosevelt le daban ataques casi epilépticos cada vez que Huey Long revelaba nuevas verdades sobre los programas socialistas que Roosevelt iba a imponer. Huey Long ataca los "acuerdos" socialistas británicos fabianos de Roosevelt, instando al pueblo a: "Desafía este tipo de autocracia, desafía la tiranía". Roosevelt intenta que Long sea destituido por evasión de impuestos, pero Long se libra.

Al bando de Roosevelt sólo le quedaba una opción: "Asesinar a Huey Long". La causa de la profunda preocupación fue el movimiento de Long para hacer valer los derechos de los estados. Rechazó el llamado "dinero federal" y dijo a una entusiasta audiencia en Luisiana que demandaría al gobierno federal y obtendría una orden judicial para retirar todas las agencias federales y sus oficinas de las fronteras del estado de Luisiana. Roosevelt se asustó; se trataba de una acción que el gobierno federal temía a diario, una acción que podía arrasar con los estados y reducir las funciones del gobierno federal hasta que éste operara dentro de los límites de las 10 primeras enmiendas de la Constitución de los Estados Unidos, con las alas cortadas y sus agencias confinadas al Distrito de Columbia.

"Desafía ese tipo de autocracia, desafía ese tipo de tiranía", gritó Long cuando descubrió que el gobierno federal estaba tratando de bloquear la venta de bonos del estado de Luisiana, bonos que proporcionarían los ingresos que el estado necesitaba para reemplazar los "fondos federales" que él había ordenado que el estado no aceptara. En 1935, cuando Roosevelt estaba más nervioso que un gato en un árbol, Long fue a Baton Rouge a visitar a su amigo, el gobernador Allen. Al salir de la oficina del gobernador, un hombre le dispara. El agresor, amigo íntimo de Roosevelt, era el doctor Carl Weiss, a quien los guardias de Long dispararon, demasiado tarde para salvarle, y Weiss quedó muerto.

Huey Long fue trasladado al hospital, donde osciló entre la vida y la muerte. En su estado cercano a la muerte, Long tuvo una visión de los estadounidenses de todas las clases sociales que necesitaban su liderazgo. Gritó a Dios: "Oh, Señor, me necesitan. Por favor, no me dejes morir. Tengo tanto que hacer, Dios, tengo tanto que hacer". Pero Long muere, abatido por un asesino socialista. Lincoln, Garfield, McKinley, todos trataron de proteger a América de los estragos de los socialistas, todos pagaron con sus vidas. Como el congresista L.T. McFadden, el senador William Borah, el senador Thomas D. Schall y el presidente Kennedy, tras renunciar al socialismo.

El socialismo es mucho más peligroso que el comunismo, debido a su inherente y malvada lentitud para imponer cambios drásticos e indeseados al pueblo de los Estados Unidos. Sólo hay una manera de superar esta amenaza violentamente peligrosa, y es que todo el pueblo sea educado hasta el punto de reconocer a qué se enfrenta y rechazar el socialismo, hombro con hombro. Esto puede y DEBE hacerse. "La unión hace la fuerza". Hay más patriotas nuestros que socialistas. Todo lo que necesitamos es liderazgo y un pueblo educado que se mantenga firme contra la viciosa tiranía que todos los presidentes desde Woodrow Wilson han ayudado a atar a nuestros cuellos. ¡Los socialistas no pueden matarnos a todos! Levantémonos y golpeemos a los filisteos en una muestra de gran unidad. Tenemos el poder constitucional para hacerlo.

EPÍLOGO

Los estadounidenses y el mundo entero esperaron a que el martillo del comunismo golpeara, sin darse cuenta de que el socialismo suponía un peligro mayor para un Estado nacional republicano como el nuestro. ¿Quién, en la época de la Guerra Fría, temía al socialismo? El número de escritores, comentaristas y pronosticadores que lo dijeron se podría contar con una mano. Nadie pensaba que el socialismo fuera algo de lo que preocuparse.

Los comunistas nos jugaron una gran baza al mantener nuestros ojos colectivos fijos en Moscú mientras se producían los daños más terribles en casa. En los veinticinco años que llevo escribiendo, siempre he mantenido que el mayor peligro para el bienestar futuro de nuestra nación está en Washington, no en Moscú. El "imperio del mal" mencionado por el ex presidente Reagan no es Moscú, sino Washington y la camarilla socialista que lo controla.

Los acontecimientos de finales del siglo XX confirman la exactitud de esta afirmación. En 1994 tenemos a un socialista al frente de los asuntos de la nación, hábilmente asistido por un Partido Demócrata que abrazó el comunismo/socialismo en 1980, y con más del 87% de los demócratas en la Cámara de Representantes y el Senado mostrando sus colores socialistas, los intentos del pueblo de cambiar el curso de la nación a través de las urnas no van a ninguna parte.

La población mundial "excedente" -incluida la de Estados Unidos- ya está siendo diezmada por virus mutantes fabricados en laboratorio que están matando a cientos de miles de personas. Este proceso se acelerará, según el plan genocida Global 2000 del Club de Roma, cuando las turbas hayan cumplido su misión. Los experimentos iniciados en Sierre Leona con los virus mutantes de la fiebre de Lassa y la visna media se completan en los laboratorios de la Universidad de Harvard en agosto de 1994. Un nuevo virus, aún más mortal que el SIDA, está a punto de ser liberado.

Los nuevos virus de la gripe ya han sido liberados y son mortalmente efectivos. Se dice que estos virus mutantes de la gripe son un 100% más eficaces que los virus de la "gripe española" probados en las tropas francesas en Marruecos en los últimos días de la Primera Guerra Mundial. Al igual que los virus de la fiebre de Lassa, el virus de la "gripe española" se descontroló y, en 1919, había arrasado el mundo y matado a más personas que el total de las bajas militares de ambos bandos de la Primera Guerra Mundial. Nada podía detenerlo. En Estados Unidos, las pérdidas fueron espantosas. Una de cada siete personas de las principales ciudades estadounidenses murió a causa de la "gripe española". La gente enfermó por la mañana, sufriendo fiebre y una fatiga debilitante. En uno o dos días, murieron por millones.

¿Quién sabe cuándo atacarán los nuevos virus mutantes de la gripe? ¿En 1995 o quizás en el verano de 1996? Nadie lo sabe. El ébola, cuyo nombre correcto es "Ébola Zaire", por el país africano de Zaire, donde apareció por primera vez, también está a la espera. El ébola no puede detenerse; es un asesino despiadado, que actúa rápidamente y deja a sus víctimas horriblemente deformadas y sangrando por todos los orificios del cuerpo. Recientemente, el Ébola Zaire ha aparecido en Estados Unidos, pero apenas se ha mencionado en los medios de comunicación o en los Centros de Control de Enfermedades. En el Instituto de Investigación Médica del Ejército de EE.UU. se han realizado experimentos de investigación con el ébola y otros gérmenes muy peligrosos.

¿Cuál es el objetivo de liberar estos terribles virus asesinos? La razón aducida es el control de la población, y si leemos las declaraciones de Lord Bertrand Russell, Robert S. McNamara y H.G. Wells, los nuevos virus asesinos son justo lo que estos hombres dijeron que serían. A los ojos del Comité de los 300 y de la camarilla socialista, hay simplemente demasiada gente indeseable en la tierra.

Pero esa no es toda la historia. La verdadera razón del genocidio masivo planificado a escala mundial es crear un clima de inestabilidad. Para desestabilizar a las naciones, para hacer que los corazones de la gente se aceleren con el miedo. La guerra forma parte de este plan, y en 1994, la guerra está en todas partes. No hay paz en la tierra. Pequeñas guerras hacen estragos en lo que era la

Unión Soviética; en la antigua Yugoslavia, la guerra continúa entre facciones creadas originalmente de forma artificial por los socialistas británicos. Sudáfrica nunca volverá a ser la tierra de paz que fue; India y Pakistán no se quedan atrás. Es el resultado de años y años de cuidadosa planificación socialista.

Hoy hay 100 naciones más que en 1945. La mayoría de ellos se basan en una floja alianza de divisiones tribales-étnicas con diferencias religiosas y culturales. No sobrevivirán, habiendo sido creados y archivados para esperar el proceso de desestabilización. Los Estados Unidos están siendo empujados hacia divisiones similares mediante una inteligente planificación socialista a largo plazo. En 1994, Estados Unidos está preparado para ser desgarrado por las diferencias raciales, étnicas y religiosas. Estados Unidos hace tiempo que dejó de ser "una nación bajo la mano de Dios". Ninguna nación puede sobrevivir a las diferencias culturales, especialmente cuando la lengua y la religión desempeñan un papel crucial.

Los socialistas avanzan a través del presidente Clinton para explotar esta realidad, que tratamos de ocultar cada 4 de julio. La próxima década será la de la explosión de las divisiones. América se dividirá por ingresos, estilo de vida, opiniones políticas, raza y geografía. Un enorme muro, que los socialistas han estado construyendo desde que pusieron al presidente Woodrow Wilson en el cargo, está casi terminado. Este muro dividirá a Estados Unidos entre los que tienen y los que no tienen, con la clase media en esta última categoría. Estados Unidos se convertirá en un país del tercer mundo. Las ciudades bonitas se arruinarán por la falta de servicios sociales y de protección policial, ya que los gobiernos locales y estatales, deliberadamente hambrientos de ingresos, no pueden hacer frente a los crecientes costes de los servicios y la protección.

La delincuencia se extenderá a los suburbios. Los suburbios, antes seguros, se convertirán en suburbios infestados de delincuencia. Todo forma parte del plan socialista para dividir las grandes ciudades y dispersar a los grupos de población, incluso en sus barrios seguros, que en diez años o más estarán probablemente tan plagados de delincuencia y pandillas como lo están hoy los centros urbanos de las grandes ciudades de Estados Unidos.

Las tasas de ilegitimidad no se controlarán con el aborto, porque el aborto pretende frenar la natalidad de la clase media. El aborto socialista y el amor libre de la Sra. Kollontay siempre han tratado de evitar que la clase media se vuelva demasiado poderosa. La tasa de natalidad ilegítima crecerá y crecerá entre los trabajadores pobres. Ahora hay una explosión demográfica de bebés ilegítimos que crecen sin padre con madres que no pueden o no quieren cuidar de ellos. Este es el socialismo fabiano en acción, el lado oscuro y malvado del socialismo fabiano que siempre ha estado oculto.

La nueva clase baja que está surgiendo en Estados Unidos estará formada por millones de personas desempleadas e inempleables, lo que significa una enorme población flotante e inestable que sólo puede recurrir a la delincuencia para sobrevivir. Los suburbios se verán inundados por esta clase baja y sus bandas callejeras. La policía no podrá detenerlos, y durante un tiempo quedarán libres para hacer el trabajo de desestabilización del socialismo.

El hermoso suburbio en el que vives ahora será probablemente el gueto de 2010, poblado por miles de bandas cuyos miembros viven a golpe de espada. "Ir a Mayberry" será más común a medida que estos jóvenes matones despiadados amplíen sus zonas de actuación.

La gran mayoría de los estadounidenses no están preparados para lo que les espera. Se les está adormeciendo con promesas socialistas que nunca se podrán cumplir. A medida que América se enfrenta a su "Dunkerque", nuestro pueblo busca cada vez más que el gobierno resuelva los problemas que fueron creados por el socialismo en primer lugar, problemas que ni el presidente Clinton ni sus sucesores tienen ninguna esperanza de resolver, simplemente porque se considera necesario DESTABILIZAR América.

Se avecinan tiempos duros y amargos, todas las promesas del partido demócrata son sólo címbalos que suenan. Por falta de educación, de formación, de puestos de trabajo -con los empresarios industriales eliminados o deslocalizados en países extranjeros-, multitudes de parados vagarán por las calles en busca de la vida prometida por los socialistas. Cuando hayan hecho su trabajo, y América esté desestabilizada, la "población sobrante" será eliminada por enfermedades virales mutantes, más rápido de lo que podemos imaginar.

Esto es lo que los SOCIALISTAS predijeron que harían, pero pocos prestaron atención a las promesas de Bertrand Russell y H.G. Wells. Los estadounidenses están más preocupados por el béisbol y el fútbol, hasta el punto de que los futuros historiadores se maravillarán de cómo la psicología política de masas no fue reconocida por el pueblo, y se resistió a ella. "Debían de estar durmiendo profundamente para no verlo" será el duro juicio de los futuros historiadores.

¿Se puede hacer algo para detener la devastación de esta nación? Creo que lo que hace falta es despertar a los superricos de las filas conservadoras -y son muchos- y conseguir que apoyen una fundación que dé un curso acelerado de la Constitución de Estados Unidos basado únicamente en la lectura de los Anales del Congreso, los Globos del Congreso y las Actas del Congreso. Estos documentos contienen la mejor información sobre la Constitución, así como una gran cantidad de información sobre el socialismo y sus planes para un gobierno mundial - el Nuevo Orden Mundial, la nueva era oscura de la esclavitud.

Armados con esta información, millones de ciudadanos podrían desafiar a sus representantes que aprueben medidas inconstitucionales. Por ejemplo, si 100 millones de ciudadanos informados impugnaran la inconstitucionalidad de un proyecto de ley sobre la delincuencia y dieran a conocer que no obedecerían las disposiciones de esa medida porque es 100% inconstitucional, nunca habría sido aprobada por la Cámara y el Senado. Sólo así puede expresarse el patriotismo. Puede, y debe.

La hora es tardía. A los que responden a los planes de los socialistas de rebajar a Estados Unidos al nivel de cualquier país del tercer mundo, "esto es Estados Unidos, aquí no puede pasar", yo les diría: "YA ESTÁ PASANDO". ¿Quién iba a pensar, hace sólo unos años, que un desconocido y oscuro gobernador de un estado relativamente pequeño se convertiría en el Presidente de los Estados Unidos, a pesar de que el 56% de los votantes votó en contra de él? Esto es SOCIALISMO EN ACCIÓN, forzando un cambio impopular y no deseado en los Estados Unidos.

EL LEGADO DEL SOCIALISMO; UN ESTUDIO DE CASO

El viernes 30 de septiembre de 1994, a las 9:40 de la mañana, Richard Blanchard, un arquitecto de 60 años, recibió un disparo en el cuello tras detenerse en un semáforo en rojo en el límite del barrio de Tenderloin de San Francisco. Mientras Blanchard estaba sentado en su coche a plena luz del día, esperando a que cambiara el semáforo, dos matones de 16 años se le acercaron, le apuntaron con una pistola y le exigieron dinero. En ese momento, el semáforo cambió y Blanchard intentó huir. Recibió un disparo en el cuello y ahora está totalmente paralizado y con respiración asistida en el hospital.

Tal y como está la ley, el matón de 16 años no puede ser nombrado y su foto no puede ser publicada. Según un informe del *San Francisco Examiner*, el amigo de Blanchard, Alan Wofsy, dijo:

> "Significa que alguien en San Francisco no está seguro cuando se detiene en un semáforo en rojo durante un día normal de trabajo. Le quita toda la inocencia a la vida. La idea de que hay que estar atento a la realización de las tareas cotidianas normales porque te pueden quitar la vida, significa que ya no hay límites para el comportamiento civilizado. Otra parte de esta tragedia es que se trata de un hombre cuyas manos lo eran todo para él. Sin razón alguna, un hombre pasó de ser un maravilloso arquitecto a un parapléjico".

La respuesta policial a esta pesadilla fue:

> "Sube las ventanillas y cierra las puertas del coche. Si alguien te apunta con un arma, dale lo que quiere. No vale la pena perder la vida por un reloj o una cartera".

Esta es la herencia del socialismo:

> "Entregaros a los matones criminales porque la policía no puede protegeros, y al haber sido desarmados por la legislación socialista que es 100% inconstitucional, ya no podéis protegeros".

Tras la marcha de los archicosociales Art Agnos y Diana Feinstein (ambos ex alcaldes de San Francisco), San Francisco era lo que ellos habían hecho, una pesadilla socialista. Si se hubiera permitido al Sr. Blanchard ejercer su derecho constitucional a llevar un arma en su coche, los matones, sabiendo esto, probablemente se habrían pensado dos veces el acercarse a él, o a cualquier ciudadano que llevara armas.

Pero gracias a las acciones inconstitucionales de socialistas como Feinstein, los ciudadanos de California y de muchos otros estados han sido desarmados y ahora se les aconseja "mantenerse firmes" ante los delincuentes armados. ¿Qué pensarían los colonos, que se negaron a pagar un impuesto de un centavo por libra de té, de la América moderna y de semejante admisión oficial del fracaso total y abyecto del Estado para proteger a sus ciudadanos?

La trágica historia de Blanchard se repite miles de veces al mes en todo Estados Unidos. Lo que se necesita es volver a la Constitución, con un barrido de todas las leyes de armas y leyes socialistas blandas que protegen a los matones criminales como el que disparó a Blanchard. Todo ciudadano tiene derecho a poseer y llevar armas. Si los ciudadanos ejercieran este derecho a gran escala y lo conocieran todos, el índice de criminalidad caería en picado. Ningún matón se atrevería a acercarse a un motorista con un arma a la vista.

El maremoto del socialismo arrasa con todo a su paso. Este maremoto debe ser enfrentado muy rápidamente y repelido, o los Estados Unidos están condenados a la extinción como la antigua Grecia y Roma. Los departamentos de policía nos dicen que carecen de personal y de recursos financieros para hacer frente a la ola de delincuencia. Sin embargo, al mismo tiempo, Clinton está haciendo aprobar un proyecto de ley inconstitucional llamado "duro con el crimen" que es en gran medida un programa de transferencia socialista con muy poca ayuda para nuestra policía...

En Washington D.C., la capital de la delincuencia del país, con leyes de posesión de armas más restrictivas que cualquier otra ciudad, el alcalde pidió recientemente al Presidente que enviara a la Guardia Nacional para hacer frente a la violencia de las bandas negras. Clinton se negó, pero autorizó el uso de fondos presupuestarios para asignar a la policía de parques y al Servicio Secreto a las patrullas de calle. Los resultados fueron espectaculares: un descenso del 50% en los tiroteos relacionados con las bandas.

Entonces se acabó el dinero y el Servicio Secreto y la policía del parque fueron retirados de las calles de Washington D.C. Los tiroteos y la violencia se reanudaron. "Simplemente no tenemos el dinero para continuar con este programa", dijo un portavoz de la

Casa Blanca a la cadena de televisión ABC. ¿POR QUÉ NO? ¿Cómo podemos permitirnos dar 20.000 millones de dólares en AYUDA AL EXTRANJERO, que es 100% inconstitucional, y no poder financiar programas críticos de prevención del crimen en Washington, D.C., el único lugar donde el gobierno federal tiene jurisdicción sobre la protección policial? Esta es la herencia del socialismo, el camino hacia la esclavitud a través del terror y la delincuencia.

FUENTES Y NOTAS

"Asuntos Exteriores. CFR Journal, abril de 1974. Gardner, R.

"Una entrevista con Edward Bellamy" Frances E. Willard, 1889. "Club Boston Bellamy". Edward Bellamy, 1888.

"El fabianismo en la vida política de Gran Bretaña 1919-1931". John Strachey.

Véase también "Left News", marzo de 1938.

"Boletín de la Escuela de Estudios del Instituto Rand 1952-1953". Upton Sinclair. "El pensamiento económico de John Ryan". Dr. Patrick Gearty.

"Colaboración entre socialistas y comunistas". Zigmunt Zaremba, 1964. "La corrupción en una economía de beneficios". Mark Starr.

"Comisión Consultiva de los Estados Unidos". Mark Starr. "Americanos por la Acción Democrática". (ADA)

"El caso contra el socialismo: un manual para oradores conservadores". Rt. Hon A.J. Balfour, 1909.

El Fabian News de 1930 menciona a Rexford Tugwell como socio de Roosevelt y del gobernador Al Smith de Nueva York, y de nuevo en el Who's Who de 1934. Tugwell también estuvo estrechamente relacionado con Stuart Chase, autor de "A New Deal". Tugwell trabajó en el Departamento de Economía de la Universidad de Columbia.

"La Sociedad Fabiana. William Clarke, 1894.

"Nuevas fronteras. Henry Wallace.

"Un nuevo trato". Stuart Chase, 1932.

"Philip Dru, Administrador". Casa Edward Mandell, 1912.

"La Gran Sociedad". Graham Wallace

"El Plan Beveridge". William Beveridge. Se convirtió en el "plan" de la seguridad social en Estados Unidos.

"El socialismo, utópico y científico". Federick Engels, 1892.

"Bernard Shaw". Ervine St. John, 1956.

"El Tribunal Supremo y el público. Felix Frankfurter, 1930.

"The Essential Lippmann-A Philosophy for Liberal Democracy. Clinton Rossiter y James Lare.

"John Dewey y David Dubinsky". Biografía en imágenes, 1952.

"Hugo Black, los años de Alabama. Hamilton y Van Der Veer, 1972.

"Una historia del sionismo". Walter Lacquer.

"La sociedad del bienestar". John Galbraith, 1958.

"Los pilares de la sociedad. A.G. Gardiner, 1914.

"Boletín de la Escuela de Ciencias Sociales de Rand". 1921-1935.

"La otra América: la pobreza en Estados Unidos. Michael Harrington, 1962

"Historia del socialismo. Morris Hilquit, 1910.

"Cartas Holmes-Laski. La correspondencia del Juez Holmes y Harold Laski. De Wolfe, 1953.

"Papeles privados del Coronel House" C. Seymour, 1962.

"Las consecuencias económicas de la paz. John Maynard Keynes, 1925.

"Teoría general de la economía. John Maynard Keynes, 1930.

"La crisis y la Constitución, 1931 y después". Harold J. Laski, 1932.

"De los diarios de Felix Frankfurter. Joseph P. Lash, 1975.

"Harold Laski: una memoria biográfica. Kingsley Martin, 1953. "Memorias de un snob socialista". Elizabeth Brandeiss, 1948.

"El Plan Nacional de Medios de Vida. Prestonia Martin, 1932.

"Reminiscencias de Felix Frankfurter. Philip Harlan, 1960.

"Comentarios a la Constitución de los Estados Unidos. Joseph Story, 1883.

Everson contra el Consejo de Educación. Este es el primer triunfo socialista en la revocación de los casos escolares de la cláusula religiosa. No había ningún precedente legal que apoyara el argumento de Everson en los tribunales. No hay nada en la Constitución que apoye el llamado "muro de separación" descrito por Jefferson y no forma parte de la Constitución. La Primera Enmienda NO pretendía separar al Estado de la religión, lo que el caso Everson consideró de repente constitucional. ¿Cómo es que una mera figura retórica pronunciada por Jefferson -y aún así sólo en relación con el estado de Virginia- se convirtió de repente en ley? ¿Por qué mandato constitucional se hizo esto, y por qué precedente? La respuesta es NADA en ambos casos.

El "muro de separación" fue una excusa para que Frankfurter ejerciera su prejuicio contra la religión cristiana y, en particular, contra la Iglesia católica. Repetimos, NO HAY NINGUNA DISPOSICIÓN CONSTITUCIONAL PARA ESTE MÍTICO "MURO DE SEPARACIÓN ENTRE LA IGLESIA Y EL ESTADO". En esto, Frankfurter estuvo muy influenciado por el anticatólico Harold J. Laski y el juez Oliver Wendell Holmes, ambos socialistas empedernidos. Laski creía que "la educación que no es laica y obligatoria no es educación en absoluto... La Iglesia católica debería estar confinada en el Limbo... y sobre todo, en San Agustín... La incapacidad de la Iglesia Católica para decir la verdad... hace imposible hacer las paces con la Iglesia Católica Romana. Es uno de los enemigos permanentes de todo lo que es decente en el espíritu humano. Además, Black era un ávido lector de las publicaciones del Rito Escocés de la Masonería, que condenaba con vehemencia a la Iglesia Católica. Sin embargo, ¡se supone que debemos creer que el juez Black no mostró un prejuicio personal extremo al fallar a favor de Everson!

"Correspondencia seleccionada 1846-1895". Karl Marx y Frederich Engels.

"Edward Bellamy". Arthur Morgan, 1944.

"Fabian Quarterly". 1948. La Sociedad Fabiana.

"Un dilema americano". Gunnar Myrdal, 1944.

"Investigación fabiana. La Sociedad Fabiana.

"Reflexiones sobre el fin de una era" Dr. Reinhold Niebuhr, 1934.

"La historia de la Sociedad Fabiana. Edward R. Pease, 1916.

"El Roosevelt que conocí. Frances Perkins, 1946.

"La Sociedad Fabiana, pasado y presente. G.D.H. Cole, 1952.

"La dinámica de la sociedad soviética".

"Estados Unidos en el escenario mundial. Walt W. Rostow, 1960.

"Labour in Britain and the World" Dennis Healey, enero de 1964.

"La era de Roosevelt. Arthur Schlesinger, 1957.

"4 de julio de 1992". Edward Bellamy, julio de 1982.

"Sr. House de Texas". A. D.H. Smith, 1940.

"Nuevos patrones para las escuelas primarias. Sociedad Fabiana, septiembre de 1964.

"La revolución americana que viene". George Cole, 1934.

"H.G. Wells y el Estado Mundial. Warren W. Wagner, 1920.

"La educación en una sociedad de clases. Edward Vaizey, noviembre de 1962.

"El socialismo en Inglaterra". Sydney Webb, 1893.

"La decadencia de la civilización capitalista. "Beatrice y Sydney Webb, 1923.

"Ernest Bevin". William Francis, 1952.

"Seguridad Social. La Sociedad Fabiana, 1943 (Adaptaciones del Plan Beveridge).

"La nueva libertad. Woodrow Wilson, 1913.

"La recuperación a través de la revolución". (Se supone que es el pensamiento de Lovett, Moss y Laski) 1933.

"Lo que puede hacer un comité de educación en las escuelas primarias. Sociedad Fabiana, 1943.

"The American Fabians" ADA Periodicals, 1895-1898.

"Roosevelt en Frankfurter". Diciembre de 1917. Cartas de Theodore Roosevelt, Biblioteca del Congreso.

"La riqueza frente a la mancomunidad. Henry Demarest Lloyd, 1953.

"La necesidad de la militancia: el socialismo en nuestro tiempo", 1929. Contiene una declaración de Roger Baldwin que aboga por la revolución en los Estados Unidos.

Discurso "Freedom in the Welfare State" del senador Lehman, en el que afirma erróneamente que "los Padres Fundadores establecieron el estado del bienestar". Publicado en 1950.

"Rexford Tugwell" citado en los Boletines de la Escuela Rand, 1934-1935.

"Unión Americana de Libertades Civiles (ACLU)". Creada en enero de 1920, se llamaba entonces Oficina de Libertades Civiles. Muchas de sus ideas fueron tomadas del libro "El hombre sin patria" de Philip Nolan. Declaración de Robert Moss Lovett: "¡Odio a los Estados Unidos! Estaría dispuesto a ver explotar el mundo entero, si eso destruyera a Estados Unidos" se acerca a los sentimientos expresados por Nolan en su libro. En el número de junio de 1919 de "Freedom" se habla de la formación de la ACLU, dando nombres, entre ellos el del fundador, el reverendo John Nevin Sayre.

Otras fuentes de la ACLU "Freedom Through Dissent", 30 de junio de 1962. También, Rogers Baldwin, miembro fundador de la ACLU, "The Need for Militancy" de Laidler y "The Socialism of our Times".

"Walter Reuther". Presidente del Sindicato de Trabajadores del Automóvil. Colaboró estrechamente con la Liga para la Democracia Industrial. De "Cuarenta años de educación". LID, 1945. Véase también Congressional Record House, 16 de octubre de 1962, páginas 22124-22125. Véase también Louisville Courier Journal. "Suecia: el camino del medio", Marquise Child.

"The Southern Farmer", Aubrey Williams (informe de 1964 del

Comité de Actividades Antiamericanas de la Cámara de Representantes).

"Woodrow Wilson". Material de "La nueva libertad" Arthur Link, 1956. Albert Shaw, editor del "Tribune" de Minneapolis. Shaw también escribió "Reseña de reseñas. "The Year 2000: A Critical Biography of Edward Bellamy" por Sylvia Bowman, 1958. "International Government", publicado por Brentanos, Nueva York, 1916. Comisión de Investigación del Senado del Estado de Nueva York 1920. Este comité investigó la Escuela Rand por actividades sediciosas. El MI6 ordenó a Wilson que destruyera los archivos de la Oficina de Inteligencia Militar sobre elementos subversivos en la órbita socialista fabiana, orden que Wilson cumplió. Reportado en "Our Secret War" por Thomas Johnson. "Una crónica americana" Ray Stannard Baker, 1945. "Actas del Sexto Congreso" páginas 1522-23, 1919. Audiencia del Subcomité del Poder Judicial, 87° Congreso, 9 de enero - 8 de febrero de 1961. "El camino hacia la seguridad". Arthur Willert, 1952. "Fabian News" octubre, 1969. "Nota para una biografía". 16 de julio de 1930. También, la "Nueva República". "Social Unrest" por el reverendo Lyman Powell, 1919. (Powell era un viejo amigo de Wilson).

"La guerra del Sr. Wilson. John Dos Passos, 1962.

"The New Statesman", artículo de Leonard Woolf, 1915.

"La historia de Kelley se cuenta en "Impatient Crusader, Florence Kelley's Life Story", de Josephine Goldmark, 1953. Revista Survey, Paul Kellog, editor. "The Nation", Freda Kirchway, "The Roosevelt I Knew", Kelley, 1946. Kelley fue un "reformador del reformador social" y director de la Liga de la Democracia Industrial (LID) 1921-1922, secretario nacional de la Liga Nacional de Consumidores e innumerables organizaciones de fachada de los socialistas fabianos.

El senador Jacob Javitts. Estrechamente aliado con la Sociedad Fabiana de Londres, recibió un cable de felicitación de Lady Dorothy Archibald. El simposio Libertad en el Estado del Bienestar aplaudió a Javitts y su labor en favor del socialismo. Javitts votó a favor de las propuestas socialistas del ADA, obteniendo una puntuación casi perfecta del 94%. Participó en la "Mesa Redonda sobre la Democracia: se necesita un despertar moral en América" en 1952. Otros que trabajaron con Javitts fueron Mark Starr, Walter

Reuther y Sydney Hook.

"Poderes constitucionales de un Presidente". Se encuentra en la Sección II de la Constitución de los Estados Unidos. Registro del Congreso, 27 de febrero de 1927.

"Proyecto de ley de asignaciones por déficit general".

"Registro del Congreso, Cámara, 26 de junio de 1884 Página 336 Apéndice del mismo". Vemos aquí por qué la educación es el medio por el que se puede amortiguar la embestida socialista.

"Espíritu y fe". A. Powell Davies, editado por el juez William 0. Douglas. Davies, partidario de la Iglesia Unitaria del juez Hugo Black, también escribió "American Destiny (A Faith for America)" en 1942, y "The Faith of an Unrepentant Liberal" en 1946. El impacto que Davies tuvo en los jueces Douglas y Black puede verse en las cuestiones socialistas que ambos jueces vieron con buenos ojos en las decisiones del Tribunal Supremo en las que participaron.

"Un mundo feliz" Julian Huxley. En esta obra, Huxley aboga por la creación de un estado socialista totalitario a gran escala que gobierne con puño de hierro.

"El comunismo y la familia. Sra. Kollontay. En ella expresa su indignación y revuelta ante el control paterno de los hijos y el papel de la mujer en el matrimonio y la vida familiar.

"Brave New Family" Laura Rogers. Sorprendentemente como el título de "Un mundo feliz" de Huxley. Rogers expone la estrategia reclamada desde hace tiempo por los socialistas para tomar el control de los niños y sustraerlos al control de los padres, siguiendo las líneas sugeridas por Madame Zinioviev, esposa de Gregori Zinoviev, un duro comisario soviético.

"Registro del Congreso, Senado S16610-S16614". Muestra cómo el socialismo intenta socavar la Constitución.

"Registro del Congreso, Senado 16 de febrero de 1882 páginas 1195-1209". Cómo el Comité del Senado trató a los mormones y cómo violó la Ley de Extinción de Dominio.

"Las libertades de la mente". Charles Morgan. En referencia a la llamada "psicopolítica".

"Manifiesto Comunista de 1848". Karl Marx.

"Registro del Congreso, Senado, 31 de mayo de 1924. páginas 9962-9977". Describe cómo los comunistas estadounidenses disfrazan sus programas de socialismo y explica que sólo difieren en grado.

Ya publicado

OMNIA VERITAS
OMNIA VERITAS LTD PRESENTA:
Más allá de la CONSPIRACIÓN
DESENMASCARANDO AL GOBIERNO MUNDIAL INVISIBLE
por John Coleman
Todos los grandes acontecimientos históricos son planeados en secreto por hombres que se rodean de total discreción
Los grupos altamente organizados siempre tienen ventaja sobre los ciudadanos
JOHN COLEMAN
MÁS ALLÁ de la CONSPIRACIÓN

OMNIA VERITAS
OMNIA VERITAS LTD PRESENTA:
LA DIPLOMACIA DEL ENGAÑO
UN RELATO DE LA TRAICIÓN DE LOS GOBIERNOS DE INGLATERRA Y LOS ESTADOS UNIDOS
POR JOHN COLEMAN
La historia de la creación de las Naciones Unidas es un caso clásico de diplomacia del engaño
JOHN COLEMAN
LA DIPLOMACIA DEL ENGAÑO

OMNIA VERITAS
OMNIA VERITAS LTD PRESENTA:
LA JERARQUÍA DE LOS CONSPIRADORES
HISTORIA DEL COMITÉ DE LOS 300
por John Coleman
Esta conspiración abierta contra Dios y el hombre incluye la esclavización de la mayoría de los humanos...
JOHN COLEMAN
LA JERARQUÍA DE LOS CONSPIRADORES
HISTORIA DEL COMITÉ DE LOS 300

OMNIA VERITAS
OMNIA VERITAS LTD PRESENTA:
LA MASONERÍA
de la A a la Z
por John Coleman
En el siglo XXI, la masonería se ha convertido menos en una sociedad secreta que en una "sociedad de secretos".
Este libro explica qué es la masonería
JOHN COLEMAN
LA MASONERÍA
de la A a la Z

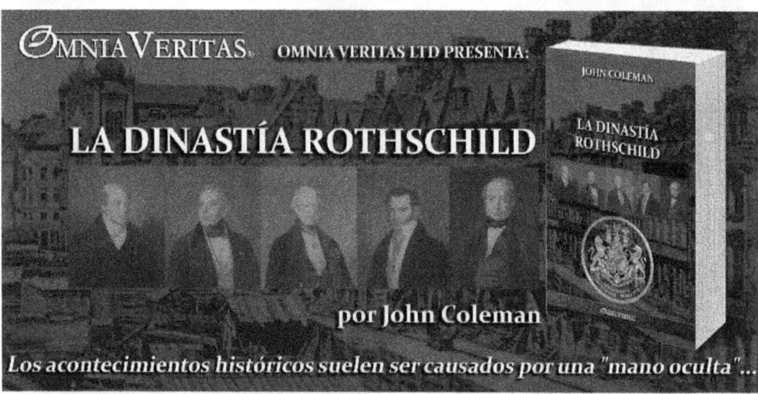
OMNIA VERITAS
OMNIA VERITAS LTD PRESENTA:
LA DINASTÍA ROTHSCHILD
por John Coleman
Los acontecimientos históricos suelen ser causados por una "mano oculta"...
JOHN COLEMAN
LA DINASTÍA ROTHSCHILD

OMNIA VERITAS
OMNIA VERITAS LTD PRESENTA:
EL INSTITUTO TAVISTOCK
de RELACIONES HUMANAS
La formación de la decadencia moral, espiritual, cultural, política y económica de los Estados Unidos de América
por John Coleman
Sin Tavistock no habrían existido la Primera y la Segunda Guerra Mundial
Los secretos del Tavistock Institute for Human Relations
JOHN COLEMAN
EL INSTITUTO TAVISTOCK de RELACIONES HUMANAS

OMNIA VERITAS®
LÉON DEGRELLE

OMNIA VERITAS LTD PRESENTA:

ALMAS ARDIENDO
Notas de paz, de guerra y de exilio

El honor ha perdido su sentido, el honor del juramento, el honor de servir, el honor de morir...

Se asfixian las almas. El denso aire está cargado de todas las abdicaciones del espíritu

OMNIA VERITAS® OMNIA VERITAS LTD PRESENTA:

JÜRI LINA

ARQUITECTOS DEL ENGAÑO
LA HISTORIA SECRETA DE LA MASONERÍA

Una visión de la red oculta detrás de los acontecimientos pasados y presentes que revela las verdaderas razones de varias guerras y revoluciones importantes.

Este sistema político ha sido construido por fuerzas que actúan entre bastidores

La verdad sobre la Revolución Bolchevique

OMNIA VERITAS

Omnia Veritas Ltd presenta:

EUROPEA Y LA IDEA DE NACIÓN
seguido de
HISTORIA COMO SISTEMA
por
JOSÉ ORTEGA Y GASSET

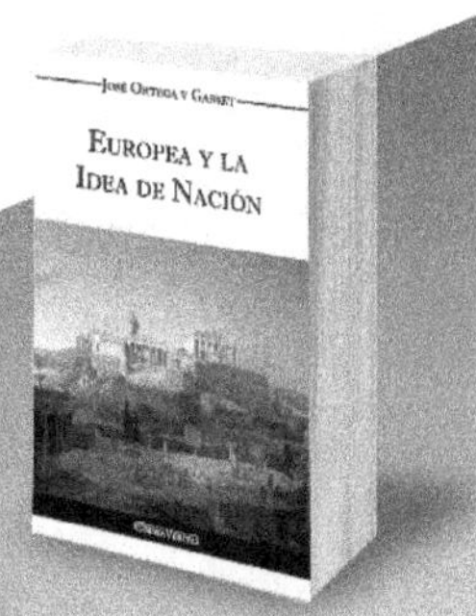

Pero la nación europea llegó a ser "nación" porque añadiera formas de vida que pretenden representar una "manera de ser hombre"

Un programa de vida hacia el futuro

OMNIA VERITAS
Omnia Veritas Ltd presenta:
Historia
de los Bancos Centrales
y la esclavitud de la humanidad
de
STEPHEN MITFORD GOODSON
A lo largo de la historia, el papel de los prestamistas se ha considerado a menudo como la "mano oculta"...
El director de un banco central revela los secretos del poder monetario
Una obra clave para comprender el pasado, el presente y el futuro

OMNIA VERITAS
OMNIA VERITAS LTD PRESENTA:
IMPERIUM
LA FILOSOFÍA
DE LA HISTORIA
Y DE LA POLÍTICA
POR
FRANCIS PARKER YOCKEY
La palabra Europa cambia su significado: de ahora significará la Civilización Occidental; la unidad orgánica que creó, como fases de su vida las naciones-ideas de España, Italia, Francia, Inglaterra y Alemania.
Este libro es diferente de todos los demás

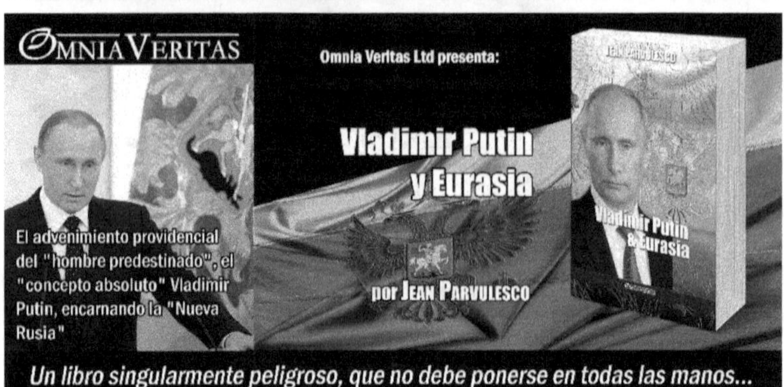
OMNIA VERITAS
Omnia Veritas Ltd presenta:
Vladimir Putin
y Eurasia
por JEAN PARVULESCO
El advenimiento providencial del "hombre predestinado", el "concepto absoluto" Vladimir Putin, encarnando la "Nueva Rusia"
Un libro singularmente peligroso, que no debe ponerse en todas las manos...

Omnia Veritas Ltd presenta:

Nunca en la historia de la humanidad se había producido una circunstancia como la que estudiaremos...

por VICTORIA FORNER

CRIMINALES de PENSAMIENTO la verdad no es defensa

Un hecho histórico se ha convertido en dogma de fe

OMNIA VERITAS

Omnia Veritas Ltd presenta:

Los procesos revolucionarios necesitan agentes, organización y, sobre todo, financiación, dinero.

HISTORIA PROSCRITA I

LOS BANQUEROS Y LAS REVOLUCIONES

POR

VICTORIA FORNER

LAS COSAS NO SON A VECES LO QUE APARENTAN...

OMNIA VERITAS

Omnia Veritas Ltd presenta:

"El verdadero crimen es acabar una guerra con el fin de hacer inevitable la próxima."

HISTORIA PROSCRITA II

LA HISTORIA SILENCIADA DE ENTREGUERRAS

POR

VICTORIA FORNER

EL TRATADO DE VERSALLES FUE "UN DICTADO DE ODIO Y DE LATROCINIO"

OMNIA VERITAS

Omnia Veritas Ltd presenta:

HISTORIA PROSCRITA
III
LA II GUERRA MUNDIAL
Y LA POSGUERRA
POR
VICTORIA FORNER

Distintas fuerzas trabajaban para la guerra en los países europeos

MUCHOS AGENTES SERVÍAN INTERESES DE UN PARTIDO BELICISTA TRANSNACIONAL

OMNIA VERITAS

Omnia Veritas Ltd presenta:

HISTORIA PROSCRITA
IV
HOLOCAUSTO JUDÍO,
NUEVO DOGMA DE FE
PARA LA HUMANIDAD
POR
VICTORIA FORNER

Nunca en la historia de la humanidad se había producido una circunstancia como la que estudiaremos...

UN HECHO HISTÓRICO SE HA CONVERTIDO EN DOGMA DE FE

OMNIA VERITAS

Omnia Veritas Ltd presenta:

"El mayor fraude histórico, político y financiero de todos los tiempos."

EL MITO DE LOS 6 MILLONES
El Fraude de los judios asesinados por Hitler

por **Joaquín Bochaca**

La primera victima de la guerra es la verdad

OMNIA VERITAS
Omnia Veritas Ltd presenta:
LA FINANZA, EL PODER
Y
EL ENIGMA CAPITALISTA
por
Joaquín Bochaca
"La gran paradoja de la actual crisis económica es que los hombres no pueden adquirir los bienes que efectivamente han producido..."
Los beneficiarios de la demencial situación que padece el mundo

OMNIA VERITAS
Omnia Veritas Ltd presenta:
LA HISTORIA DE
LOS VENCIDOS
por
Joaquín Bochaca
"Este no es un libro en defensa de Alemania. Es un libro en defensa de la Verdad."
Joaquín Bochaca
LA HISTORIA DE LOS VENCIDOS
El suicidio de Occidente
En este libro se sostiene una opinión basada en el principio de causalidad

OMNIA VERITAS
Omnia Veritas Ltd presenta:
LOS CRÍMENES DE
LOS "BUENOS"
por
Joaquín Bochaca
"Pero yo creo, tozudamente, estúpidamente, en la Verdad. Quiero creer en la Verdad."
Joaquín Bochaca
LOS CRÍMENES DE LOS "BUENOS"
Vivimos en plena falsificación histórica

OMNIA VERITAS
www.omnia-veritas.com
INTEGRAL DE RENÉ GUÉNON 350€

OMNIA VERITAS
OMNIA VERITAS LTD PRESENTA:
HE AQUÍ UN CABALLO PÁLIDO
MILTON WILLIAM COOPER
Creo, pues, que se está jugando una gran partida de ajedrez a unos niveles que apenas podemos imaginar, y nosotros somos los peones.
Se nos han enseñado mentiras. La realidad no es en absoluto lo que percibimos.

OMNIA VERITAS
Omnia Veritas Ltd presenta:
ALBERT SLOSMAN
La trilogía de los orígenes
I
EL GRAN CATACLISMO
La historia de los antepasados de los primeros faraones...

OMNIA VERITAS
Omnia Veritas Ltd presenta:
ALBERT SLOSMAN
El libro del más allá de la Vida
La espiritualidad cuyo origen se pierde en la noche de los tiempos...

OMNIA VERITAS
Omnia Veritas Ltd presenta:
ALBERT SLOSMAN
El zodiaco de Dendera
La unión necesaria entre el cielo y la tierra...

OMNIA VERITAS
Omnia Veritas Ltd presenta:
ALBERT SLOSMAN
La astronomía según los Egipcios
Armonizar al Creador con sus criaturas y su creación...

OMNIA VERITAS
Omnia Veritas Ltd presenta:
ALBERT SLOSMAN
La extraordinaria vida de Pitágoras
Todos los ritos que le llevaron al conocimiento supremo...

OMNIA VERITAS
Omnia Veritas Ltd presenta:
ALBERT SLOSMAN
La Gran Hipótesis
Esbozo de una historia del monoteísmo desde los orígenes al fin del mundo
Un intento de evitar que las generaciones futuras renueven un gran cataclismo...

OMNIA VERITAS
Omnia Veritas Ltd presenta:
ALBERT SLOSMAN
LOS SUPERVIVIENTES DE LA ATLÁNTIDA
... ningún historiador ha investigado a los sobrevivientes de este Edén perdido...

OMNIA VERITAS
OMNIA VERITAS LTD PRESENTA:
JULIUS EVOLA
CABALGAR
EL TIGRE
«Lo que se va a leer afecta al hombre que no pertenece interiormente a este mundo, y se siente de una raza diferente a la de la mayor parte de los hombres.»
El lugar natural de un hombre así, es el mundo de la Tradición

OMNIA VERITAS
OMNIA VERITAS LTD PRESENTA:
JULIUS EVOLA
SÍNTESIS DE LA DOCTRINA DE LA RAZA
Y
ORIENTACIONES PARA UNA EDUCACIÓN RACIAL
«El racismo se empeña en individualizar al tipo humano predominante en una determinada comunidad nacional...»
El muy neto sentido de las diferencias, de su dignidad y de su fuerza

OMNIA VERITAS
OMNIA VERITAS LTD PRESENTA:
JULIUS EVOLA
ESCRITOS SOBRE EL JUDAÍSMO
«El antisemitismo es una temática que ha acompañado a casi todas las fases de la historia occidental...»
El problema judío tiene orígenes antiquísimos

OMNIA VERITAS
OMNIA VERITAS LTD PRESENTA:
JULIUS EVOLA
METAFÍSICA DE LA GUERRA
Y
LA DOCTRINA ARIA
DE LA LUCHA Y DE VICTORIA
«La guerra, estableciendo y realizando la relatividad de la vida humana...»
Un conocimiento transfigurante de la vida en función de la muerte

OMNIA VERITAS
OMNIA VERITAS LTD PRESENTA:
JULIUS EVOLA
METAFÍSICA DEL SEXO
«Todo lo que en la experiencia del sexo y del amor comporta un cambio de nivel de la conciencia ordinaria...»
La investigación de los principios y de las significaciones últimas...

OMNIA VERITAS
OMNIA VERITAS LTD PRESENTA:
JULIUS EVOLA
POLÉMICA SOBRE
LA METAFÍSICA HINDÚ
RENÉ GUÉNON
«No compartimos los puntos de vista de Guenon a propósito de las relaciones que existen entre la iniciación real y la sacerdotal...»
El conocimiento metafísico es esencialmente "supra-racional"

OMNIA VERITAS
OMNIA VERITAS LTD PRESENTA:
JULIUS EVOLA
REVUELTA CONTRA EL MUNDO MODERNO
«Por todas partes, en el mundo de la Tradición, este conocimiento ha estado siempre presente como un eje inquebrantable en torno al cual todo lo demás estaba jerárquicamente organizado.»
Hay un orden físico y un orden metafísico

OMNIA VERITAS
OMNIA VERITAS LTD PRESENTA:
JULIUS EVOLA
ROSTRO Y MASCARA DEL ESPIRITUALISMO CONTEMPORANEO
«Cuando se habla hoy de lo "natural" se entiende en general el mundo físico, conocido a través de los sentidos físicos...»
Aquí comienzan los primeros dominios de un mundo "invisible"

OMNIA VERITAS®
www.omnia-veritas.com

www.ingramcontent.com/pod-product-compliance
Lightning Source LLC
Chambersburg PA
CBHW071639270326
41928CB00010B/1976